山西大学建校120周年学术文库

从同质到多样

中小学学校特色建设

李旭　著

山西出版传媒集团　山西人民出版社

图书在版编目（CIP）数据

从同质到多样：中小学学校特色建设 / 李旭著. --
太原：山西人民出版社，2022.8
ISBN 978-7-203-12272-2

Ⅰ. ①从… Ⅱ. ①李… Ⅲ. ①中小学－学校管理－研
究－中国 Ⅳ. ①G637

中国版本图书馆CIP数据核字（2022）第083196号

从同质到多样：中小学学校特色建设

著　　者：李　旭
责任编辑：贾　娟
复　　审：李　鑫
终　　审：梁晋华
统　　筹：张慧兵
装帧设计：李　一

出 版 者：山西出版传媒集团·山西人民出版社
地　　址：太原市建设南路 21 号
邮　　编：030012
发行营销：0351-4922220 4955996 4956039 4922127（传真）
天猫官网：https://sxrmcbs.tmall.com　电话：0351-4922159
E-mail：sxskcb@163.com 发行部
　　　　　sxskcb@126.com 总编室
网　　址：www.sxskcb.com

经 销 者：山西出版传媒集团·山西人民出版社
承 印 厂：河北盛世彩捷印刷有限公司

开　　本：710mm×1000mm　1/16
印　　张：17.5
字　　数：300 千字
版　　次：2022 年 8 月第 1 版
印　　次：2022 年 8 月第 1 次印刷
书　　号：ISBN 978-7-203-12272-2
定　　价：69.00 元

如有印装质量问题请与本社联系调换

《山西大学建校 120 周年学术文库》
总　序

　　喜迎双甲子，奋进新征程。在山西大学 120 周年校庆之时，出版这套《山西大学建校 120 周年学术文库》，以此记录并见证学校充满挑战与奋斗、饱含智慧与激情的光辉岁月，展现山大人的精学苦研精神与广博思想。

　　大学，是萌发新思想、创造新知识的学术殿堂。求真问理、传道授业是大学的责任。120 年来，一代又一代山大人始终以探究真理为宗旨，以创造新知为使命。无论创校初期名家云集、鼓荡相习，还是抗战烽火中辗转迁徙、筚路蓝缕；无论是中华人民共和国成立后"为完成祖国交给我们的任务而奋斗"，还是改革开放以后融入科教强国建设的时代洪流，山大人都坚守初心、笃志求学，立足大地、体察众生，荟萃思想、传承文脉，成就了百年学府的勤奋严谨与信实创新。

　　大学之大，在于大学者，在于栋梁材。十年树木，百年树人。120 年的山大，赓续着教学相长、师生互信、知智共生的优良传统。在知识的传授中，师生的思想得以融通激发；在深入社会的广泛研习中，来自现实的经验得以归纳总结；在无数次的探索与思考中，那些模糊的概念被澄明、假设的命题被证实、现实的困惑被破解……新知识、新思想、新理论，一一呈现于《山西大学建校 120 周年学术文库》。

　　问题之研究，须以学理为根据。文库的研究成果有着翔实的史料支撑、清晰的问题意识、科学的研究方法、严谨的逻辑结构，既有基于社会实践的田野资料佐证，也有源自哲学思辨的深刻与超越，展示了山大学者"沉潜刚克、高明柔克"的学术风格，体现了山大人的厚积薄发和卓越追求。

　　习近平总书记在 2016 年哲学社会科学工作座谈会上指出："一个国家的

发展水平，既取决于自然科学发展水平，也取决于哲学社会科学发展水平。一个没有发达的自然科学的国家不可能走在世界前列，一个没有繁荣的哲学社会科学的国家也不可能走在世界前列。"立足国际视野，秉持家国情怀，在加快"双一流"建设、实现高质量内涵式发展的征程中，山大人深知自己肩负着探究自然奥秘、引领技术前沿的神圣责任，承担着繁荣发展哲学社会科学的光荣使命。

百廿再出发，明朝更璀璨。令德湖畔，丁香花开；欣逢盛世，高歌前行。山大学子、山大学人将以建校 120 周年为契机，沿着历史的足迹，继续秉持"中西会通、求真至善、登崇俊良、自强报国"的办学传统，知行合一、厚德载物、守正创新、引领未来，向着建设高水平综合性研究型大学、跻身中国优秀知名大学行列的目标迈进，为实现中华民族伟大复兴的中国梦贡献智慧与力量。

黄桂田

序

学校特色化发展是完善现代教育体系的必然要求，一个完善的现代教育体系，其内部结构应该是高度多样化和异质性的，这就要求学校找准各自定位，办出特色，从而更好地发挥育人功能。随着社会经济的发展和教育需求的多样化，教育供给侧理应随之展现出结构性的变化，学校只有通过特色化和多样化发展，才能满足社会对教育服务的多元化要求和不同学生的个性化发展需求。因此，从 20 世纪八九十年代开始，随着教育自主权的逐步下放，相关学者和教育实践者开始逐步认识到教育特色的重要价值并开始探索义务教育特色化发展之路。

以学校特色建设撬动学校教育系统性的变革，其核心在于通过系统内学校的多样性和丰富性实现学校之间的共存、互赢和效益最大的状态，从而逐步形成良好的教育生态。从系统论的观点来看，学校特色建设需要发挥内部与外部动因的有机互动。从学校内部来看，学校特色建设通过激发校长和教师的内生动力、重新配置组合内部资源以实现学校内涵式发展。学校特色建设涉及学校管理、教师队伍、教育教学、课程体系、文化建设等多个方面，需要学校自主创新出多样化、特色化的实践路径。从学校外部来看，学校特色建设需要跨越教育行政部门、教科研组织、大学等组织，推动相关组织之间的有机联动以及教育与社会环境之间的和谐发展，最终形成一个制度化的组织场域。只有不断探索学校特色建设场域相关组织间关系和场域形成机理，才能推进学校特色化发展并最终形成多样化的教育生态，从而促进义务教育在更高质量上实现均衡发展。为此，本书作者将学校特色作为研究主题，着重研究了从同质到多样的学校特色建设场域。本书主要包括：首先，对学校特色化发展历程的回顾，以及对相应学校特色研究的历史考察和横向比较，提出了研究的背景和学校特色建设的现实困境；其次，采用哲学思维，从哲学的高度对学校特色的要素和结构进行考察，提出学校特色分层理论，解决了学校特色判别问题；再次，以复杂性科学视野，动态地考察了构成中小学学校特色建设的场域，建构学校特色建设场域要素互动的框架；接着，提出了学校特色建设知行重构的三条路径，即系统重构、思维重构、行为重构；最后，对应不同学校特色建设场域，对案例进行分析的同时提出相应的策略。总体来看，本书丰富了我国教育变革和学校特色建设的相关理论，有助于澄清人们对学校特色认识，对于实现区域中小学多样化、特色化发展，推进基础教育生态系统多样均衡，促进学校教育回归本真，从而使学生能够获得全面发展和健康成长，有一定的帮助和启示。

孟繁华

2022 年 3 月 1 日于首都师范大学

前　言

　　我们正处于急剧变革的信息时代，培养多样化、个性化人才是中国社会对学校教育提出的要求，学校特色化和多样化发展已成为世界范围内基础教育变革的客观需要。随着新时期中国乡村振兴战略和城乡教育均衡发展战略的强力推进，义务教育阶段学校特色化发展已成为推进我国基础教育生态系统均衡发展的战略选择。本书首先通过对中小学学校特色化发展历程的回顾，以及相应学校特色研究的历史考察和横向比较，采用哲学思维，从哲学的高度对学校特色的要素和结构进行考察，以此来奠定本书哲学层次的理论基础，解决学校特色判别问题。其次，学校特色建设无异于进行教育变革和学校改进，这必然会涉及教育组织系统不同层面复杂的诸多因素，本书以复杂性科学视野为视角，动态地考察了构成中小学学校特色建设的场域要素，建构了学校特色建设的系统性理论分析框架。再次，学校特色建设场域中，最大的问题和困境在于学校特色建设的"说做两张皮"，基于此，本书提出了学校特色建设知行重构的三条路径：系统重构、思维重构和行为重构。最后，在不同场域中，行动者施加的影响以及场域资源的配置方式也不同，对应不同的学校特色建设场域，本书基于对学校特色建设规律的准确把握，采用了科学实证方法，对选取的四个有典型意义的案例进行分析，并提出了相应的战略组合方式，为创建中小学办学特色的学校领导者和实践者开展学校特色建设的实践活动贡献了操作性较强的"锦囊"。

　　本书以本人的博士毕业论文和已发表的文章为基础进行撰写，部分章节在《中国教育学刊》《教育发展研究》《中小学管理》等核心期刊发表，并且部分论文被人大复印资料转载3次，著作具备较强的学术性。本书的创新之处包括以下三点：第一，思维创新，本书在哲学层次考察学校特色的结构和要素，解决学校特色判别问题。第二，方法论创新，在一般科学方法论层次，采用了系统论的方法论思想和以系统科学为代表的现代横向科学所提供的系统分析方法，对中小学特色建设场域进行了分析，将宏观层面要素和微观层面要素相结合，建构了学校特色建设的系统性的理论分析框架。第三，方法创新，在具体研究层面，采用了科学实证方法，对选取的四类有典型意义的案例进行分析，并提出相应的组合战略。

本书的价值在于：第一，有助于澄清人们对学校特色的认识，为今后类似或者相关的研究提供一个统一的概念体系和认识平台。第二，搭建起合理的中小学学校特色建设的系统框架，建构和完善了中小学学校特色建设理论。第三，运用系统研究方法，采用实证方法对学校办学特色系统框架进行了验证和深入的剖析，对学校特色建设的理论建构，在方法论和具体方法的突破层面具有一定意义。第四，在中国乡村振兴战略和城乡教育均衡发展战略强力推进的背景下，为实现中小学尤其是乡镇和乡村中小学内涵式发展，促进因材施教、满足学生个性化发展、实现区域中小学多样化建设，从而推进基础教育生态系统的均衡发展，最终实现城乡一体化和乡村振兴，具有特别重要的实践意义。

目 录

导　言

中华人民共和国成立以来，我国经济的发展和社会的进步取得了举世瞩目的成就，尤其改革开放之后，伴随着经济腾飞和社会转型，教育作为社会子系统也发生剧烈的变革。2010年颁布的《国家中长期教育改革和发展规划纲要（2010—2020年）》明确提出，基本实现普及九年义务教育和高中教育之后，教育改革与发展的核心任务是"提高质量"。学校建设具有自身特色的校园文化、形成鲜明的办学理念、实现个性化的教育实践模式、发展学校办学特色，走一条内涵式的发展道路，已经成为满足新的历史时期多元社会对优质和多样教育需求的根本途径，也成为了教育改革实践中普遍关注的热点和教育事业发展解决的重大战略课题。

一、选题缘起

历次教育变革的价值取向，始终围绕着公平和质量这两个永恒的主题。提高教育质量和实现教育公平，是所有教育研究者的旨趣和追求。笔者也不例外，将自己的学术兴趣点和兴奋点一直聚焦于学校办学特色的研究上，希望能帮助学校走一条内涵式的发展道路。学校创办出特色，不仅是学校自身内涵式发展的必由之路，而且也是中小学适应教育变革的国际化潮流，保持教育生态系统可持续发展和应对经济全球化挑战的必然选择。

（一）学校特色建设是基础教育生态系统可持续发展的战略选择

各种不同类型、层次的学校与其周围的人口、资源、经济、政治、文化等环境构成了一个复杂的、有机的和多元的生态系统。从 1976 年，美国哥伦比亚大学师范学院院长克雷明（Cremin，L. A.）首先提出"教育生态学"这一概念以来，教育理论得以丰富的同时，教育生态学也为教育问题的分析增添了新的研究视角和方法，有助于对教育问题更为系统全面地观察和研究。[①] 高斯假说告诉我们，两个以上受资源限制的、但具有相同资源利用方式的物种，不能长期共存在一起。[②] 也就是说，虽然随着物种的增加，会带来竞争的加剧，但是每一个生物链条上不同的种群和群落处于适合自己生存和发展的各自不同生态位，即使存在着竞争，在竞争的同时，它们还进行分工与协作。由于他们彼此之间遵循着共生机制，这种竞争是一种良性的竞争，不仅可以促进群落能够更充分地利用有效资源，而且生态系统由此也可以更好地抵御外部侵害，并得以不断地优化和进化。生物与环境由此也可以更好地适应，促进整个生态系统动态平衡、和谐健康地发展。

从生态学理论反观基础教育生态系统，基础教育生态系统作为教育生态系统的子系统，要保持基础教育生态圈稳定、繁荣、可持续的发展，也需要保持系统内学校的多样性和丰富性。对应生态系统中物种的多样性，基础教育生态系统的多样性就是中小学学校办学的多样性，即学校通过在其办学理念、办学目标、学校传统和校风校貌等方面形成特色。中小学学校要具有办学特色，这是实现基础教育生态系统多样、均衡、健康、可持续发展的基础。也就是说，各具特色的学校通过占据不同的生态位，彼此进行可促进学校优质化发展、提高教育资源利用效率的良性竞争，并形成相互补充与合作

---

① 潘懋元. 高等教育的生态可持续发展之路——《高等教育生态论》序［J］. 高教论坛，2006(01)：4-5.

② 李禄军，曾德慧. 物种多样性与生态系统功能的关系研究进展［J］. 生态学杂志，2008 (11)：2010-2017.

的关系，有效地避免了为争夺教育资源而进行残酷竞争的局面，有利于基础教育生态系统的和谐发展，使得基础教育生态系统不论其内部的结构、功能，还是与周围的社会环境大系统的能量输入和输出，都达到一种稳定的动态平衡。这样整体的基础教育生态系统才能更加繁荣、有序和稳定。所以，学校特色化是基础教育生态系统可持续发展的战略选择。

（二）学校特色建设是世界范围内基础教育变革的客观需要

19世纪，伴随着社会现代化的进程，为了满足对普及教育日益强烈的需求，国家举办的公立学校大量出现，承担起向社会提供公共教育服务的职责。对历史进行溯源，可以得知现代国家和现代国家教育制度的形成是一种统一的过程，现代教育制度就是国家扶持教育的基本形式和结果。以行政手段发展起来的公立学校系统，建立在科层结构上，具有典型的科层特征。而且随着公立学校系统两百年来的发展，政府对教育的垄断导致了公立学校系统的种种弊端，如效率低下、官僚作风、层级组织的架构、浓厚的权威色彩、保守的作风等等。

公立学校除了是国家控制教育的结果，同时也是为适应现代社会大工业生产对大量合乎标准的工人培育的需要而产生的。由于大工业生产对教育促进科学技术的发展和运用的功能被片面强调，教育培养人的批判意识和批判思维、创新和超越精神、社会责任和道德自律等等的功能越来越被轻视。班级授课、统一教材、填鸭式的讲授法、对知识掌握的标准化考试、答案追求唯一和精确等等，在此背景之下，教育的经济价值超越了文化价值，科学知识的价值超越了人文知识的价值，孩子们日复一日被动接受心灵隔离式的应试训练，素质教育成为纸上空谈，人的全面发展受到威胁。这样使得学校本身仿佛成为培养现代工业社会所需要的拥有一定生产技能的人的标准化工厂。学校文化特性失落，育人功能偏离。

此外，随着自然科学知识成为最有价值的知识，对人文知识产生霸权，而且对地方性知识产生霸权。① 在全球化和现代化进程中，这种霸权压抑了知识多样性的同时，也传播了这种与知识相适应的公立学校教育，致使学校教育不可能多样化地发展。

可见，在政府对教育的垄断之下，伴随着工业化、市场化和现代化的历史进程，公立学校一元化、科层化、标准化、片面化和趋同化发展成为现代教育的主要特征，成为世界范围内公立学校所共有的通病。

针对公立学校制度带来的这些弊端，历史上兴起了一次次的教育改革。尤其 20 世纪 80 年代以来，这场世界范围内的教育改革与以往改革相比，更着重于公立学校制度的变革，使公立学校缺乏效率的办学体制及其运行机制与知识经济发展严重不相适应的面貌得到根本性改善，大力推进学校多样化、特色化发展与选择，成为了基础教育改革的重要方面，以达到从根本上推进教育公平和提高公立学校教育质量的目的。以英国为例，特色学校建设成为教育改革中提高中等教育质量，并促进其多样化发展的一个重要部分。通过改革，在英国、美国、日本等国家特色学校变得越来越普及和成功，并且这些国家已经尝试建成一个以提供多样化的学校体系来满足学生个体化的需求。可见，改革学校一元化、科层化、标准化、片面化和趋同化发展的现状，实现教育公平和提高教育质量，已成为现代教育改革的主题，学校特色化也已成为世界范围内基础教育变革的普遍趋势和客观需要。

（三）学校特色建设是我国中小学适应教育变革内涵式发展的必由之路

学校组织核心价值和行为的趋同致使组织文化特性失落成为了我国基础教育生态系统中学校生境的真实写照。在教育资源有限的情况下，同质化的学校，催生了分数取向和过度竞争等问题。特别是随着不同地区之间经济发展水平差距的拉大，稀缺的优质教育往往集中在少数地区少数学校中，由于

---

① 石中英.知识转型与基础教育改革［N］.中国教育报，2001-10-6(4).

优质资源的积累效应和"权钱择校",基础教育中出现了比较显著的非均衡发展趋势,使公共教育比以往更直接地成为社会和经济不平等的再造机器。①这些正是学校组织趋同所带来的负面影响。

并且,随着高考的仪式化和符号化,高考建立了社会认可的学校评判标准的统一观念。这样造成了学校生境的单一,更固化与强化了社会对高考成绩好、升学率高的学校在学校等级秩序中所享有的竞争优势。处于优势地位的示范校,往往可以兼顾应试教育和素质教育,并总是能更好地进行组织学习、更快地适应变革的环境,并不断进行教学、教法等的创新。而处于等级秩序较低的普通校和薄弱校,却需要更高的升学率作为其生存合法性的保障。学校教育低效且严重与教育目标背离,阻碍教育质量的提高。

学校千校同面、学校个体文化失落正是阻碍实现教育公平和提高教育质量的"瓶颈"。伴随着改革开放之后经济的腾飞,社会对优质教育资源及高质量的教育服务需求越来越强烈,各地对于高质量教育的需求与长期供给不足的矛盾正逐渐成为全社会关注的焦点。教育无法培养出与知识社会相匹配的人才,很难满足转型中的中国社会对于培养多样化、个性化人才的需要,教育生态系统陷入困境。由于教育培养出的人肩负着未来社会的发展,这样教育生态系统存在的问题,关系到了整个社会生态系统的改革能否健康发展。

所以,在新一轮的教育改革中,2010年出台的《国家中长期教育改革与发展规划纲要》将鼓励学校特色建设放在了总的工作方针的高度,在总体战略中强调"树立以提高质量为核心的教育发展观,注重教育内涵发展,鼓励学校办出特色、办出水平,出名师,育英才"。可见,学校特色化发展是为解决我国基础教育发展中的问题,适应教育变革而提出的。研究怎样推进公立学校多样化、特色化发展,一方面,对于社会而言,依靠地方教育行政部门和学校发挥主观能动性,充分挖掘现有资源的最大潜力,提供多元优质

---

① 贾晓静.我国基础教育均衡发展研究综述 [J].教育导刊,2007(02):19-21+49.

的教育满足社会的需求、推进基础教育在多样化中寻求均衡化发展、最终实现教育公平和提高教育质量等方面具有重大的意义；而另一方面，对于个人而言，学校特色创建的终极目的在于可以打破这种扼杀学校创造力、甚至戕害身心的应试办学模式，研究怎样推进公立学校多样化、特色化发展有助于推进素质教育、满足学生个性发展的需要，并最终培养出符合知识经济时代发展需要的个性化人才。

学校特色化发展的过程是自组织过程，其强调的是挖掘和发挥学校自身发展潜力，增强自身的生存能力和适应能力，从而获得发展的活力。只有每所学校从被动地等待国家"输血"到找到自己的生长点主动"造血"，学校才能从真正意义上走上内涵式的发展道路，更快地适应变革的环境，并不断进行创新和持续发展。学校特色化发展的根本诉求就是为了更好地整合教育资源、提升资源的利用效率，以实现基础教育的内涵式发展和可持续发展。由此可知，学校办出特色是学校内涵式发展的必由之路，也是学校乃至整个基础教育系统求得发展的根本性举措。

综上所述，学校特色化已成为世界范围内基础教育变革的客观需要，是基础教育生态系统可持续发展的战略选择，更是我国中小学适应教育变革内涵式发展的必由之路。中小学的办学特色，是我国基础教育重要的改革和发展战略。未来，我国中小学发展将更加多样化，更加重视人的全面发展，形成鲜明而丰富多彩的办学特色，从而满足人们复杂和多样的需要。

随着学校的同质化倾向而产生的负面影响主要表现在，首先，在一元化的评判标准之下，升学率高的学校享有更高的合法性，优质教育稀缺且集中在少数地区的少数的学校中，由优质资源的积累效应导致基础教育非均衡发展加剧。第二，在教育资源有限的情况下，同质化的学校，催生了分数取向和过度竞争、学校教育低效且严重与教育目标背离。第三，教育公平的实现和教育质量的提高受到阻碍，学生个性发展的需要无法得到满足。

就本研究而言，要改变这种学校趋同、学校个体文化失落的现状，必须先回答如下几个问题：

1. 学校运行在封闭的系统内，与社会需求脱节，与人的生命成长无关。教师沦为解析试题的工具，年复一年重复着机械的劳动，专业成长缓慢；学生自由思考被标准化的考试所压抑，心灵受到戕害；校长则患了"失语症"，往往在服从上级领导和顺应社会舆论中疲于奔命，在自己的领域里失去了话语权。在我国基础教育生态系统千校同面的情况之下，学校之间无法实现高质量、多元动态的均衡。那么造成我国学校趋同的深层次原因是什么？为什么往往少数名校或示范校可以兼顾应试教育和素质教育，并拥有鲜明的办学特色？

2. 因为学校组织的运行是深深嵌入社会与制度环境之中，而且"学校的结构和实践通常是反映了或运行于那些在比组织更大的社会中存在的规则、信念和惯例"。[①]那么制约特色建设的实践，教育改革的制度环境和管理体制是什么，即构成特色建设的宏观要素是什么，其制约教育实践和教育改革的内在机理又何在？制约学校办出特色的微观要素有哪些，宏观要素与微观要素相互影响和联动的机制又是什么？也就是说，宏观环境是如何与学校组织互动，从而对个体行动策略产生影响？

3. 由宏观和微观要素如何搭建起合理的中小学办学特色的系统框架？以及学校特色建设可行的战略组合方案是什么？学校如何能从同质到多样发展？这些是本研究的核心所在，也是本研究要试图解决的问题所在。

二、研究意义

目前对于中小学办学特色的研究，还处于起步阶段，理论研究还很薄

---

① ［美］沃尔特·W. 鲍威尔，保罗·J. 迪马吉奥. 组织分析的新制度主义［M］. 姚伟译. 上海：上海人民出版社，2008：1.

弱。主要表现在，研究主要依靠逻辑思辨和理论的演绎，缺乏深入的实证和案例研究；对于中小学办学特色的研究主要集中在学校个体层面的策略研究，缺乏宏观机制考察；没有析取出特色建设的要素，也没有进行整体的、系统的分析，更没有创建学校特色的理论框架；无法对学校教育工作者的办学实践给予有力的指导。本研究将以中小学校特色建设为切入点，旨在析取出构成学校办学特色的要素，并搭建起合理的中小学学校特色建设的系统框架，在框架下揭示学校特色形成的机制。对于学校办学特色的研究，涉及学校运行的制度环境、宏观管理体制、办学宗旨、办学理念、办学模式、组织结构、学校发展战略等学校办学和学校管理的核心问题，回答了未来我们要办什么样的学校以及怎样办学校的问题，所以，无论在理论上还是实践上，都具有重要的意义。

（一）理论意义

第一，学校作为一个复杂的组织，学校办学特色的创建更是一项复杂的系统工程。本研究将在理论层面进一步对学校特色内涵、特色建设场域、特色建设影响因素及其互动机制等，进行更加深入的认识，有助于澄清人们对办学特色问题在认识上的偏差和观念上的误区，为今后的研究提供一个统一的概念体系和认识平台。

第二，本研究对中小学学校特色形成的宏观和微观机制的各核心要素进行剖析，并以这些要素为基础，搭建起合理的中小学学校特色建设的系统框架。这在理论上建构了中小学办学特色理论体系，并进一步完善对办学特色形成机制的研究，有助于推进基础教育学校特色相关理论的进一步阐发和完善。

第三，运用系统研究方法，从整体和部分、结构和要素、对象和环境的相互联系、相互作用中综合考察中小学办学特色宏观要素和微观要素，以及要素联动机制等。并且将通过访谈和问卷调查相结合的方式，对学校办学特色系统框架进行了验证和深入的剖析。为验证理论进行了资料积累，对学校特色建设的理论建构，在方法论层面具有重大意义。基于对学校特色办学规律更加准确地把握，为培养中小学办学特色的学校领导者和实践者，开展办学特色的实践活动献出兼具理论分析说服力和现实操作可行性的"锦囊"。

（二）实践意义

第一，在微观的学校层面，"千校同面"的局面，导致了学校教学背离了教书育人的学校精神，从而影响了今天中小学校的形象和教育质量。学校办学特色的研究旨在帮助学校用系统的思维走一条内涵式的发展道路。所以，对学校办学特色进行研究，在指导学校创建特色的办学实践，在摆脱这种学校"千校一面"的现象方面具有重大的实践意义。可以帮助学校在充分尊重学生的个性发展和创新精神的基础上，不断增强学校的核心竞争力，提高办学水平和办学质量，满足学生和家长对教育服务的多元化要求，最终培养出符合社会需要的多样化、个性化人才。

第二，从宏观层次上，学校趋同、组织文化特性失落，催生出分数取向和过度竞争等问题。由优质资源的积累效应和"权钱择校"，进一步使得公共教育的平等性原则和公益性受到了危害，并有碍于学校整体质量的提高和全面发展的人的培养。学校组织总是与周围的经济、政治、文化、制度等环境进行能量、物质和信息等的交换，对学校办学特色进行研究，就是从整体出发，对学校组织系统、组织要素与外部环境的关系及其联系的方式进行全方位思考，以考察学校趋同的观念性和制度性等深层次原因，从而在更加宏观的角度、更深的层次以及更大的范围内分析阻碍学校多样化、特色化发展的教育管理体制和制度原因，并为发展战略与政策建议提供决策依据。所以，研究怎样推进公立学校多样化、特色化发展，在推进教育改革，提高教育质量，整合优质教育资源和促进基础教育在多样化中寻求均衡化发展，并最终实现教育公平方面具有重大的意义。

三、逻辑结构与主要意图

本书的总体思路因循揭示问题、分析问题、理论研究、案例研究和提出对策的逻辑顺序铺展而成。除了导言外，包括七章，分为三个部分。

第一部分包括第一章、第二章、第三章。第一部分可以看作本书的理论支撑。其中，第一章梳理了学校特色化理论和实践的历史脉络，分别对国内和国外的学校特色理论和实践进行了简要回顾和分析，厘清了前人对相关内容的研究和实践情况。由于学校是复杂系统自组织的演化过程，学校发展也经历了由同质到多样，由简单到复杂的进化过程。在对我国每个历史时期学校特色化和多样化发展的进程进行考察的基础上，本书将我国学校特色建设的需求产生与教育转型、乃至社会转型等宏观背景相联系。第二章提出了学校特色的分层理论，认为学校特色具有三重结构，从而为学校特色化发展中遭遇的现实问题提供整体性的认识框架，并从制度社会学的视角分析了造成学校趋同的深层次原因。第三章从哲学的高度对学校特色的要素和结构进行考察，以此为基础奠定本书哲学层次的理论基础。本书认为学校特色是学校独特的教育思维和教育思维指导下的教育实践行为及其产物的整体，即学校特色是教育思想和理论支持下的知行合一。根据该概念，学校特色的要素包括学校教育观、学校教育操作思路、学校教育实践行为和学校特色物质载体，并且学校特色的结构表现为四个要素的联系方式。判断一所学校是否具有特色，其依据是四个要素不可偏废且内在逻辑存在一致性。

第二部分包括第四章和第五章。这一部分用系统分析和路径分析的方法，研究了学校特色建设的核心问题。第四章以复杂性科学视野，动态地考察了构成中小学学校特色建设的场域要素，包括不同层面建设主体，不同特色建设主体的能力以及资源等。在复杂性科学下对学校特色建设场域要素及其互动进行了系统分析。在对各个要素之间的互动关系进行了系统分析的基础上，认为处于不同发展阶段的学校，可以依据其自身所处特色场域，充分调动行动者的积极性，提升自身的潜能，利用和开发制度和技术资源，进行学校特色建设。学校特色建设无异于进行教育变革和学校改进，必然会涉及教育组织系统不同层面复杂相连的诸多因素。因此，在复杂性科学的视野下，本书聚焦于在一个开放的系统分析框架之下，对学校特色建设宏观要素和微观要素及其之间的互动机制进行研究。这样做，不仅有利于中小学办学特色理论体系的进一步完善，而且在为学校特色建设的实践活动献出兼具理论分析说服力和现实操作可行性的"锦囊"，满足学生和家长对教育服务的多元化要求，最终培养出符合社会需要的多样化、个性化人才。第五章在不同场域中，学校特色的建设由不同行动者主导，由此对其它行动者施加的影响以及场域资源的配置方式也不同。学校特色建设场域中，最大的问题和困境在于学校特色建设的"说做两张皮"。学校特色建设中无法做到说做合一，是由于缺乏学校特色建设场域要素导致学校特色建设的主体和资源，从而使得学校建设思维与行为链条断裂所致。我们可以将学校归纳为三种情况，即无思维无行为类型学校的"逻辑不自洽"，有思维无行为类型学校的"概念不操作"，无思维有行为类型学校的"挖掘不深入"。为此，本书提出了系统重构、思维重构、行为重构等学校特色建设知行重构的三条路径。

　　第三部分包括第六章、第七章和结语。这一部分为学校特色建设的案例分析和研究展望。第六章选取典型案例进行研究，从"实然"的角度分析了近年来在特色建设中取得实效的成功经验和管理方法。旨在对前文建构的理论分析框架进行实证的和情境的验证，并期望基于案例分析，为中小学学校特色建设提供策略。第七章和结语的主要内容为对本书创新之处的总结以及对学校特色研究未来的展望。

四、核心概念界定

（一）同质性和多样性

1. 同质性

所谓"同质性"，指的就是事物与事物之间赖以相互区别的质发生了趋同的情况。[①] 学校同质化是我国基础教育生态系统存在的一种普遍现象。受到家长对孩子"考上好大学"培养意向的影响，一流的大学总是和著名的中学绑在一起。大学的等级排序影响了中小学的序列位置。[②] 我国对于学校评价缺乏多样的评价指标、弹性的评价模式和多元的评价主体，因此，学校之间实际上比的是升学率。学校从办学思想到学校规划、从校训到教学行为都是趋同的。制度环境要求组织服从"合法性"机制，采用那些在制度环境下"广为接受"的组织形式和做法。由于学校获取和维护其自身声誉和地位的行为，使得学校不断调整自己的结构和程序，使之与教育组织所规定的、或是更为高层、受尊重和美誉的教育组织"运行模式"相一致，以达到社会承认，从而争取组织生存和发展所需要的资源。由此，学校失去了个性和文化特性，甚至逐渐淡化和偏离了教育的育人主题。

2. 多样性

关于多样性的含义在英文中对应于 diversity，强调一种差异性或区别的状态。[③] 基础教育，尤其义务教育担当着提高国民基础素质的重任，其教育

---

① 奚丽萍. 教育同质化现象论［J］. 教育研究与实验，2009(05)：20-23.

② 张东娇. 最后的图腾：中国高中教育价值取向与学校特色发展研究［M］. 北京：教育科学出版社，2005：173.

③ 蒋凯. 美国高等教育多样性探析［J］. 比较教育研究，2002(S1)：117-123.

目标与相应的课程设置及其他教育制度在总体上具有统一性，都服务于为各类人才培养奠定基本素质的共同目标。区别于高等教育的多样性，通过高等院校类型、办学形式、院校层次、学科方向、专业设置、院校职责等的差异反映出来；基础教育的多样化，不是直接在人才培养的类型、规格、层次上体现出来，也不可能通过学科与专业分化来体现。

本书认为，基础教育的多样性应当是通过学校教育和教育管理体制创新，充分释放每所学校的办学活力，学校所拥有的个性化资源得不到充分尊重和有效开发，使得基础教育系统通过学校形成个性文化特色呈现出丰富多样的风格表现出来。也就是说，在学校类型选择有限的情况下，基础教育的多样性强调学校特色的多样，从而提供可选择的教育教学活动，促进因材施教，满足学生个性发展的要求。学校之间的关系也实现从趋同竞争向互补共生转变，从差距合作向差异合作转变。

（二）中小学学校特色

1."学校特色"一词的来源

本研究中的"中小学"仅指普通中小学。笔者在中国知网和晚清及民国期刊全文数据库中以"学校特色"为关键词和题名搜索，发现民国时期报纸和期刊出现了"学校之特点""学校之特色"的用法。最早使用"学校特色"的是1909年《江苏省立第三师范学校校友会杂志》上发表的《南通小学之特色》："南通为江苏教育试验场……兹就其教育之特点、与教授、管理、训练、设备上有足资我人仿效之处，条举于下，以供海内外教育家采择之。"[①] 同年，《大同报》上英国传教士高葆真发表的短文，介绍了印度的锡伦岛学校的特色。[②] 之后，陆续有报纸期刊介绍一些学校的特色和特点，如皖省公立女子第二学校、江宁县燕子矶小学以及苏沪地区一些有名的小学的特色。

---

① 　方成章.南通小学之特色［J］.江苏省立第三师范学校校友会杂志，1909(09)：1–3.
② 　［英］高葆真.锡伦岛学校之特色［J］.大同报（上海），1909(12)：9–10.

此外，民国时期的学者还介绍了 19 世纪末 20 世纪初的欧美学校，尤其是一些实验学校的特色。[①,②] 民国时期对"学校特色"的使用，更多从"特色"的经验层面和日常用法出发，即将学校特色视为学校"特点""长处"，而非将"学校特色"视为规范的学术研究的概念范畴。随着新中国的建立和时代的发展，学校特色一词于 1978 年正式进入了人们的视野，特别是自 1982 年邓小平同志提出建设中国特色社会主义理论以来，人们日益广泛地使用学校特色这个概念。在教育全面改革的形势下，人们越来越重视"学校办出自己的特色"，对于"学校特色"的认识和研究与改革进程紧密相关。进行这些研究，目的是改变当时教育实践中学校千校一面的状况、转变教育上的大一统观念、打破统一的办学模式。1993 年中共中央《中国教育改革和发展纲要》颁布之后，《教育导刊》《中国教育学刊》《天津教育》等期刊发表了一系列关于学校特色的学术研究文章。如 1995 年《中国教育学刊》发表了邢真的《建设学校特色深化教育改革——学校特色建设学术研讨会综述》《学校特色建设理论的探讨》《学校特色与办学模式》，陈静的《研究学校特色建设的理论创办特色学校》，王宗敏的《对办学特色几个基本问题的理论思考》，梁志大的《是"创建学校特色"还是"创建特色学校"》，共 7 篇文章。1996 年发表李保强的《学校特色建设的理论思考》、闫德明的《学校特色的涵义及其特征》、邢真的《学校特色评价的探讨》、顾颉的《试论办学特色与特色学校的关系》，共 4 篇文章。1994 年至 1996 年《教育导刊》发表了陈润祥的《立足素质教育 办出学校特色》、吴秀娟的《组织文化与特色学校建设》、伊在然的《加强学校德育 办出学校特色》、陈二先的《创办学校特色 提高办学水平》，共 4 篇文章。1993 年《天津教育》发表了王宗敏的《办学特色的实践探索》、1996 年发表了梁志大的《关于学校特色和特色学校的

① ［美］哈罗德·劳格，林仲达译.美国实验学校之运动及其特点［J］.教育杂志，1929，21(6)：1-12.

② 贾丰臻，季英.欧美教育之特点［J］.江苏省立第二师范学校校友会杂志，1922(11)：111-119.

思考》、邢真的《学校特色与特色学校研讨综述》、姜宗琳的《学校办学特色的选择与建设》、钟晨的《浅析全面贯彻教育方针与创办学校特色的关系》、桑玉蕃的《农村中小学特色建设的思考》，共 5 篇文章，学校特色从此被作为专有术语和专门视域来看待。这个时期学者们对于学校特色存在不同的认识，不同的学者将学校特色定义为学校风格、学校个性、学校文化等，并且这一时期存在着"学校特色"与"办学特色""特色学校"混用的情况。

伴随着 20 世纪 80 年代英、美等西方发达国家旨在改善公立教育系统效率低下的市场化的改革，学校特色作为一个专有的概念被提出。学校特色发展被西方国家视为一种学校改进、提升学校效能的策略。在美国，公立学校主要通过转型成磁石学校、特许学校，促进学校特色化、多样化发展。[①]磁石学校主要依靠其特殊课程设计或非传统的学习方式等办学特色，吸引多样种族、多文化背景的学生就读。[②,③]特许学校以个性的办学理念，围绕着学校理念、办学宗旨而设置校本课程和独特的教学设计等吸引学生就读。[④,⑤]在英国，1986 年撒切尔夫人执政期间该国出台了第一个关于特色学校的政策——城市技术学校（City Technology College，简称 CTC），之后政府出台了各种鼓励学校特色发展的政策，如 1991 年政府启动技术学校计划（Technology Schools Initiative，简称 TSI）；1992 年政府发布白皮书《选择与多样化：学校的一个新框架》（*Choice and Diversity: a New Framework for Schools*）；1997 年制定的"教育行动区"（Education Action Zones）计

---

① Murphy J. Restructuring schools: Capturing and Assessing the Phenomena［M］. New York: Teachers College Press, 1991.

② Cordelia Douzenis. Evaluation of Magnet Schools: Methodological issues and concerns［J］. The Clearing House: A Journal of Educational Strategies, Issues and Ideas, 1994, 68(1): 15–18.

③ Rolf K Blank, Douglas A. Archbald. Magnet Schools and Issues of Education Quality［J］. The Clearing House, 1992, 66(11/12): 81–86.

④ Weil, Danny. Charter Schools: A Reference Handbook［M］. California: ABC& CLIO, 2000, 11.

⑤ Hill P. T., Lake R. J., Celio, Mary Beth. Charter Schools and Accountability in Public Education ［M］. Washington D. C.: Brookings Institution Press, 2004, 122–155.

划；2001 年教育绿皮书《学校：建基于成功》(*Schools: Building on Success*)
和《学校：迈向成功》(*Schools Achieving Success*)，鼓励特色学校的良性
发展。[①,②]

　　school characteristic, school feature, school specialism 等词，最早出现在
磁石学校、特许学校的政策文本当中，之后高频率地出现在相关的研究文
献和评估报告中。school characteristic, school feature 意为学校与众不同的特
征，school specialism 则是指学校特长。英国一系列政策中提出的 specialized
education, specialist school, specialization in education 等，主要是指特色学
校，即在某一领域的课程或学科形成特长的学校。比起国内学者，国外学者
们所做的研究，不太注重对概念进行澄清，这可能是因为学校特色提出是以
20 世纪 80 年代初兴起的学校改进运动为其主要背景，学校改进运动本身是
一种以"实践的认知兴趣"为导向的实践探索研究，[③] 学校特色或特色学校建
设总体来说被视为学校改进的一种策略和技术，[④,⑤] 所以，学者们更关注基于
实证研究对学校特色政策进行评估及对特色学校在实践中的效能进行评价。
尽管如此，我们仍然可以从国外学校特色建设实践出发梳理学校特色实践
的共同特征，帮助我们理解"学校特色"概念的内涵。"学校特色"概念的
内涵：

　　第一，强调学校在课程（学科）某一领域应该形成特色或特长。英国国

① Higharm Jeremy, Sharp Paul, Priestley Mark. Developing Diversity Through Specialisation in
　 Secondary Education: Comparing Approaches in New Zealand and England [J]. Compare: A
　 Journal of Comparative Education, 2000, 2(30): 145–162.

② Stephen Gorard, Chris Taylor. The Composition of Specialist Schools in England: track record and
　 future prospect [J]. School Leadership & Management, 2001, 4(21): 365.

③ 卢乃桂，张佳伟.学校效能与学校改进走向结合的理论基础的探讨 [J]. 教育学报，
　 2007(05)：3-7.

④ 范涌峰，宋乃庆.学校特色发展测评模型构建研究 [J]. 华东师范大学学报（教育科学版），
　 2018，36(02)：68-78+155-156.

⑤ 李保强，刘永福.学校改进的历史回溯及其多维发展走向 [J]. 教育科学研究，2010(02)：
　 28-32.

家教育标准局（OFSTED）在对认定的 327 所特色学校作的调查报告中指出：特色学校把重点放在他们所选择的特色科目上以建立自己的特色，特色学校的课程依据学校所侧重的特色科目的不同而不同，如技术特色学校强调设计和技术、科学和数学；语言特色学校不仅重视现代外语，还发展国际精神；运动特色学校注重体育教育；艺术特色学校专攻行为艺术、视觉艺术或媒体艺术等。除此之外，特色学校在发展过程中，不仅兼顾国家课程，还不断开发新的课程，以满足学生在特色科目上的需要。[①] 例如，磁石学校提供围绕特殊教育思想而设置的特色课程和特色教学设计，除了一些专长课程，如音乐、戏剧、计算机等之外，还开发出可以满足学生兴趣或是具有特殊天赋能力的孩子发展所需要的课程，比如视觉和表演艺术、应用技术、市场营销、升学准备、财政贸易、信息与媒体及健康科学课程等。[②]

第二，以运行机制、管理体制和投资渠道方面的独立自主，作为学校特色发展的前提和保障。英美等国公立学校制度变革的核心和实质就是让学校拥有办学自主权，相比传统的公立学校，磁石学校、特许学校、公立直拨学校、灯塔学校、示范学校等在高度自治的情况下，围绕着学校富有个性的理念和办学宗旨，学校自行设置校本课程、自行掌握学期和上课时间、调整师生间的比例、改革教材等。同时教师也被赋予了更多专业化成长的机会、教学自主权以及参与重要决策的权力。[③]

第三，强调学校与社区、家长的合作关系。学校需要在内、外环境的互动中培植学校特色，学校与家长、社区的联系越密切，越能有助于学校目标的成功实现。如教育行动区计划（Education Action Zones）明确提出，特色

① Britain's National Education Standards Board. Specialist Schools: An evaluation of progress [R]. A report from the Office of Her Majesty's Chief Inspector of Schools, 2001, 21–28.

② Cordelia Douzenis. Evaluation of Magnet Schools: Methodological issues and concerns [J]. The Clearing House: A Journal of Educational Strategies, Issues and Ideas, 1994, 68(1): 15–18.

③ Noelle Griffin, Priscilla Wohlstetter. Building a Plane While Flying It: Early lessons from Developing Charter Schools [J]. Teachers College Record, 2001, 103(2): 336–365.

学校与社区合作并且互惠互利；[①]英国示范学校计划的核心是鼓励合作与共享；[②③④]美国磁石学校给父母提供了参与学校事务的机会，提倡"家庭与社区合作"等。[⑤]

综上所述，在 20 世纪 70 年代左右，"学校特色"作为专有术语和专门视域，不论在国内还是在国外，由于"学校特色"这一概念提出的背景不同，对于"学校特色"内涵的理解也各不相同。

2. 对学校特色的不同界定

国内学校特色的概念界定不下 20 种，[⑥]代表性的认识包括：

（1）从外延角度划分类。此类观点解释学校特色时，注重从外延上进行一定的分析，解决的问题是学校特色包括什么，但对于学校特色是什么并没有给出明确的答案。

①学校特色是指管理者和教育者根据现代教育思想和本校独到的办学理念，从学校实际出发，在教育实践中努力挖掘、继承、发扬并积极创造某一方面或某些方面的优势，所形成的有鲜明个性、独树一帜、成效显著的运行机制、办学风格和教育教学模式。[⑦]

① Britain's National Education Standards Board. Specialist Schools: An evaluation of progress ［R］. A report from the Office of Her Majesty's Chief Inspector of Schools, 2001, 2.

② Rashman L., Downe J., Hartley J. Knowledge Creation and Transfer in the Beacon Scheme: Improving Services through Sharing Good Practice ［J］. Local Government Studies, 2005, 31(5): 683–700.

③ Rashman L., Downe J., Hartley J. Leading and Learning? Knowledge Transfer in the Beacon Council Scheme ［J］. Public Administration, 2002, 80(3): 523–542.

④ Rashman L., Hartley J. Long–term evaluation of the Beacon Council Scheme: Survey of local authorities 2nd draft report ［J］. Coventry: University of Warwick, 2004.

⑤ Cordelia Douzenis. Evaluation of Magnet Schools: Methodological issues and concerns ［J］. The Clearing House: A Journal of Educational Strategies, Issues and Ideas, 1994, 68(1): 15–18.

⑥ 郭继东. 学校特色与特色学校的辨析——学校创建特色研究中概念界定的再思考 ［J］. 中小学管理，2000(11)：6–9.

⑦ 王铁军. 学校特色和校本发展策略 ［J］. 江苏教育学院学报(社会科学版)，2002(01)：1–5.

②学校特色是指在一定的理论指导下对学科教学进行改革，经长期努力所形成的优于其它学科和其它学校同一学科的独特风格、模式与机制等。①

③学校特色只是局部的，是整体中局部的特色，可以是学科的特色、校园建筑特色、教学方式特色等。②

办学体制、运行机制、教学模式、学科特色等是"学校特色"概念的外延，这类观点可以帮助我们理解学校特色的范围。虽然还没有提供概念的实质所指，但可以帮助我们辨别学校特色的外在形态和载体。

（2）从属性角度界定类。此类观点认为，在现有的"学校特色"的概念分析中，主要方式是形式逻辑，即为"属＋种差"的方式，是将学校特色归属于一个更大的邻近的属中。

①学校个性风貌。众多学者对学校风貌进行了定义：学校特色是在较长期间的办学实践中形成的独特的个性风格；③,④是学校在长期教育实践中形成的独特的、优质的、稳定的教育风貌；⑤学校特色是学校创造性的贯彻教育方针所形成的某一方面（或几方面）稳定的个性风貌；⑥学校特色是指不同于一般，是要有所创新，有个性，而且这种个性能够形成传统，代代相传；⑦学校特色是指学校管理者在办学过程中，根据本校的实际，有意识地凸显某一方面（或几方面）所形成的独特的个性风貌。⑧

②文化特征说。文化特征说是从文化的角度，将学校特色界定为学校在

———————————

① 张丙玉.普通中学创建学科特色的策略分析［D］.上海师范大学，2005.

② 石晶.特色学校建设的实践研究——以广西壮族自治区3所高中为例［D］.广西师范学院，2013.

③ 邢真.学校特色建设理论的探讨［J］.中国教育学刊，1995(05)：31-34.

④ 郭继东.学校特色与特色学校的辨析——学校创建特色研究中概念界定的再思考［J］.中小学管理，2000(11)：6-9.

⑤ 王宗敏.对办学特色几个基本问题的理论思考［J］.中国教育学刊，1995(01)：21-24.

⑥ 梁志大.关于学校特色和特色学校的思考［J］.天津教育，1996(5)：16-18.

⑦ 顾明远.也谈特色学校［J］.人民教育，2003(09)：15-16.

⑧ 李淑珍.论特色学校的创建［D］.华东师范大学，2003.

教育教学实践过程中所形成的一种个性化、独特的学校文化模式、文化特征和文化品质等。学校特色就是学校文化个性的积淀，从操作层面看，学校特色是学校主体根据共同愿景和学校自身特点，经过长期努力而形成的优良独特的学校文化品质；从本质上看，学校特色是学校主体个性指挥和精神的自觉外化。① 学校特色就是学校文化的特色，它是一种有独到思想、有个性风格、有行为体现、有生命依托的"有特色的文化完形"。②

③独特说。③ 学校特色就是一所学校有别于其他学校对教育教学的个性化（校本化）理解与个性化（校本化）实践，并由此在学校整体风貌上所表现出来的独特性。④ 学校特色主要指由价值立场、办学思想和学校风气等汇聚而成的一种学校个体精神方面的独特性。

④优势说。学校特色是指一所学校在全面育人工作中选择的重点，或是把已出现的某种经验特色通过深化积累，逐步形成某种富有个性的强项或优势。⑤ 通过梳理，发现此类观点主要对"学校特色"进行逻辑分析，从而界定学校特色内涵。该类观点的关键是找到"学校特色"邻近的属和上位概念，这些"个性"说、"文化"说、"独特"说、"优势"说，每一种"属"都是一种对于学校特色内在本质的一个侧面的显现。但是这些论点并没有交代学校特色概念与其他概念的区别，且论点彼此之间很难融通，对其进行规范定义时必然产生分歧。例如将学校特色界定为学校的独特个性，容易使人们在实践中去追逐一种标新立异，从而导致忽视基础性和共同性的问题；将学校特色理解为独特性，则容易使人们过度强调学校如何与其他学校不一样，从而导致本末倒置的问题等。⑥

---

① 孙孔懿.学校特色的内涵与本源［J］.教育导刊，1997(Z1)：46-49.

② 孙孔懿.学校特色论［M］.北京：人民教育出版社，2007：34.

③ 高洪源.如何创办特色学校(下)［J］.中小学管理，2000(05)：27-28.

④ 彭钢.在学校文化建设中形成学校特色［J］.教育发展研究，2008(02)：25-29.

⑤ 吴秀娟.关于学校"各自办出特色的思考"的哲学思考［J］.教育导刊，1997(Z2)：21-23.

⑥ 高鸿源.对学校特色建设中几个问题的再认识［J］.中小学管理，2010(08)：4-6.

（3）从目的角度申明类。此类观点是将学校特色视为更加有效地实现教育目的的手段和促进学校发展的一种方式。学校特色建设是一种促进学校发展的手段，[①]是学校改进的一种基本策略，是学校根据内部实际情况和外部环境变化的适应。学校特色建设对区域、学校资源进行挖掘或重组利用，使学校形成特定领域的独特风格或优势。[②]学校特色发展是学校提高内涵发展能力的重要方式和策略，学校特色发展的目的显然在于通过学校内在发展动力机制实现学校质量的提高。因此可见，学校特色发展成为在确定目标下对学校发展进行优化的一种手段。

此类观点是从目的论和方式论的角度展开，凸显学校特色是学校发展的特殊方式，且以学校质量改进为根本目的。这些观点对于我们理解学校特色的价值具有启发作用。但是，这种将学校特色作为学校发展的方式的定义，却没有从根本上揭示学校特色的本质，难以建立学校特色在发展学校和改进学校方面的运行机制，也难以揭示其独特性。

3. 学校特色的内涵和外延

由上可知，国内外学者对于学校特色概念的认识并未达成共识，通过对"学校特色"概念的逻辑分析，以及在"找要素，定结构"的思路之下，笔者尝试给出学校特色的内涵与外延，从而为我们日常所感知到的学校的教育课程、教学、项目等感性经验寻找判断的依据。

（1）学校特色的内涵

从词源来说，《辞源》对特色的解释为"特别优胜处也"。[③]《现代汉语词典》将特色解释为"事物所表现的独特的色彩、风格等"。可见所谓特色，一是特别，这是就范围而言；二是特长，这是就程度而言。此外，特色一定是表现出来的独特和特长。区别于其他组织特色，由于教育活动的根本目的

---

① 褚宏启. 学校特色建设要谨防"剑走偏锋"［J］. 中小学管理，2017(05)：61.

② 范涌峰，宋乃庆. 学校特色发展：内涵、价值及观测要点［J］. 教育研究与实验，2017(02)：44-48.

③ 广东、广西、湖南、河南辞源修订组. 辞源［Z］. 北京：商务印书馆，1983：964.

在于"成人"，所以，学校特色就是学校在育人方面所显现出来的独特或特长，且这独特即学校教育观以及在教育观支配下的操作思路和行为实践的独特或特长。这样界定的学校特色具有如下内涵：

①学校特色是学校在育人方面所显现出来的独特或特长。学校与企业等组织相比，因为性质和目的不同，其目标、任务和内容也不相同，所以，中小学的独特并不能完全等同于适用于企业组织的"人无我有"的独特。由于中小学的独特的根本目的在于生成"完整的人"和个性全面发展的人。所以，学校特色就是学校在成人和育人方面所显现出来的独特或特长，学校特色建设以促进人的全面生长成为自身的根本目的和使命。

②学校育人方面的独特体现在学校教育观支配下的学校育人操作思路的特别。学校形成独特的教育观是学校特色的核心。所谓学校教育观，是学校教育者对教育的认识、理解和对教育应然的看法，是学校教育主体通过理性思维对教育理论的选择或是理性的概括，是包括目的观、内容观、方式观、教师观、学生观等在内的一整套的教育观念系统。[①]学校教育观体现着学校主体教育思维的逻辑轨道、价值立场和基本特性，只有学校自觉地形成清晰、深刻、完整、稳定基础上自身独特的教育观，学校才有可能形成育人的独特，且学校特色才能具有文化品格、原动力与精神本性。除了明确"教育是什么"以及"教育应该是什么"，学校主体为了实现学校育人目的，还必须对教育活动进行理论构思，即在教育观支配下对"做什么"和"怎么做"进行设计，这样的设计和构思活动被称为学校育人操作思路。[②]学校操作思路属于学校对于教育如何做方法论层面的思考，不同于经验知识系统化后所得到的方法技术，学校教育操作思路涵盖了对方法技术的反思和超越，拥有学校育人方法论方面的独特性。学校操作思路在学校教育观支配之下，保证了学校特色的合目的性，而学校教育操作思路本身体现着学校育人的策略

① 刘庆昌.教育思维论［M］.广州：广东教育出版社，2008：24.
② 刘庆昌.教育思维论［M］.广州：广东教育出版社，2008：24.

性，保证了学校特色具有合规律性，所以，学校教育观与学校育人操作思路的高度统一，使得学校特色具有合理性。仅有学校教育观的独特，或仅是学校育人操作思路的独特，无法保证学校育人独特及学校特色存在的合理性。学校教育观及其支配下的学校教育操作思路的独特决定着学校具有的不同特色。

③学校在育人方面的独特通过学校独特的行为实践得以实现。学校要形成育人方面的独特，需要由思维层面的学校教育观及其支配下的育人操作思路转化为实际存在的学校特色。思维层面的学校特色存在并不与实际存在的学校特色天然同构，从应然到实然，需要一个中介因素。这个中介就是学校教育主体的行为实践。这是因为，学校行为直接由学校育人操作思路所决定，学校育人操作思路本身是一种实践理性，其内化为人脑中的操作程序，直接决定着学校教育主体的行为，而一旦这种主体性行为在实践中被人们长期固定下来，就形成了一种特定的"行为模式"，在学校主体教育创造过程中经过不断地演练之后，就形成了学校特有的实践方式。通过学校主体行为实践，存在于理论中、想象中与口头上的学校特色不断被实在化、外显化，转化为学校特色的实际存在，从而形成学校在育人方面的独特。作为中介的学校特色行为实践，由于受学校教育观支配下学校教育行动设想的影响，会逐渐形成具有学校个性的风格化的行为实践。

（2）学校特色的外延

根据研究者的角度不同，对学校特色外延有不同的划分方式。有学者从分析的角度，观察到的是学校的某一方面特色；有学者从综合的角度，观察到的是学校的整体风貌。[①] 因而，学校工作的范围有多大，学校特色的范围就有多大。[②] 既然学校特色是学校育人的特色，据此笔者认为学校育人工作

---

① 李保强.学校特色建设的理论思考［J］.中国教育学刊，1996(05)：52-54.

② 郭继东.学校特色与特色学校的辨析——学校创建特色研究中概念界定的再思考［J］.中小学管理，2000(11)：6-9.

的独特即学校特色的外延。学校特色概念的外延主要包括学校表现出来的办学理念特色、学校教育观支配下的操作设计的特色及学校行为特色。①学校理念体系特色，包括育人目标、办学目标、办学宗旨、学校发展目标的特色等。②学校教育观支配下的操作设计的特色，包括学校课程特色，主要包括课程体系开发设计、课程日常运作的计划、操作、程序和控制，课程资源的利用的特色等；学校制度特色，不仅包括学校校纪、校规、奖惩规则设计方面的特色，还包括不成文的制度约定、规范和共同行动逻辑等方面的特色等；学校教学特色，包括教学过程中教学组织形式特色、教学模式特色、师生关系特色、师生互动的方式特色、教师教授下学生学习方式特色等；学校环境设计特色，主要是校园建筑、环境布局、校容、校貌、教育教学设施特色等。③学校行为特色，主要包括教学行为、管理行为、学生的学习、生活行为、社会行为、学校组织的宣传行为，学校教师教育校科研活动、专题型传播活动的开展的特色、学校与家庭、社会多元互动行为特色等。

4.学校特色相关概念辨析

（1）学校特色与特色学校

国内"特色学校"作为专门的概念出现也是在 1993 年中共中央颁布《中国教育改革和发展纲要》之后，随之而来的是《教育研究》《中国教育学刊》《上海教育科研》《天津教育》等期刊发表了一系列关于"特色学校"的研究。在这些期刊中，梁志大①、顾颉②、邢真③和郭继东④等发表了针对学校特色和特色学校两个概念辨析的文章，主要有以下三种认知：

①学校特色和特色学校是同一序列的不同阶段。特色学校创建是一个由

---

① 梁志大.是"创建学校特色"还是"创建特色学校"[J].中国教育学刊，1995(05)：37.

② 顾颉.试论办学特色与特色学校的关系［J］.中国教育学刊，1996(02)：51–52.

③ 邢真.学校特色与特色学校研讨综述［J］.天津教育，1996(05)：15–16.

④ 郭继东.学校特色与特色学校的辨析——学校创建特色研究中概念界定的再思考［J］.中小学管理，2000(11)：6–9.

优势项目到项目特色，再到学校特色，进而发展到特色学校的动态的过程。[①]
特色学校是学校特色成熟的标志，是学校特色建设的高级阶段。[②] 特色学校
相较于学校特色而言，更具有典型、稳定的特征。[③]

　　②学校特色与特色学校的区别在于整体和局部的不同。学校特色是学校
单项的局部特色，特色学校是整体特色。如学者认为学校特色是指学校在办
学过程中，在合理利用本校积淀优势的基础上形成的单项特色，单项特色是
局部特色，可以称为项目特色或项目优势；特色学校则是将学校形成的特色
不断深化，发展渗透到学校工作的各个方面，进而体现出一种独特的整体风
貌，具有全局性。[④]

　　③学校特色与特色学校是两个根本不同的概念，如郭继东[⑤]、刘文静[⑥]认
为，学校特色所指称的是一种特色，是区别于产品特色、商业特色；而特色
学校则指称的是一种学校，是区别于一般化学校的、有自身特色的学校。

　　笔者赞同最后一种认识。一位艺术家形成了自己的艺术风格，我们称之
为有自身风格的艺术家，但我们不能混同艺术风格和艺术家。所以，学校特
色与特色学校也不可混同。笔者赞同梁志大等对特色学校所下的定义，特色
学校是实现整体优化、具有整体风貌、育人效益显著的学校。[⑦] 基于此，关
于学校特色与特色学校之间的关系，笔者认为，学校特色和特色学校之间既
不是低级和高级阶段的关系，也不是学校局部和整体特色的关系。

　　一方面，部分学者之所以会将特色学校作为学校特色的高级阶段，是因

① 李臣之.特色创造与学校发展［J］.教育科学论坛，2011（02）：1.
② 邢真.建设学校特色深化教育改革—学校特色建设学术研讨会综述［J］.中国教育学刊，1995（04）：56-58.
③ 顾颉.试论办学特色与特色学校的关系［J］.中国教育学刊，1996（02）：51-52.
④ 李颖.特色普通高中建设的现状、问题与对策［J］.现代教育管理，2012（01）：50-53.
⑤ 郭继东.学校特色与特色学校的辨析——学校创建特色研究中概念界定的再思考［J］.中小学管理，2000（11）：6-9.
⑥ 刘文静.学校特色发展：探索与超越［D］.杭州师范大学，2011.
⑦ 梁志大.关于学校特色与特色学校的思考［J］.天津教育，1996（05）：16-18.

为误将学校特色的外延理解为学校特色的内涵，将学校特色认定为是单一项目特色，没有认识到学校特色的整体性。此外，将特色学校理解为学校特色的高级阶段容易将建设某一级别的特色学校视为学校特色发展的追求，这样会为学校特色为特而特、浅表化、形式化的发展埋下伏笔。

另一方面，将学校特色视为局部特色和单项特色，也是因为没有理解学校特色的整体性。学校特色并非局部特色，可以被认为是学校特色的课程、项目或学科，需要满足以下条件：这些学校特色的项目或学科，是在办学过程中通过分析学校内外条件，合理利用学校资源形成的；这些特色项目或学科可以照顾到每一位学生的个性全面发展，面向学生多种能力、综合素养的培养；这些项目和学科出自于学校的教育观与教育观支配下整体的操作设计，可以成为学校特色生长点，辐射到学校的整体层面和各个领域。而特色学校也不一定是整体和全局的特色，如上所述，学校特色一旦形成，即使仅在某一领域的课程、项目或学科形成特长的学校也是特色学校。

（2）学校特色与办学特色

办学特色是随着上海的"七五"教育发展规划"办学要有特色、教学要有特点、教学要有特长"提出的。总体来看，只有少部分学者将学校特色视为学校特色办学模式的特色，更强调学校在谁办学、谁投资、学校办学方式、管理体制等方面的特色。①

从现实情况来看，自 1993 年中共中央颁布的《中国教育改革和发展纲要》提出"适应社会主义市场经济"的教育体制改革目标以来，改革学校办学模式、扩大学校办学自主权、多渠道筹措教育资金、多形式办学成为教育改革的重要方面。在鼓励社会力量多渠道参与办学的政策背景下，涌现出一批包括公办民助、民办公助等类型在内的"混合制"学校。进入 21 世纪，为了扩大优质教育资源，2014 年《国务院关于创新重点领域投融资机制鼓励社会投资的指导意见》提出，可通过独资、合资、合作、联营、租赁

---

① 赵志国.我国小学学校特色教育建设模式的思考［D］.山东师范大学，2008.

等途径，采取特许经营、公建民营、民办公助等方式，鼓励社会资本参与教育。基础教育领域出现了教育集团、名校办分校、教育集群、学校联盟、一校多址、九年一贯制对口直升等各种办学形式的学校。但是，这类学校尽管较一般公办学校在运行机制、管理体制、投资渠道等方面较为特殊，但我们不能因其特殊性，就将学校特色认为是区别于其他学校的办学模式的特色。虽然办学模式体现学校特色，但是办学自主权、办学模式、投资渠道、办学形式、管理体制等只能是学校育人的保障系统，而不是育人的独特，办学体制、办学形式与众不同的学校仍然存在如何办出特色的问题。

（3）学校特色与学校特色（化）发展

《国家中长期教育改革和发展规划纲要（2010—2020年）》中明确强调要促进学校多样化、特色化发展。学校特色化发展多被认为是一种对基础教育发展的战略设计。如邬志辉认为，"学校特色化发展"是一种学校发展战略，或者更上位地说，是国家或地区对所管辖学校如何发展所作出的战略安排，我国的学校发展战略第三个阶段即"特色化发展"阶段。[①] 学校特色发展与学校特色化发展两个概念没有本质区别，两者具有相对等同的内涵和意义，且都具有过程和策略的内涵和属性。[②]

学校特色（化）发展是指以凸显学校特色为抓手的学校发展方式。[③] 将学校特色化发展视为学校发展和改进方式，有利于我们理解学校特色的价值所在。尤其在当前时代背景下，学校特色被作为提升学校办学品质从而推进教育变革的重要方略之一和对学校发展的整体战略设计，突显了学校特色的重要性。但是，我们只有从根本上阐释学校特色，才能解释学校特色在发展学校和改进学校方面的具体运行机制，及其与其他学校发展方式相比的独特性。

①　邬志辉. 学校特色化发展的重新认识［J］. 教育科学研究，2011(03)：26-28+37.
②　范涌峰. 学校特色发展测评模型研究［D］. 西南大学，2017.
③　石中英. 学校特色发展下一步怎么走［J］. 人民教育，2017(17)：57-59.

（4）学校特色与学校文化

持有"文化说"的学者，从文化的角度，将学校特色界定为学校在教育教学实践过程中所形成的一种个性化、独特的学校文化模式、文化特征和文化品质等。[1,2] 认为学校特色是一种有独到思想、有个性风格、有行为体现、有生命依托的"有特色的文化完形"。[3] "文化说"将学校文化视为学校特色的全部和学校特色建设的目的。其合理之处在于学校特色的结构与学校文化的结构有相互重合的部分，学校特色本身是一种精神性和文化性的存在，且学校特色最终会形成学校特色文化，对学校师生起到濡染和规范作用。

尽管如此，我们不能说所有的学校文化都是学校特色，因为即使不经过任何自觉地建设，几乎每所学校都会形成自身的学校文化。学校文化作为学校特色发展的价值前提，在违背教育理想和育人目标的应试教育价值取向之下，生成工具化和功利化的师生关系、相互封闭的课堂精神空间，正是目前学校趋同、千校一面的真实写照。这种学校人文性陨落、精神匮乏的组织文化不仅不是学校特色存在，反而使得学校陷入倦怠、对抗和病态的状态。此外，我们也不宜以学校文化作为学校特色发展的直接目的或终点。总之，学校特色发展最终会以文化的形式沉淀，不断丰富学校文化的个性内容，并形成区别于其他学校的文化特征，在学校特色的实践过程中，由学校主体创造性实践，又会不断生成新的学校文化。

由上可知，虽然学者们做了大量的概念辨析的努力，但对办学特色的概念，学者们存在不同的认识，并没有一个统一的看法。对于概念考察的角度和层面不同，概念的内涵和外延也不同。基本概念界定不清，出现论述混乱的现象，势必会影响学校特色研究在理论层面的真正深入和发展。所以，需要对学校特色的概念分层次和多视角地考察并进行进一步的界定，使之形成

① 郑金洲."办学特色"之文化阐释［J］.中国教育学刊，1995(05)：35–37.

② 孙孔懿.学校特色的内涵与本源［J］.人民教育，1997(Z1)：46–49.

③ 孙孔懿.学校特色论［M］.北京：人民教育出版社，2007：34.

相对稳定和清晰的概念框架。笔者认为，学校特色即是指学校所有成员，凝聚在学校核心价值观以及共享的心智模式之下，从学校办学优势和实际出发，积极建构并在学校发展过程中逐步积淀形成的、汇集并体现在学校理念、行为、制度、结构、技术等各个要素中的、为社会所公认和美誉的个性风貌。

五、研究方法

（一）文献法

文献资料的查阅与分析两方面。主要对图书馆内和国内外学术期刊网站数据库中，与学校办学特色相关的研究成果进行检索和整理。并广泛阅读了哲学、社会学、管理学、组织行为学、系统科学、教育学、生态学等相关文献，在充分借鉴和掌握前人相关研究成果的基础上，发现并研究发展进程中存在的问题与不足，形成本研究的理论视角和分析框架。

（二）系统研究法

运用系统思想研究中小学学校办学特色，从整体和部分、结构和要素、对象和环境的相互联系、相互作用中综合考察中小学办学特色内涵、宏观要素和微观要素、要素联动机制等，并搭建起系统理论分析框架。

（三）个案研究法

研究要有一定的代表性，基于调查的可行性，本研究选取了四个有典型意义的案例进行分析。主要运用文本分析、观察法和访谈调查三种形式。

（1）文本分析。本研究收集并查阅了四个案例与特色建设相关的文本资料，包括：专著、报告、内部刊物、相关章程制度等。通过对这些一手资料的文本分析与作品分析，对特色建设实践过程中的主导行动者、权力运作、能力发挥以及资源配置等关键结点进行考证分析，以获取特色建设策略的真实信息，并总结提炼出处于不同发展阶段的学校一些切实有效的学校特色建设策略，以供理论和实践工作者参考。（2）观察法。为了使调查更深入，探索学校成员的价值观念、行为方式等，更好地了解学校的特色，笔者选择主要学校现场情景为案例的观察对象，调查并记录学校师生对于学校特色所持有的直观的理解和感受。（3）访谈调查。相对科学合理的设计访谈提纲，对学校的有关领导和普通教师进行开放型和半结构型的访谈调查。获得来自学校成员对学校特色的感受和内心真实的想法，对学校办学特色的现状及实践中存在的问题进行检视，也为理论分析结果提供论据支撑。

第一章　研究的背景：中小学学校特色的理论研究与实践演进

19 世纪，国家举办的公立学校大量出现，并承担起向社会提供公共教育服务的职责。然而，对于学校多样化和特色化发展的需要，却并非伴随着公立学校的产生而出现。学校的发展经历了由同质到多样、由简单向复杂的进化过程。由于中小学学校办学特色的研究不仅是一个理论问题，而且是一个实践性很强的问题，所以弄清究竟在怎样的历史背景之下，以及为什么人们在社会发展和人自身的发展到了现代阶段才产生了对于学校特色化发展的需求，将学校特色建设与社会的演进相联系进行思考，对于我们理解学校特色存在、以及在实践领域推进学校特色建设的价值意义重大。所以，本章将对学校多样化和特色化发展的进程与学界的研究进行历史追溯，在对学校特色理论研究和实践演进的考察基础之上，为了解学校特色发展的现实困境和学理问题提供认识背景。

一、西方中小学学校特色的理论研究与实践演进

学校历史发展错综复杂，要考察学校由同质到多样、由简单向复杂发展的历史，需要对教育发展历史进行划分。由于近现代公立学校的建立，是伴随着 19 世纪以来工业发展和现代国家的建立的进程。可以说，教育是在国家控制之下而产生，同时教育也是社会的产物。社会的转型、以及市民社会中各阶级与国家之间的关系的转变都必定会影响到作为社会制度的重要组成

部分的教育制度的改革。所以，教育发展与生产力水平、政府在教育中发挥的作用、市民社会各个阶层对教育的需要等复杂相连。因而以上这些仅以技术发展、意识形态或是时间为划分的维度对教育发展进行划分的方式忽略了教育的复杂性和相对的独立性，从而不能更好地反映历次的学校变革实践与学校特色建设的关系。

由于教育发展是复杂系统自组织的演化过程，对于教育发展历史进行划分，笔者认为，应该以历次教育转型期为中轴，将历次的社会转型作为学校变革的背景性前提。这样才可以比较清晰地把握学校特色建设的内在规律，也可以更好地反映学校发展范式之间转换背后每个社会转型期不同水平经济发展对教育的需求，以及市民社会中各阶级的教育期望对学校特色建设的影响。据此，笔者将学校的发展划分为工厂化发展、实验与变革、公司式发展三个阶段，来考察学校由同质到多样发展的历史。

此外，从系统的观点考察每个历史阶段学校特色建设，将学校特色建设与教育转型、乃至社会转型大背景相联系，还必须与考察学校内部系统相结合。笔者从学校发展的各个层面出发，主要涉及学校价值追求、行为、结构和制度、技术以及学校关系系统等维度，对每个历史时期学校特色化的进程进行考察。

（一）工厂式隐喻和科层管理阶段

1.学校转型及其社会背景分析

从 17 世纪开始，世界各国相继进入重大的社会转型期，即由农业社会转向工业社会。在西方主要以英、法、德、美等国为代表，率先完成了工业革命，并赢得了资本主义革命的胜利，成功实现社会转型。现代公立学校伴随着工业发展和现代国家的建立而出现并蓬勃发展。学校在结束了漫长的农业时代的个别教学、没有严格学校制度和缺乏完善的管理制度之后，终于在强大的社会需求和资本主义国家政权的推动下，开始了转型和变革的旅程。

与农业时代的学校相比，这些剧变主要表现在，首先，此时的教育是近现代工业生产的产物，生产力直接影响教育目的的制定。大机器生产取代了手工作坊，机器生产需要有大批具有最低的识字能力的劳动力，因此，普及教育应运而生，平民学校普遍兴起。教育与生产劳动相结合，对高效率的追求，使得制度化、精细分工、标准化的教育形式取代了以散乱的、非系统存在的、只为少数精英服务的，且与生产脱离的教育组织形式。流水线一般分工不同却相互衔接的学校，精细化的分科教学，"生产"和培养了之前时代的教育难以想象和完成的数量的人。其次，教育向国家化转变。农业时代的部分学校虽然具有国家性，但没有把所有的学校都纳入国家管理中，而且国家也不承担普及教育的责任。在建立之初，公立学校教育就发挥并承担起为资本主义国家建构资本主义意识形态、传播民主文化、培养公民身份认同、社会控制和官僚选拔，以及为资本主义社会提供持久的知识支持和人才支持等功能和责任。为此，对学校教育机构的组织和调控成为现代国家一项基本的权力和责任，教育成为国家公共事务的一个重要组成部分。国家设立科层化的教育行政机构，集中管理学校。政府拨给学校基本经费，设定统一的教育科目与课程，行使教育评估与监督权。进入工业社会以后，公立学校成为国家控制教育的基本形式。最后，各国学校制度尽管各具特色，但却存在本质上的一致性，即各国建立了系统连贯的学校制度，从而改变了农业社会程度不同的学校教育之间未有明确的衔接对应关系，以及在教育内容与进度方面也没有严格的一致性、散乱、片断的状态。教育制度代表着一种秩序，每所学校要生存必须接受教育大系统中的秩序的规范，才能得以合法化。从此学校教育形式走上了规范化、制度化和标准化的道路。

　　培养什么样的人，建立怎样的学校，是由社会生产力发展水平、国家的建立的不同形态、各国的国家性质以及市民社会中各阶级与国家之间的关系所共同决定的。在教育转型的第一个阶段，教育子系统所属的社会大系统发生了根本性的转变。工业革命的开展与完成，以及资本主义国家的建立，使得这个阶段的学校呈现出与前工业时代的学校不一样的面貌。

2.学校特色化发展进程分析

在现代学校制度建立之初，也就是公立学校萌生和形成阶段，学校与当时工业生产相配套，人才规格的改变带来学校的改变。为了规模化、系统化传播知识特别是科学知识，培养具有健全理智的劳动者，制度化、秩序化、程式化、标准化运行和追求效率成为这个阶段学校的基本特征。高效率和秩序化的运作，使得学校本身成为了一座工厂，从教学和管理，至学校的结构都是划一的、标准的。学生被嵌入这样结构雷同的时空与秩序之中，丰富的个性及创造性遭到了压抑，通过全面的控制和刻板机械的学校训练，造就了具有被动人格的人、片面知识的人和标准化的人。在这种机械的、线性的教育体制下，公立学校多样化发展并没有成为社会的需要，并且学校不具备特色化、多样化发展的条件。

（二）实验室隐喻和革新实验阶段

1.学校转型及其社会背景分析

19 世纪末 20 世纪初，受到统计学、心理学和教育实验研究的影响，教育科学日臻成熟，学校层面展开变革实验。各国出现新教育思潮，探讨新的教育理论，试验新的教育形式、内容和方法，并逐渐成为一场运动。在欧洲被称为新教育运动亦称新学校运动，在美国则被称为进步教育运动。以创办的新学校作为新教育实验室为特征的欧美教育改革运动的兴起，标志着学校变革时代的来临。

此时的欧美各国经历了第二次科技革命和现代化进程，基本实现了工业化和城市化。同时，资本主义世界体系最终形成，各国进入国际竞争时代。欧美新学校运动既是欧美进入新的经济竞争时代的产物，也是欧美全面进入资本主义时代、社会巨大转型的产物。

首先，对于最早兴起教育改革运动的英国而言，新教育运动是一场与政治民主化和社会生活民主化相应的教育民主化改革运动。英国一直信奉自由主义，并较早的产生了现代西方政治制度民主的政治观念，如：内阁制、分权、全民选举、法制化、地方自治等政治形式。19世纪中下叶，随着英国政府实行文官制度改革，使得选举权在更为广泛的范围内得以推广，普通小资产阶级和工人也获得选举权。英国资产阶级民主政体进一步完善，英国精英主义的私立教育性质的公学系统，以及具有鲜明的等级性的学校制度，却无法满足政治民主化的需要，教育的民主化远远落后于政治民主化的步伐。其次，除了政治方面的原因之外，新的技术革命提出了比蒸汽时代需要更大量会读、写、算的工人的要求。它需要大量敢于发现、勇于创新的人才。然而放任下的公共教育系统四分五裂，且相对薄弱，无法培养出与电气时代大工业生产相适应的劳动力，这使英国在第二次工业技术革命的国际中被其他国家赶超。最后，对于自由主义的信奉，使得英国与欧洲大陆相比较，包容度和自由度要大得多。这也是为什么新教育运动在欧洲各国都在酝酿，但世界第一所"新学校"于1889年在英国阿博茨霍尔姆创建的原因。接着德国的利茨、法国的德莫林分别于1898年和1899年开办了同样类型的学校。此后，实验学校方兴未艾。在英国，除了塞尔·雷迪的阿博茨霍姆学校，还有巴德利的贝达尔斯学校、麦克米伦的保育学校、尼尔的夏山学校等；在法国，有德摩林的罗什学校等；在德国，有利茨的乡村教育之家以及温尼肯和格希布创办的新学校，还有"候鸟运动"、艺术教育实验、柏林家庭教师学校等教育实验；在瑞士，有克拉裴雷德的日内瓦卢梭学院、爱弥儿·雅克·道格拉斯的韵律体操教学法；在比利时，有德可乐利的隐修学校、瓦斯孔塞诺的彼爱尔实学校；在意大利，有蒙台梭利的"儿童之家"；在俄罗斯，有沙茨基的"第一国民教育实验站"以及对其产生重要影响的俄国新教育先驱列夫·托尔斯泰的亚斯纳亚·波良纳学校等等。[①] 到1913年，注册入设在日内瓦的"国际新学校局"的欧洲新学校已100多所。1914年，一批新教育家在英国集会讨论教育的新理想，此后每年举行年会。到1921年欧洲各

---

① 吴明海.欧洲新教育运动的历史研究［M］.北京：教育科学出版社，2008：1.

国新教育家成立"新教育联谊会"（简称 NEF）表明这一运动已很成气候。

随着工业化的完成，美国政府奉行自由放任政策，垄断组织不仅控制着国民经济，而且左右着美国政治生活乃至全部社会生活，社会贫富差距进一步扩大，加剧了阶级矛盾和阶级对抗，严重影响社会公平和稳定。于是，美国开始从政治体制到经济制度等社会各个方面掀起了进步主义运动。这些改革都围绕在社会公平与正义方面。进步主义运动的实质在于"在资本主义已取得的巨大物质进步的基础上，推动社会的全面改善，创造出与物质繁荣相应的精神文化条件，重建遭到工业文明摧毁和破坏的社会价值体系，从而推动资本主义的顺利发展。"①而进步主义教育运动作为进步主义运动的有机组成部分，为在教育领域实现民主，并培养能帮助推进社会变革和建立社会新秩序的人，做出了巨大的贡献。其丰沛的教育思想和改革实践为美国乃至世界教育留下了宝贵的遗产。在美国，进步主义教育运动是以杜威教育哲学为主要理论基础，以进步主义教育协会为组织中心，以改革美国学校教育为宗旨，包括帕克的"昆西教学法"、柏克赫斯特"道尔顿制"、约翰逊的"有机教育学校"、弗莱克斯纳的"林肯学校"以及之后以各种形式开展的进步教育试验。其中，1896—1903 年间的芝加哥大学初等学校实验，被认为是19世纪末 20 世纪初美国的一次成功的教育实验活动。正如美国哲学家和教育家胡克曾这样指出，是"美国整个教育史上最重要的大胆的实验"，并对美国整个教育思想和实践产生重要的影响。

综上所述，在欧美经历社会变革的阶段，需要能帮助推进社会变革和建立社会新秩序的人才，需要教育的民主化发展，从而促进个人生存状态的改善。工厂式的学校培养出的政治上的顺民和经济上的工人，落后于社会民主化和生产力的进步的需求。欧美兴起的新教育运动从实验学校入手，通过对旧学校的根本改造，建立新型的、更能适应现代社会需要的理想学校，形成了学校多样化的发展的态势。

---

① 张斌贤.社会转型与教育变革—美国进步主义教育运动研究［D］.北京师范大学，1995.

2.学校特色化发展进程分析

欧美兴起的新教育运动，是一场建立在对实验对象——学校组织以及受教育者本身的心理和生理方面的更深的、更科学的认识之上，突破传统的、革命性的深刻的教育实验。它强有力地向制造某种人格类型的工厂式的学校和培养同一种类型的人的学校制度发起了挑战，强调促进人个性的发展，以及受教育者的主体地位与尊严的教育理念的觉醒，从根本上改变了公立学校的氛围，成为20世纪学校之不同于19世纪学校的显著特征。这场新教育运动秉持的本质追求，即由传授转向教育，对以后的学校办学和学校变革产生深远影响，为学校多样化发展奠定了基础。

通过这次教育运动，学校萌生了从同质向多样发展的趋势。究其原因，第一，社会进步和文明程度越高，越是需要培养人格完整、道德高尚、富有个性和创造性的人才，也就越是需要学校多样化和特色化发展。随着经济不断增长，以经济增长为推动力的社会也不断地发展。此时，就产生了对拥有道德智慧、理性智慧和实践智慧的人的需求。僵化的、封闭的、非人格化、产生特权和再生产社会不平等的教育，只能使得整个公立学校教育系统陷入危机。学校特色的形成是教育应对社会发展需要和人的发展需要而产生的。第二，实验学校的价值取向为重视儿童的需要和个性差异、鼓励儿童探究和创造性的发展，因为人本身是差异化和个性化的，学校多样化和特色化发展成为教育改革的必然趋势。仅偏重智育、规训的学校成为制造劳动者的一台机器，剥夺了人作为学习主体的学习动机和兴趣，完全抹杀了人的本体性存在的价值。只有当学校开始追求以育人为本质的价值时，学校才开始特色化发展。学校办学特色成为每种类型的实验学校对培养什么人以及怎样培养人这两种使命的集中反映。学校内部涌现出先进和富有个性的教育理念，从而打破了学校同质化趋向。第三，此次教育变革，学校之所以呈现出了特色化、多样化发展的趋势，在运作策略上的最大原因就是采取了自下而上、由内而外的策略。学校要形成特色，在很大程度上取决于学校成员，尤其是校长和教师的教育理念、教育追求、创造力、行动能力与努力程度。这样从学校自身办学理念出发，所引发的从教育目标到课程和管理制度等整体性的变革，充分调动了学校自身主体性、能动性和创造性，将学校各个要素彼此协调一致，唤醒了学校自身进行变革的而不是仅仅被动承受变革的意识。学校作为最具有能动性的特色的创建主体，着手于制度和文化的重建，被激发了无限的创造力和潜能。第四，办学特色的形成，不是某个要素问题或是局部问题，而是学校系统与社会系统、教育与环境、学校系统内部各个要素、各个部分之间的相互作用的复杂过程，需要用系统的观念、系统的思维、系统的方法去进行系统的优化，形成诸如教育行政机构、学校领导和教师在内的各层面力量对于改革的协同力。而此次自下而上的教育改革的理论家和实践家都陷入简单的单一形态分析，没有将宏观因素纳入以学校为基础的改革之中。这正是这次教育实验在经历一段时间的蓬勃发展之后，逐渐没落的主要原因。在进步主义的推动下，规模最大的包括了 300 所学校参加"八年研究"，"八年研究"的目标是为了证明进步主义教育的方式所培养的学生具有社会所需要的能力，而对这种能力的评价则主要是为传统教育体制所接受或认可的标准。也就是说，这种教育实验是对当时体制所做的妥协，以获得进步主义学校生存和发展的合法性，这直接导致了实验的实践与运动的理想和初衷相违背。由于这次运动自身存在的内部和外部不可调和的矛盾，所以虽然得到了政府一定程度的支持，然而缺乏教育观念的转型、以及整个教育制度和教育体制的变革作为支持，使得这种教育实验推广的程度和实践的范围有限。学校特色仅是出现在了新学校中，广大的公立学校并没有出现特色化和多样化的发展态势。

（三）公司式隐喻和校本管理阶段

1. 学校转型及其社会背景分析

20 世纪中叶以来，随着工业经济逐步向知识经济转型，知识经济发展和知识结构的重构，学校千校同面、学校个体文化与知识经济日益增长的对传递多样化知识、培养个性化人才的教育的需求的矛盾日益凸显。

70 年代初西方国家爆发了战后最严重的经济危机，新自由主义陷入困境。在这种情况下，新保守主义在西方政治生活中的统治地位逐渐确立。一方面，强调国家的重要性，认为国家是权威的象征，具有宏观调控、管理和监督社会的功能；但另一方面，又主张恢复对资本主义经济的自我调节机能的信仰，认为政府不但不应该干涉经济和社会的自由发展，而且应该维护和保证自由。20 世纪 90 年代以后，新右派开始出现颓势，以英国首相布莱尔、美国总统克林顿为首的西方首脑将伦敦经济学院院长安东尼·吉登斯作为思想导师，倡导介于自由放任资本主义与福利国家之间的中间道路，主张政府缩小在经济上的干预，但同时需要增强中央政府的宏观调控能力。

在这些主流思潮的影响下，在此次公立学校改革中，政府与教育关系的调整上呈现了三个特点：第一，改革的核心是公共教育权的重新分配与平衡。市场机制进入公共教育领域，其中教育和福利事业由相互竞争的市场化的市民社会提供给消费者个人，而不再是由政府为所有的公民集体提供。政府将学校教育的诸多权责由过去的政府包揽转向了市场化的私人领域。第二，这个时期针对公立学校制度的改革，基本上是由各国政府自上而下推动的，反映了评估型政府和管理主义的双重作用，政府积极促成了以市场为导向的公立学校改革。以美国和英国为例，自 80 年代以来，美国从联邦一级开始发起了这场公立学校重建运动，英国也由保守党政府推出了一系列的教育改革法案和白皮书推动的公立学校的改革。教育权的重新调整是由政府推动完成的，因此这场以市场为导向的教育变革不可避免地具有了浓重的国家化色彩。第三，伴随着市场机制进入公共教育领域，学校多样化、特色化发展成为大力推进学校选择的前提，因而学校特色化也已成为世界范围内基础教育变革的普遍趋势和客观需要。各国政府自上而下推动的多样化、特色化发展的学校变革成为基础教育改革的重要方面。通过改革，在英国、美国、日本等国家特色学校变得越来越普及和成功，并且这些国家已经尝试建成一个多样化的学校体系来满足学生个体化的需求。

由上可知，与以往改革不同，各国将此次学校教育改革放在国际竞争的战略位置，并且更着重于公立学校制度的变革，旨在引入经济领域内的市场竞争机制，彻底改变国家垄断公立教育的局面，使得公立学校缺乏效率的办学体制及其运行机制与社会经济发展严重不相适应的面貌得到根本性改善，从而促进公立学校教育质量的根本提高。在此背景之下，应社会对与知识经济相匹配的具有学习能力、探究能力、解决复杂问题能力和合作能力的人才的要求，大力推进学校多样化、特色化发展与选择，也成为了基础教育改革的重要方面。

2. 相关研究

20 世纪 80 年代以来，针对传统学校科层体制之下学校同质化趋向，不能灵活地适应家长和学校个性化的需求等弊端，世界范围内兴起了大规模的重构公立学校的教育改革。它与以往改革不同的是更着重于公立学校制度的变革，旨在引入经济领域内的市场竞争机制，使得公立学校缺乏效率的办学体制及其运行机制与社会经济发展严重不相适应的面貌得到根本性改善，从而促进公立学校教育质量的根本提高。大力推进学校多样化、特色化发展与鼓励选择，成为此次改革的一个主要方面。与此相应，在学界兴起了对于教育改革中的各类特色学校的研究，在美国主要是对磁石学校、特许学校和契约学校等的办学特色研究；在英国主要集中在对其专门特色学校、直接拨款公立学校、示范学校等的研究。研究内容包括对办学理念、学校特色项目、学校特征、教学与课程、学校特色形成的物质支持和管理支持，以及学校特色评价研究等方面的研究。尤其是特许学校，作为组织再造的组织基本形式，引起了以美国为代表的西方国家的学校组织再造理论研究和校本管理研究方面的学者高度的关注。这些特色学校组织形态的重构，实质上就是公立学校制度和宏观管理体制的变革，目的在于将公立学校制度从过去的政治行政模式转化为一种经济市场模式，从而克服公立学校制度中的垄断与官僚，使得公立学校可以向多样化、特色化方面发展。所以，在管理体制和公立学校制度方面的变革，成为推进学校特色形成的宏观要素。而在宏观管理体制和公立学校制度方面的变革的研究，主要集中在对学生和家长自由择校、学校办学自主权、与学校办学自主权相应的学校绩效责任、学校办学多元投入等方面的研究上。

（1）关于学生和家长自由择校的研究

在美国，有两种具有巨大的影响力的特色学校运动，这两种运动就是磁石学校运动和特许学校运动。正如墨菲（Murphy）所认为的，在公立学校中公立学校办学多样化、特色化，鼓励家长择校的可行做法，主要包括将公立学校转型成磁石学校；或是鼓励教师和家长自行结合成立特许学校。[①] 在宏观管理体制方面，磁石学校、特许学校和契约学校都有着与公办学校不同的特色。一方面，学校可以不受学区限制录取学生，另一方面，学生可以跨学区进行择校。在自由择校的过程中，作为一种具有选择性的公立学校类型或一种学校内部的计划，磁石学校主要依靠其特殊课程设计或非传统的学习方式等办学特色，吸引多样种族以及文化背景的学生就读其中。[②,③,④] 特许学校也是可选择的公办学校，通过申办者与州政府或地方委员会签订合同的方式独立经营。特许学校以个性的办学理念，以及围绕着学校理念和办学宗旨而设置校本课程和独特的教学设计等吸引学生就读。[⑤,⑥]

（2）关于学校办学自主权的研究

公立学校制度和宏观管理体制的变革的核心和实质就是学校拥有办学自

① Murphy J. Restructuring schools: Capturing and Assessing the Phenomena [M]. New York: Teachers College Press, 1991.

② Cordelia Douzenis. Evaluation of Magnet Schools: Methodological issues and concerns [J]. The Clearing House: A Journal of Educational Strategies, Issues and Ideas, 1994, 68(1): 17.

③ Rolf K Blank, Douglas A. Archbald. Magnet Schools and Issues of Education Quality [J]. The Clearing House, 1992, 66(11/12): 82.

④ Steel L., Levine R. Educational Innovation in Multiracial Contexts: The Growth of Magnet Schools in American Education [M]. Palo Alto, CA: Prepared for the U.S, Department of Education, 1994, 45.

⑤ Mark Buechler. Charter Schools So Far [J]. Educational Digest, 1997, 63(1): 60.

⑥ Jonathan Schorr. Hard Lessons: The Promise of an Inner City Charter School [M]. New York: Ballantine Books, 2002, 17.

主权。

  相较于普通公立学校，特许学校摆脱了传统的行政制度的控制，包括经费使用、教师聘用、围绕特色主题设置学校的课程、日程安排等方面都享有相对高的自治权。[①] 第一，根据库珀（Cooper）的研究，特许学校申办主体，在美国州与州之间不存在统一的规定，但大多数州的特许学校法规定特许学校可以由家长、教师、教育管理者、私人或者高等教育的独立机构、非营利性组织或政府实体兴办。并且，随着特许学校运动规模的扩大，学校兴办者的条件也越来越放宽。[②] 第二，在特许学校经费来源和使用自主权方面的研究表明，虽然学校获得经费来源的比例和水平，以及使用经费的自由度根据各州的法律规定而异，但特许学校在经费预算和使用方面比普通公立学校享有更大的自主权。[③] 第三，在高度自治的情况下，由于办学主体的不同，以及针对不同人群服务，围绕着学校富有个性的理念和办学宗旨，学校可以自行设置校本课程；自行掌握学期和上课时间；调整师生间的比例；开设一些较有针对性的辅导课程；改革教材等。[④]

  除了磁石学校和特色学校之外，由爱迪生学校公司推出的契约学校，也是美国市场化教育改革中特色学校的一种。契约学校为独立的法人实体，享有更大的自主权，包括学校能协商合同，自主使用公共资金，聘用教师等。拉维奇（Ravitch）等指出它是特许学校的升级发展，是磁石学校、特许学校、校本管理、学券制的混合。[⑤] 希尔（Hill）等人，在他们所著的书《*Charter Schools and Accountability in Public Education*》中，对契约学校的办

---

① Weil, Danny. Charter Schools: A Reference Handbook [M]. California: ABC&CLIO, 2000, 11.

② Cooper, Bruce S. Fusarelli, Lance D., Vance E. Randall. Better Policies, Better Schools: Theories and Applications [M]. New York: Pearson College Division, 2004, 77.

③ Weil, Danny. Charter Schools: A Reference Handbook [M]. California: ABC&CLIO, 2000, 7.

④ Noelle Griffin, Priscilla Wohlstetter. Building a Plane While Flying It: Early lessons from Developing Charter Schools [J]. Teachers College Record, 2001, 103(2): 336–365.

⑤ Diane Ravitch, Joseph P. Viteritti. New Schools for a New Century: The Redesign of Urban Education [M]. New Haven: Yale University Press, 1997, 61–62.

学进行了全面的介绍，在宏观管理体制和公立学校制度方面，契约学校有着更为突出和鲜明的特色。它是通过供应商之间的公开招标的方式，获得政府资金支持，[①]可以将其视为对特许学校的推进和升级。根据契约，这种类型的学校享有高度自治，通过合同其权责更加明晰，契约可以用法律来维护学校自身权益。

直接拨款公立学校，是撒切尔政府执政期间所设立的，按照《1988年教育改革法》的规定，任何公立中学和学生人数超过300人的公立小学，经家长投票认可，可向教育与科学大臣提出申请脱离地方教育当局管辖，改为由中央政府直接拨款的公立学校。在菲茨（Fitz），哈尔平（Halpin）和帕瓦（Power）在其发表的学术论文、专著中，论及了接拨款公立学校特色的宏观管理体制和学校制度。他们提出，第一，脱离了地方教育当局控制的直接拨款公立学校，属于一种自治的机构，自主经营、自主管理。第二，学校董事会作为直接拨款公立学校的法人团体，享有高度自治权，可以直接接受教育大臣从中央下拨的办学经费、独立承担学校在招生、处置学校所有的合法财产、签订教职员雇佣合同等一切方面的责任。[②③④⑤]

（3）关于学校绩效责任的研究

学者们的研究还关注与自主权相应的学校实施绩效责任。学校在享受拥

① Hill P. T., Lake R. J., Celio, Mary Beth. Charter Schools and Accountability in Public Education [M]. Washington D. C.: Brookings Institution Press, 2004, 122–155.

② Halpin D., Power S., Fitz J. Grant-maintained schools: making a difference without being really different [J]. British Journal of Educational Studies, 1991, 39(4): 409–424.

③ Fitz J., Halpin D., Power S. Grant-maintained schools: Education in the Market Place [M]. London: Kogan Page, 1993, 18–28.

④ Whitty G., Power S., Halpin D. Devolution and Choice in Education: The School, the State and the Market [M]. London: Open University Press, 1998, 20–25.

⑤ Sally Tomlinson. Education in a post-welfare society [M]. McGraw-Hill Education (UK), 2005.

有充分的自主权的同时，还必须承担合同规定的绩效责任。^① 希尔（Hill）等学者认为绩效责任制是特许学校的生命线，之所以特许学校可以脱离官僚体制的控制，获得自主权，就是因为它所提供的教育服务的质量，是有契约与合同的保障的。^② 此外，特许学校必须接受州的绩效考评和绩效监督，达到自己在特许状中所承诺的内容，如提供学校的运作方式和情况的相关信息，提供课程设置情况，并帮助学生的知识和技能水平达到一定的评估标准等。^③ 根据乔纳森（Jonathan）和韦伊（Weil）等学者的研究，特许学校除了有绩效问责和对学生的学习成绩及其他结果负责之外，还要接受公立权威机构的相关监控，特别是有关教育管理对学生基本健康、安全和非歧视条例等的约束。接受公立权威机构和其他相关团体的监督。^{④,⑤,⑥} 有的州甚至要求学校同时参加标准参照考试和常模参照考试并达到州标准。如果学校无法对其结果负责，它将面临被关闭的危险。^⑦

　　由于契约学校是通过供应商之间的公开招标和与政府签订契约的方式来开办的，在合同中更加明晰绩效责任。^⑧ 而直接拨款公立学校在享有自主经

① Nelson B., Berman P., Ericson J, et al. The State of Charter Schools, 2000. National Study of Charter Schools. Fourth-Year Report［M］. U.S. Government Printing Office, Superintendent of Documents, 2000.

② Hill P. T., Lake R. J., Celio, Mary Beth. Charter Schools and Accountability in Public Education ［M］. Washington D. C.: Brookings Institution Press, 2004.

③ Weil, Danny. Charter Schools: A Reference Handbook［M］. California: ABC&CLIO, 2000, 7.

④ Weil, Danny. Charter Schools: A Reference Handbook［M］. California: ABC&CLIO, 2000, 6.

⑤ Jonathan Schorr. Hard Lessons: The Promise of an Inner City Charter School［M］. New York: Ballantine Books, 2002, 17.

⑥ Vanourek G., Others A. Charter Schools As Seen by Those Who Know Them Best: Students, Teachers, and Parents. Charter Schools in Action Project, Final Report—Part I.［J］. Hudson Institute, P.O. Box 26-919, Indianapolis, IN 46226. 1997.

⑦ Weil, Danny. Charter Schools: A Reference Handbook［M］. California: ABC&CLIO, 2000, 193-195.

⑧ Hill P. T., Lake R. J., Celio, Mary Beth. Charter Schools and Accountability in Public Education ［M］. Washington D. C.: Brookings Institution Press, 2004, 122-155.

营、自主管理以及直接接受教育大臣从中央下拨的办学经费的同时，也承担学校在招生、处置学校所有的合法财产、签订教职员雇佣合同等一切方面的责任。并且，必须向学生讲授规定的国家课程，并达到中央所定的标准。①②③④

除了直接拨款公立学校之外，《1988 年教育改革法》还提出设置以培养专门人才为目的的中等技术学校即"城市技术学校"（City Technology College，简称 CTC）。1991 年政府启动技术学校计划（TSI），进一步扩大对这些类型学校的支持，对那些想在技术方面发展特色的学校给予一次性拨款。并于 1994 年 2 月，英国政府正式提出技术学校计划（Technology Schools Initiative，简称 TSI），特色学校计划开始向所有的中等学校开放，并提出建立包括技术、数学特色学校，以及语言特色学校、运动特色学校和艺术特色学校的技术特色学校网络。对于这一类的学校，政府对其履行绩效责任的监督，主要是通过其所制定的计划来进行。根据英国国家教育标准局（OFSTED）所做的报告 Specialist Schools: An evaluation of progress 指出，要向教育与技能部（DfES）申请特色学校的地位，学校还需要事先拟定三年的发展计划。计划具有明确的提高教学标准和学生成绩的目标和方案。1997 年布莱尔上台以后，制定"教育行动区"（Education Action Zones）计划，特色学校所提出的发展计划还需要包括与社区合作并且互惠互利。计划三年为一个周期，特色学校在实现目标之后，必须设立一个新的三年发展计划和新的目标。在此期间，政府为期三年的周期资金，由英国教育与技能部对学校进行监督和评估，只有通过评估的特色学校才能申请下一个三年的周期资

①　Halpin D., Power S., Fitz J. Grant-maintained schools: making a difference without being really different［J］. British Journal of Educational Studies, 1991, 39(4): 409-424.

②　Fitz J., Halpin D., Power S. Grant-maintained schools: Education in the Market Place［M］. London: Kogan Page, 1993, 18-28.

③　Whitty G., Power S., Halpin D. Devolution and Choice in Education: The School, the State and the Market［M］. London: Open University Press, 1998, 20-25.

④　Sally Tomlinson. Education in a post-welfare society［M］. McGraw-Hill Education (UK), 2005.

金。①

　　示范学校都是被英国皇家督学（HMI）评为杰出学校，同时由英国教育与技能部评估并且认定，其教学质量在全国有突出表现。拉什曼（Rashman）等发表的学术论文和报告中，对示范学校计划和示范学校的绩效责任进行了研究。第一，政府对各示范学校的认证只有三年的期限，之后他们必须能够有助于学生总体成绩名列前茅，并致力于提供可以推广到其他学校的优质教学环境与活动，才有可能延长示范学校的称号。第二，除了达到示范学校提高教学质量和学生学业成就的办学目标，示范学校还必须在传播和促进优秀实践方面对伙伴学校起到长期影响作用。帮助与其建立伙伴关系的学校从学习示范校优质的教育经验出发，去开发出适用于自身的发展之道，帮助薄弱校改进，最终提高学生的学业成就。第三，政府为示范学校用于提高学生学业成就、推进与传播示范学校优质教学和办学实践、以及缩小校际差距等有关的活动，下拨示范基金（Beacon Grant），但政府要求学校为花费的活动和活动效果做出报告。教育与就业部授权国家教育研究基金会对示范学校计划进行每年一次的评估并出具评价报告，对示范学校进行监督。②,③

　　（4）关于学校办学物质支持来源多元的研究

　　特色学校的资金来源一般呈现多元化的趋势。政府的资金为特色学校规模化和特色化发展提供了物质支持。磁石学校的一个显著特征是学校得到政府的专项资助。磁石学校的资金支持主要来自于联邦基金、州和地方政府，少部分来自于企业和资助。根据斯蒂尔（Steel）等人的研究，在1976年到1981年之间，《学校紧急援助法案》中规定每年给磁石学校计划提供多

① Britain's National Education Standards Board. Specialist Schools: An evaluation of progress [R]. A report from the Office of Her Majesty's Chief Inspector of Schools, 2001, 2.

② Rashman L., Downe J., Hartley J. Knowledge Creation and Transfer in the Beacon Scheme: Improving Services through Sharing Good Practice [J]. Local Government Studies, 2005, 31(5): 683-700.

③ Rashman L., Downe J., Hartley J. Leading and Learning? Knowledge Transfer in the Beacon Council Scheme [J]. Public Administration, 2002, 80(3): 523-542.

达 30,000,000 美元的资金，多达 61 个磁石学校学区得到了大约从 46,000 美元到 4,000,000 美元不等的补助费用。1984 年，联邦政府通过了《磁石学校辅助方案》，在 1985—1991 年，有 730,000,000 多美元用于资助磁石计划，帮助其扩大规模。[1] 并且，各州授予磁石学校的资助资金有所不同，韦伊（Weil）调查发现，在芝加哥、费城、波士顿和纽约州的磁石学校接受了超过州里给当地其他公立学校的资金。[2] 由政府给示范学校下拨的用于提高学生学业成就、推进与传播示范学校优质教学和办学实践、以及缩小校际差距等有关的活动的示范基金（Beacon Grant），各示范学校每年平均约为 35,000 英镑，1998 年政府拨给首批示范学校的示范基金共 1,800,000 英镑，在其后的三年已经增加到了 3,900,000 英镑。[3,4]

　　除了政府的资金之外，还有商业和私人赞助。比如，教育与技能部设定申请成为特色学校的学校必须从商业赞助者那里获得赞助资金。根据泰勒（Taylor）的调查，大多数学校必须把最低赞助款设定为五万英镑。小规模的学校（少于 500 名注册学生）会提高得少一些，最低赞助金额总数为两万英镑，相当于每个学生获得 100 英镑的赞助。但是在 2000 年 9 月以后要求这一标准达到十万英镑。[5]

　　（5）关于区域合作的研究

　　英国"新工党"提倡社会包容和合作。1997 年布莱尔上台以后，制定

① Steel L., Levine R. Educational Innovation in Multiracial Contexts: The Growth of Magnet Schools in American Education [M]. Palo Alto, CA: Prepared for the U.S, Department of Education, 1994, 45.

② Weil, Danny. Charter Schools: A Reference Handbook [M]. California: ABC & CLIO, 2000, 9.

③ Rashman L., Downe J., Hartley J. Knowledge Creation and Transfer in the Beacon Scheme: Improving Services through Sharing Good Practice [J]. Local Government Studies, 2005, 31(5): 683-700.

④ Rashman L., Downe J., Hartley J. Leading and Learning? Knowledge Transfer in the Beacon Council Scheme [J]. Public Administration, 2002, 80(3): 523-542.

⑤ Stephen Gorard, Chris Taylor. The Composition of Specialist Schools in England: track record and future prospect [J]. School Leadership &Management, 2001, 4(21): 365.

教育行动区计划（Education Action Zones）和示范学校行动计划。设置专门特色学校和示范学校，旨在帮助薄弱学校与这些示范学校建立伙伴关系，从示范学校优质的教育经验出发，去开发出适用于自身的发展之道，最终提高学生的学业成就。比如，教育行动区计划（Education Action Zones）提出，要向教育与技能部（DfES）申请特色学校，学校需要事先拟定发展计划。计划中除了具有明确的提高教学标准和学生成绩的目标和方案之外，还必须包括与社区合作并且互惠互利。只有经过评估，学校达到了与伙伴学校合作来增加学生在特色学科上的学习机会，分享知识、设备和经验，并为地方团体提供特色科目的教学等目标，才有机会申请下一个三年的周期资金，由英国教育与技能部对学校进行监督和评估。①

　　1997 年示范学校行动计划启动之初，就规定学校办学目标，其中一方面就是在传播和促进优秀实践方面对伙伴学校起到长期影响作用，以保证专业发展水平高的示范学校与其他学校共享其成功的办学经验和优质的教育资源。示范学校计划于 1999 年纳入到城市学校优质化计划（Excellence in Cities Strategy，简称 EiC）当中，2001 年初政府发表教育绿皮书《学校：建基于成功》（*School: Building on Success*）更是提出在诸如推动创新、ICT 应用以及与社区合作等领域分享优秀实践成为甄选示范学校的首要标准。可见，示范学校计划的核心不仅是确定和认可优质与特色，更重要的是鼓励合作与共享。②③④

①　Britain's National Education Standards Board. Specialist Schools: An evaluation of progress［R］. A report from the Office of Her Majesty's Chief Inspector of Schools, 2001, 2.

②　Rashman L., Downe J., Hartley J. Knowledge Creation and Transfer in the Beacon Scheme: Improving Services through Sharing Good Practice［J］. Local Government Studies, 2005, 31(5): 683–700.

③　Rashman L., Downe J., Hartley J. Leading and Learning? Knowledge Transfer in the Beacon Council Scheme［J］. Public Administration, 2002, 80(3): 523–542.

④　Rashman L., Hartley J. Long–term evaluation of the Beacon Council Scheme: Survey of local authorities 2nd draft report［J］. Coventry: University of Warwick, 2004.

国外已有的学校特色的文献研究发现，国外对于学校特色的研究往往置于美国市场化、教育选择和多样化改革的背景之下。并且对学校市场化经营、下放学校办学自主权、学校自治、放权之下的高绩效责任等方面的研究，成为对学校组织形成学校特色的宏观要素研究的主要方面。

（6）关于学校办学理念和目标研究

教育思想和教育观念占据学校特色的微观要素的核心位置。受学校办学特色构成的宏观层面的要素的影响，在教育改革中不同学校办学理念都显示出自己的个性差异。

比如，磁石学校主要依靠其办学特色吸引学生就读，以弥合种族间隔离，将有着差异的和多样种族以及文化背景的学生带到一起来以分享共同的教育经验，促进种族融合，促进以教育机会均等为办学目标的学校的发展。[①]

报告指出专门特色学校的办学目标包括：提高所有学生的成绩标准；提高特色学科的教学质量；为学生提供特色科目扩展他们的学习；与私营部门赞助者、商业界和高等教育机构合作；发展学校的特色，鼓励学生参与特色科目的学习；与伙伴学校合作来增加学生在特色学科上的学习机会，分享知识、设备和经验；为地方团体提供特色科目的教学。[②]

示范学校办学目标，通过传播示范学校的优秀实践帮助薄弱社区的薄弱学校和办学失败的学校，在促进优秀实践方面对伙伴学校起到长期影响作用。其核心不仅是优质与特色，还有合作与共享。[③④]

---

① Steel L., Levine R. Educational Innovation in Multiracial Contexts: The Growth of Magnet Schools in American Education [M]. Palo Alto, CA: Prepared for the U.S. Department of Education, 1994, 45.

② Britain's National Education Standards Board. Specialist Schools: An evaluation of progress [R]. A report from the Office of Her Majesty's Chief Inspector of Schools, 2001, 47.

③ Rashman L., Downe J., Hartley J. Knowledge Creation and Transfer in the Beacon Scheme: Improving Services through Sharing Good Practice [J]. Local Government Studies, 2005, 31(5): 683–700.

④ Rashman L., Downe J., Hartley J. Leading and Learning? Knowledge Transfer in the Beacon Council Scheme [J]. Public Administration, 2002, 80(3): 523–542.

（7）关于课程和教学研究

在个性化学校办学理念的影响和支配下，学校在课程设置和教学实施等方面显示出自己的特色。

第一，关于磁石学校特色的研究还集中在课程和教法的研究上。有学者指出，磁石学校提供围绕特殊主题而设置的特色课程和特色教学设计是其生命线，除了一些专长课程，如音乐、戏剧、计算机等之外，还开发出可以满足学生兴趣或是具有特殊天赋能力的孩子发展所需要的课程，比如视觉和表演艺术、应用技术、市场营销、升学准备、财政贸易、信息与媒体及健康科学课程等。在磁石学校，教师不仅可以自行开发校本课程，而且在教学方法上也具有各自特色。磁石学校往往采用设计教学法，教学中重视合作学习，实施实习生计划和小组设计等，还为学生提供个性化学习计划，对学生实施综合技术教育。①

第二，由于办学主体和为不同人群提供服务，特许学校的课程设置往往围绕学生批判性思考的能力、合作的能力、个性与创造性培养以及传承本民族文化等方面的使命来创设。并且由于学校拥有高度自主权，学校可以自己设置课堂的时间和上课的师生比例，并编写和改革教材等。特许学校在课程设置和教学方法上也呈现了学校各自不同的特色，真正意义上实现了多样化。②

第三，英国国家教育标准局（OFSTED）对 1998 年 9 月以前认定的 327 所特色学校的实施情况做了全面考察，并在 2001 年出台的对特色学校作的调查报告《特色学校：发展的评价》（*Specialist Schools: An evaluation of progress*）中，对专门特色学校的教学和课程方面的特色做出全面评价。根据报告，首先，特色学校把重点放在他们所选择的特色科目上以建立自己

---

① Cordelia Douzenis. Evaluation of Magnet Schools: Methodological issues and concerns ［J］. The Clearing House: A Journal of Educational Strategies, Issues and Ideas, 1994, 68(1): 17.

② Noelle Griffin, Priscilla Wohlstetter. Building a Plane While Flying It: Early lessons from Developing Charter Schools ［J］. Teachers College Record, 2001, 103(2): 336–365.

的特色，专门特色学校的课程依据学校所侧重的特色科目的不同而不同。例如，技术特色学校强调设计和技术、科学和数学；语言特色学校不仅重视现代外语，还发展国际精神；运动特色学校注重体育教育；艺术特色学校专攻行为艺术、视觉艺术或媒体艺术等。特色学校在兼顾国家课程的同时，不断开发新的课程，以满足学生在特色科目上的需要。[①] 其次，专门特色学校的教学也依据学校特色科目的不同而不同。在技术特色学校里，设计教学与技术教学非常注重用实际任务来发展学生的技能，教师特别注重培养学生良好的处理材料和使用仪器的技巧，充分运用信息与交流技术来提高学生获取和分析数据的能力；语言特色学校，基本上全部课程都用所学语言来教授，不仅学习语言还学习文化；在艺术特色学校中，经常请歌剧公司和职业艺术家不定期地给学生授课；运动特色学校的教师和专业教练特别善于找出学生在比赛中出现的毛病并提供改正的意见，有效教学能使学生巩固和加深他们的实践技巧和分析技能。此外，专门特色学校还注重与工业、商业和其它行业的联系，引导学生进行职业实践，为学生提供丰富的活动机会。[②]

（8）关于学校管理研究

第一，根据研究调查，磁石学校的教师表示在磁石学校他们被赋予了更多专业化成长的机会、参与决策的权力、而且更加自由和自治，调动了他们工作的热情；同时，家长也有更多机会与学校合作，可以获得更全面的信息，并有机会参与学校管理。[③]

第二，学者们还对特许学校的管理方式做了研究。特许学校采用如决策权下放，学校利益相关者、学校管理者、教师、学生及其家长等全员参与

---

① Britain's National Education Standards Board. Specialist Schools: An evaluation of progress ［R］. A report from the Office of Her Majesty's Chief Inspector of Schools, 2001, 21–28.

② Britain's National Education Standards Board. Specialist Schools: An evaluation of progress ［R］. A report from the Office of Her Majesty's Chief Inspector of Schools, 2001, 21–28.

③ Chubb J E., Moe T. M. Politics, Markets and America's Schools ［M］. Washington, DC: Brookings Institution Press, 1990, 218–219.

人、财、课程等的方式。① 作为校本管理的一种形式，特许学校所采用的校本管理的方式本身就是特许学校的管理特色。学校通过校本管理，让教师感觉自己拥有对学校的决策影响力以及教学上的自主权，从而增加教师专业发展的积极性、将个人发展与学校的组织愿景相统一，认同学校的教育理念和办学宗旨，从而为学校特色的形成提高管理支持。②

第三，对于直接拨款公立学校的管理特色的研究。学校董事会作为直接拨款公立学校的法人团体，享有高度自治权，可以直接接受教育大臣从中央下拨的办学经费、独立承担学校在招生、处置学校所有的合法财产、签订教职员雇佣合同等一切方面的责任。在学校董事会的组成上，规定须有五名家长董事、不少于一名不超过两名的教师、现任校长作为当然董事、以及在数量上必须超过其他董事的高级董事或奠基董事的数量须。首届董事会中高级董事须包括至少两名该校注册学生的家长和来自当地企业界的人士。③、④、⑤

第四，英国国家教育标准局（OFSTED）所做的调查，还涉及了专门特色学校的管理特色方面的研究。首先，特色学科管理。特色学科各部门的管理层都是顾问式的，围绕所设定的特色办学目标开展工作、制定战略、分配资源，并对目标完成情况进行数据监测，部门领导定期向学校行政主管和赞助方汇报。其次，资源管理。3/4 以上的特色学校很好地利用了政府拨款来升级和扩展特色科目的信息与交流技术（ICT）资源为全校服务；并为特色科目购置了设备，如数据处理设备，计算机辅助设计和制造（CAD/CAM）

① Weil, Danny. Charter Schools: A Reference Handbook［M］. California: ABC&CLIO, 2000, 11.

② Cooper, Bruce S. Fusarelli, Lance D., Vance E. Randall. Better Policies, Better Schools: Theories and Applications［M］. New York: Pearson College Division, 2004, 278.

③ Halpin D., Power S., Fitz J. Grant-maintained schools: making a difference without being really different［J］. British Journal of Educational Studies,1991,39(4):409−424.

④ Fitz J., Halpin D., Power S. Grant-maintained schools: Education in the Market Place［M］. London: Kogan Page, 1993, 18−28.

⑤ Whitty G., Power S., Halpin D. Devolution and Choice in Education: The School, the State and the Market［M］. London: Open University Press, 1998, 20−25.

设备，数字媒体编辑系统和监控设备等；将特色领域和学校网络联系。最后，教师管理。根据报告，约占 2/3 的特色学校有效地利用了年度资金来扩展教师专业发展的机会，优秀的教师专业发展一定要与目标紧密联系在一起，并总结出一套有效的教师专业发展的方法：参加全国性的研讨会和展览；去其它特色学校学习和参观优秀实践；请赞助者提供管理课程；到工业基地考察；开设特色技能培训，如请信息与交流技术（ICT）软件供应商提供教育培训合作和其它机会增加教师在信息与交流技术（ICT）方面的培训等帮助教师发展。[①]

此外，布伦德里特（Brundrett）和伯顿（Burton）对示范学校的校长领导力做了研究，经过问卷调查和访谈调查，揭示示范学校成功管理的秘诀，即致力于建立学校共享的愿景，发掘并激发教师优秀的潜力。[②]

由上可知，在管理体制和公立学校制度方面的变革，成为推进学校特色形成的宏观要素。学校办学特色的微观层面的要素包括了学校办学特色理念、学校特色项目、教学与课程、教育者行为要素以及学校特色形成的管理支持等学校特色构成要素。但是，已有文献仅是对这些学校办学特色要素中的某一个或某几个要素进行了分析，缺乏将要素统合在一个理论框架之下，并对其之间的关系和相互作用机制进行研究。

（9）学校特色建设的误区

①损害教育公益性和公平性

市场化的教育改革，使得学校办学特色的发展走进误区，实质上加剧了不平等，使公共教育比以往更直接地成为社会和经济不平等的再造机器，公共教育的平等性原则和公益性受到了危害。作为引入市场的教育改革和择校运动的代表形式，磁石学校带来了种种弊端，它在教育公平、种族隔离等问

---

① Britain's National Education Standrds Board. Specialist Schools: An Evaluation of Progress [R].
A Report from the Office of Her Majesty's Chief Inspector of Schools, 2001, 29–35.

② Burton N. Beacon School Leadership: nurturing success? [J]. Management in Education, 2000,
14(5): 25–26.

题上都遭到了质疑。首先，在办学特色方面，有些磁石学校并未遵守其特色的办学理念，以及在磁石学校开始兴办时，依靠特色吸引不同兴趣和才能的学生进行择校。如 1983 年的全国性调查个案比较研究发现，"磁石学校"计划在不同学区的差异很大，并不是所有"磁石学校"的办学都具有特色。而且磁石学校因其占有额外的拨款；还挖走了公立学校的优秀教师；根据学生的学业成就和能力来筛选学生入学等做法；被认为是在走精英化路线，仅为学区内一部分孩子提供择校机会，所以没有从根本上改变原有的学校教育体制。[①]

学者认为，特许学校有将公立教育引向私有化的危险。[②] 还有些文章揭示出普通公立学校受到了诋毁，公立学校也因为特许学校而受到了随意的损坏。例如库珀（Cooper）的研究中，指出了特许学校可以不受教师工会条款束缚而雇用没有资格证书的教师等类似的行为，违反了教师工会对特定下的制度法律。[③] 根据库克森（Cookson）等学者分析，特许学校与契约学校一样，都有将公立学校私有化的嫌疑，并且私营公司管理公立学校会将教育公益性变为商业私利，不利于学生和社会的长远发展。[④]

关于示范学校的办学特色的评价研究所做的报告中，对于示范学校是否能促进优质和特色的合作与共享方面，学者们表示了质疑。接受访谈者认为这种自上而下的推行的合作带有强迫性和恩赐性，在计划最初缺乏组织绩效的持续数据作为支持，示范学校的甄选受到质疑，在实践中有着出色表现的学校可能无法入选，即使入选，也无法证明示范学校的成功做法是具有普适

①　Chubb J. E., Moe T. M. Politics, Markets and America's Schools［M］. Washington, DC: Brookings Institution Press, 1990, 227.

②　Richardson J. Sixties Legacy: A History of the Public Alternative Schools Movement 1967–2001［J］. Teachers College Record, 2005, 107(7): 1547–1551.

③　Cooper, Bruce S. Fusarelli, Lance D., Vance E. Randall. Better Policies, Better Schools: Theories and Applications［M］. New York: Pearson College Division, 2004, 290.

④　Cookson, Peter W. J., Schneider, Transforming Schools［M］. New York: Garland Publishing. Inc., 1995, 535–550.

性的。[1][2] 而且在竞争的文化中选出一批相较于其他学校优质的示范校，这一行为本身就有碍于合作和公平的促进。[3][4] 并且，很多学者指出示范学校计划如同直接拨款公立学校政策一样，已经公开或者不公开地成为选拔性的学校的"后门"，[5] 直接拨款公立学校和示范学校成为中产阶级和精英阶层追逐的目标，加剧了教育乃至社会的不公平。[6][7]

②对提高质量的质疑

在磁石学校办学过程中，种族融合的问题基本上被忽视了。促进民族融合作为学校建立的诉求，却在办学的过程中不断被淡化。[8][9] 研究发现，磁石学校在提高教育质量方面是因校而异的。有的磁石学校质量不如其他采用磁石计划的学校所表现出来的对于提高质量的显著作用。[10]

家长和利益相关者都对直接拨款公立学校的效能表示了矛盾的态度。萨克利夫（Sutcliffe）和梅克（Meickle）等学者指出，直接拨款公立学校政策

① Rudd P., Dartnall L., Holland M., Paxman J., Sanders D. Long-term External Evaluation of the Beacon Schools Initiative 2002-2003 [R]. Slough: National Foundation for Educational Research, 2003, 227.

② Hartley J., Rashman L., Downe J., and Storbeck, J. Monitoring and Evaluation of the Beacon Council Scheme: Final Process Outcomes Report [R]. London: ODPM/IdeA, 2002, 69.

③ Rashman L., Hartley J. Long-term evaluation of the Beacon Council Scheme: Survey of local authorities 2nd draft report [J]. Coventry: University of Warwick, 2004, 53.

④ Rudd P., Holland M., Sanders D., Massey A., White G. Evaluation of the Beacon Schools Initiative: Final Report [R]. Slough: NFER, 2004, 44-50.

⑤ Hunter P. The false premises behind the Conservative proposals on opting out [J]. Education, 1987, 7.

⑥ Chanan G. No potion [J]. Times Educational Supplement, 1987, 7.

⑦ Horn J. Diving into dangerous water [J]. Times Educational Supplement, 1987, 12.

⑧ Straus, R. M. Reconstructing Magnet Schools: Social construction and the demise of desegregation [M]. University of California, Irvine, 2005.

⑨ Gersti Pepin Cynthia. Magnet Schools: A Retrospective Case Study of Segregation [J]. The High school Journal, 2002, 85(3): 47-52.

⑩ Rolf K Blank, Douglas A. Archbald. Magnet Schools and Issues of Education Quality [J]. The Clearing House, 1992, 66(11/12): 82.

将会限制地方教育当局制定有效的计划，也会造成大量教育资源闲置浪费。[①]
哈尔平报告对 20 位直接拨款公立学校的校长进行了访谈，结果显示，直接
拨款公立学校的管理方式与仍由地方教育当局控制的学校并无本质上的不
同，校长与在地方教育当局控制下的学校的校长们区别并不大。哈尔平得出
结论，政府希望学校通过取得"直拨地位"从而开始一种新的管理方式的愿
望还没有得到实现。哈尔平同时指出，由于在直接拨款公立学校中，校长们
需要自己管理和使用学校的办学资金，这反而加重了校长的负担。[②③]

　　教育与就业部授权国家教育研究基金会对示范学校计划每年进行一次
评估并出具评价报告。包括拉什曼（Rashman）和哈特利（Hartley）等，和
另外两名学者道恩（Downe）和斯托贝克（Storbeck）合作，对示范学校计
划的结果进行监控的评估报告 Monitoring and evaluation of the Beacon Council
Scheme: Final Process Outcomes Report。[④] 以 及 拉 德（Rudd）， 达 特 内 尔
（Dartnall）和桑德斯（Sanders）等，在 2003 年所做的对示范学校计划所做
的调查报告 Evaluation of the Beacon Schools Initiative: Final Report[⑤] 和外部
评价报告 Long-term external evaluation of the Beacon Schools initiative 2002—
2003[⑥]。在报告中，对于示范学校是否能促进优质和特色的合作与共享方面，

---

① Meickle J. Opt-out plan casts doubt on maintained sector [J]. Times Educational Supplement, 1987, 5.

② Halpin D., Power S., Fitz J. Opting into state control? Headteachers and the paradoxes of grant-maintained status [J]. International Studies in the Sociology of Education, 1993, 3(1):23.

③ Fitz J., Halpin D., Power S. Grant-maintained schools: Education in the Market Place [M]. London: Kogan Page, 1993, 61-71.

④ Hartley J., Rashman L., Downe J., and Storbeck, J. Monitoring and Evaluation of the Beacon Council Scheme: Final Process Outcomes Report [R]. London: ODPM/IdeA, 2002.

⑤ Rudd P., Holland M., Sanders D., Massey A., White G. Evaluation of the Beacon Schools Initiative: Final Report [R]. Slough: NFER, 2004.

⑥ Rudd P., Dartnall L., Holland M., Paxman J., Sanders D. Long-term External Evaluation of the Beacon Schools Initiative 2002-2003 [R]. Slough: National Foundation for Educational Research, 2003.

学者们表示了质疑。第一，缺乏持续的关于组织绩效数据作为支持，示范学校的甄选受到质疑，在实践中有着出色表现的学校可能无法入选。即使入选，也无法证明示范学校的成功做法是具有普适性的。[①②] 第二，对于优质实践的可传递性，以及在多大程度和范围上可以传递表示了质疑。[③④]

市场化的教育改革，使得学校办学特色的发展走进误区，实质上加剧了不平等，使公共教育比以往更直接地成为社会和经济不平等的再造机器，公共教育的平等性原则和公益性受到了危害。所以，首先，研究如何推进基础教育在多样化中寻求均衡化发展、创建学校办学特色的同时，保证教育公平和提高教育质量，仍是未来创建学校办学特色研究的努力方向。其次，宏观因素需要通过微观因素才能发挥作用。研究时除了关注外部政策、资源、能量和物质的输入，还需要考虑学校内部的先进和富有个性的教育理念、管理者和教师队伍的素质、学校文化和校风等因素。

3. 学校特色化发展进程分析

综上所述，随着信息化社会和知识经济时代的到来，科技进步和知识更新速度的急剧增长，引发了社会不停地变革和进步。而社会的转型、科技的进步、人口的增长、全球性经济危机等又都给教育提出了前所未有的挑战。针对公立学校制度带来的公立学校一元化、科层化、标准化、片面化和趋同化发展的弊端，大力推进学校多样化、特色化发展与选择，成为了此次基础

---

① Rudd P., Dartnall L., Holland M., Paxman J., Sanders D. Long-term External Evaluation of the Beacon Schools Initiative 2002-2003 [R]. Slough: National Foundation for Educational Research, 2003, 227.

② Hartley J., Rashman L., Downe J., and Storbeck, J. Monitoring and Evaluation of the Beacon Council Scheme: Final Process Outcomes Report [R]. London: ODPM/IDeA. 2002, 69.

③ Downe J., Rashman L., Hartley J. Evaluating the extent of inter-organizational learning and change through the Beacon Council Scheme [J]. Public Management Review, 2004, 4(6): 531-553.

④ Downe J., Rashman L., Hartley J. Monitoring and evaluation of the Beacon Council Scheme: Why local authorities do or do not apply to become Beacon Councils [R]. London: ODPM/IdeA, 2002, 10.

教育改革的重要方面。这场世界范围内的教育改革与以往的相比，更着重于公立学校制度的变革，是一种教育制度和教育管理体制整体性和系统性的变革。学校被视为一个具有整体性、系统性、开放性、多层次、自组织、动态生成、系统演化等特征的复杂系统，学校变革策略也由简单的行政力量推动的自上而下的变革或由整个学校为单位发起的"学校本位"的教育变革策略，转变为多种策略的并用或组合。

欧文斯将此时变革的策略分为三种：即标准本位、市场本位和学校本位。[①]这三种策略对于学校多样化、特色化发展产生了深远的影响。

首先，学校本位的教育变革，即"校本运动"，下放办学自主权和共同决策的举措，在很大程度上适应了当今社会急速变革和纷繁变幻的背景下，不同具体情境中对于学校的要求。体现了以学校为本位、以学校为基础、以学校为主体的理念，唤醒了学校自身进行变革的而不是仅仅被动承受变革的意识，调动起每个参与者的充分发挥主体性、能动性和创造性的愿望。采取了自下而上、由内而外的策略，使得此次学校的解构和重建，比20世纪初的教育实验，在更大的范围内有效地促进其呈现出了特色化、多样化繁荣的局面。

其次，标准本位的学校变革由于是由政府自上而下推行的，所以不可避免地具有了浓重的国家化色彩。由笔者之前对于此次变革的社会背景的分析可知，此阶段，政府在干涉社会方面，不断出台政策，比之前任何一个时期都强调国家课程和提高学术标准，即统一的课程和统一的考试。比如，1989年9月，布什政府发表了《国家教育目标报告：建设一个学习者的国度》的重要报告，规定了美国学校的核心课程，并且要求美国学生到2000年"应该在数学和科学成绩上占据世界首位"。1994年3月，克林顿政府出台的《美国2000年教育目标法》将之前的六条国家教育目标扩充为八条，并增加

---

① ［美］罗伯特·G·欧文斯. 教育组织行为学［M］. 窦卫兵译. 上海：华东师范大学出版社，2001：488-519.

了核心课程，还明确提出要进行"基于标准的改革"。在可策略性的总揽全局的制高点上，在全国性教育政策的出台、教育目标的制定和国家课程标准的实施之中，政府成为评估型的政府。批判教育学家阿普尔对这次变革作了深刻的剖析，认为这次变革是"危机"输出或至少是转嫁责任，人们的视线被引到资本主义固有的不公正和矛盾之外。这是政府以确保其自身合法性所采取的策略，即掩盖教育制度的结构问题是由生产方式所带来的。[①] 为了输出"危机"，通过命令和控制，强制推行的自上而下的变革策略，以及进一步强化的国家课程和选拔性考试，忽略了学校和学生的层次，与家长和学生极其多样的需求不相适应。

　　而相比之下，市场本位的教育改革将教育和福利事业由相互竞争的供方提供给消费者，而不是由政府为所有的公民集体提供。由各国政府自上而下推动的公立学校市场化改革，使得教育制度和教育管理体制都发生了整体性和系统性的变革。一方面，市场本位的教育变革是教育制度和教育管理体制整体性和系统性的变革。市场化的变革为学校特色建设提供了前所未有的活力和办学自主权，竞争的环境也使得学校不得不像所有野生组织一般，开发出自己的核心竞争力和特色以吸引生源。另一方面，此次改革的性质，也使得学校办学特色的发展走进误区。它在教育公平、种族隔离等问题上都遭到了质疑。市场化实质上加剧了不平等，使公共教育比以往更直接地成为社会和经济不平等的再造机器。如 1983 年的全国性调查个案比较研究发现，"磁石学校"计划在不同学区中的差异很大，有些磁石学校并未遵守其依靠特色吸引不同兴趣和才能的学生择校的承诺，在办学过程中也没有实现其特色的办学理念，而且磁石学校占有额外的拨款；挖走公立学校优秀教师；根据学生的学业成就和能力来筛选学生入学等做法；被认为是在走精英化路线，仅为学区内一部分孩子提供择校机会，从而没有从根本上改变原有的学校教育

---

① ［英］萨莉·鲍尔，大卫·哈尔平.教育中的放权与择校：学校、政府和市场［M］.马忠虎译.北京：教育科学出版社，2003：45.

体制。^①在示范学校的办学特色的评价研究所做的报告中，对于示范学校是否能促进优质和特色的合作与共享方面，学者们表示了质疑。在竞争的文化中选出一批相较于其他学校优质的示范校，这一行为本身就有碍于合作和公平的促进。^{②,③}并且很多学者指出，示范学校计划如同直接拨款公立学校政策一样，已经公开或者不公开地成为选拔性的学校的"后门"，^④直接拨款公立学校和示范学校成为中产阶级和精英阶层追逐的目标，加剧了教育乃至社会的不公平。^{⑤,⑥}

　　可见，高度竞争的市场化的改革并不一定带来多样化。因为市场化的教育改革是一种经济理性，以效益最高为原则，所以此次改革加大了学校之间纵向的差别，而非横向的多样。虽然此次改革的初衷是依靠市场竞争提高学校效率和质量，然而特色学校实际上破坏了公立学校的公益性，导致了学校特色化发展的误区和质疑。

　　综合以上的认识，笔者列表概括三个历史阶段，学校特色化和多样化发展的社会背景和若干特征。（如表 1-1 所示）

①　Chubb J. E., Moe T. M. Politics, Markets and America's Schools ［M］. Washington, DC: Brookings Institution Press, 1990, 227.

②　Rashman L., Hartley J. Long-term evaluation of the Beacon Council Scheme: Survey of local authorities 2nd draft report ［J］. Coventry: University of Warwick, 2004, 53.

③　Rudd P., Holland M., Sanders D., Massey A., White G. Evaluation of the Beacon Schools Initiative: Final Report ［R］. Slough: NFER, 2004, 44-50.

④　Hunter P. The false premises behind the Conservative proposals on opting out ［J］. Education, 1987, 7.

⑤　Chanan G. No potion ［J］. Times Educational Supplement, 1987, 7.

⑥　Horn J. Diving into dangerous water ［J］. Times Educational Supplement, 1987, 12.

表 1-1　西方学校特色化和多样化发展历史一览表

学校发展阶段	社会背景	学校办学理念	行为	制度	结构	技术	关系系统	学校多样进程
工厂化发展阶段	工业革命完成，由农业社会转向工业社会	崇尚理性、弘扬科学；强调标准化、秩序化	秩序化、程式化、标准化；控制和规范；完成上级的任务	科层制；决策权高度集中；上级决策、下级执行	科层结构；稳固的层级；机械模式	常规的；精准的时间控制；"秧田式"空间布局	国家自上而下控制教育，建立现代教育制度和国家教育体系	学校同质、机械、线性化发展
实验与变革阶段	第二次科技革命完成；基本实现工业化和城市化	实验学校崇尚以人为本；强调人的自由发展，尊重受教育者的主体性	注重引导；鼓励创新；因材施教；学生按能力和个性分班；主动活动	民主的纪律；自由和纪律有机联系	扁平、有机结构；授权、参与决策	开发多种多样的课程和教材；主动作业；经验课程等	实验学校自下而上自发进行改革实验	教育实验；有限范围出现特色化和多样化的发展
公司式发展与再造阶段	由工业经济转向知识经济	多元化和个性化	探究式教学、启发式教学、研究性学习	校本管理制度；分权；学校高度自治	扁平化、权变结构	学校开发校本课程和教材	上下结合；政府支持、区域推进、校际合作与校本改革并存	公司隐喻；顾客导向；学校特色建设呈系统性；多样化进程呈现复杂性趋向

二、我国中小学学校特色的理论研究与实践演进

（一）学校特色萌生和学校实验阶段

我国教育现代化的进程是在外在压力下被迫进行的，作为后发型、外生型的现代化国家，我国学校特色并非依照教育发展的内部逻辑，由同质到多样发展，而是经过了多次萌生和断裂的错综复杂的过程。

1.学校转型及其社会背景

清末民初，我国开始了从传统农业社会向近代工业社会的转变。伴随着近代中国由传统社会向近代社会的转型以及国家所面临的危机，传统的学校教育制度与社会需要之间的矛盾不断的尖锐化，由此掀起了我国教育变革的浪潮。

中国近代教育的产生是和我国近现代化历程共命运的，是一种后发外生型的强烈变迁。五四前后的教育变革，有力地冲击了中国封建教育体制，推进了中国教育与世界教育的接轨。尤其是 1922 年颁布的"壬戌学制"对学校教育的大幅度改革，对公立学校的建立、规范乃至学校多样化和特色化发展都产生了巨大影响。区别于清末民初的两次教育变革都是模仿的产物，此次变革表现了中国教育界对世界新教育成果及其发展趋向进行主动选择、积极应对的进取性和前瞻性。

首先，与前两次变革改革者们无力提供推行新制度所需要的物质资源与制度资源的支持不同，此次改革正处于第一次世界大战时期，欧洲列强无暇东顾，这为中国经济发展带来了喘息之机。新生产力发展导致了社会经济、政治一系列的改革。民族资本主义崛起急需教育能为之培养更多实业振兴所需要的技术人员、管理人员、工人等，这些都有力地推动了此次教育变革，

使之不再流于形式。其次，新文化运动和"五四"运动作为中国近代最伟大的革命运动和思想解放运动，由于广泛地动员和组织群众，使得作为民主化运动的重要部分的教育民主化的变革，由形式层面和制度层面渗透到了观念层面，为教育制度的变革和教育改革实验的兴起奠定了广泛的思想基础。最后，深受 20 世纪初兴起于欧美新学校运动的教育理念和教育思想影响的一批教育理论人才留学归国，他们身怀建立民主国家的梦想，希望通过振兴教育来实现教育救国，是学校变革的实践家和中国教育实验的主导力量。并且他们多在大学、专门学校、中等学校和各种文化教育机构、教育社团组织、教育刊物等任职，开始对欧美教育革新实验进行传播。与"实验学校"相关的教育理论和教育实践频繁地出现于各类教育刊物，使得教育家杜威、孟禄、克伯屈等教育理论在中国广泛传播。实验学校的百花齐放和教育实验的充分展开，是对大规模引入和传播的教育理论以及教育学说的积极响应，也更是得益于这些教育家的实践和经营。

　　由此中国近代实验学校在此阶段呈"井喷"的态势，1927–1937 年间，据《第一次中国教育年鉴》统计，当时进行小问题实验的著名学校约有 65 所，展开的实验问题超过了 150 个。① 近代实验学校的繁荣以主动的方式影响中国教育近现代化的进程，直接导致了学校多样化和特色化发展。

　　蓬勃开展的既有模仿移植性实验，又有对国外先进教育理论本土化的改造；既有整个学校系统的变革，也有微观单项教学实验。据统计，抗战前的237 项教育实验项目中有近 100 项是由实验学校完成的。② 这些试验主要针对当时中国学校教学方法陈旧、效率低下、与现实生活脱节、缺乏科学理论依据的落后面貌而进行，涉及学制、学校理念、课程、教材、教学行为、学校管理、学校技术系统等各个方面，不仅为教育改革提供了客观和科学的依据，而且为学校多样化发展创造了可能。

---

① 杨小微.社会转型时期学校变革的方法论初探［D］.华东师范大学，2002.77.
② 王剑.中国近代实验学校探析［J］..教育理论与实践，2001(07)：25–28.

2. 学校特色化发展进程分析

尽管此阶段战乱不断，政治复杂动荡，政府更迭频繁，但是此时的学校却像是战国时期的"百家争鸣"，萌生了特色化和多样化发展的趋势。导致这种情况的发生有多种原因，首先，国家处于水深火热之中，改变中国落后的面貌、适应社会的转型以及国家的富强和崛起需要教育培养与之相适应的人才。中国学校的落后面貌与当时崛起的民族资本主义的生产需要不相适应。随着民族资产阶级羽翼渐丰，承担起为教育提供财政、制度等支持的历史使命，推动了教育现代化的进程。其次，国家处于内忧外患之中，频繁更迭的历届政府都存在通过改革教育的方式以达到国家自强与巩固统治的利益诉求，然而不同政府的教育价值取向本就多元，所以各种办学思想和教育理念繁荣起来。再次，同样由于政治不稳定，政府无暇全力顾及学校，使学校自治和专家治校，学校按照教育自身的内在逻辑运作和发展成为可能，所以学校容易超逸于政治。此时学校以个体的方式生存，学校由专家治理学校自主和自治，教师教学过程的自主权包括讲授的自主权、授课内容的裁量权、参考书的使用权、教育评估权等。由于教育变革和实验多由下自上，所以学校可以形成和保持自身的特色。最后，外因只是内因起作用的条件，关键是当时有一批在中国历史上举足轻重的教育家，作为学校的创办者和经营者，他们在选择了自己的教育理念之后，以教育救国的信仰、坚忍不拔的毅力、以及学贯中西的才学，兴办教育和实验学校，以实际行动体现知识分子对国家和民族"先天下之忧而忧"的精神和性格。

作为后发型、外生型的现代化国家，欧美日等教育革新运动的理论与经验为我国教育现代化和民主化进程提供了可供借鉴的令人目眩的成果。风起云涌的教育实验正是建立在对"实用主义教育"和实证主义的教育研究范式的基础上。这种后发型和外生型，使得此时的教育实验既有模仿和移植，也有改造和创新，这对学校特色和多样发展产生了深远影响，也给我们今天建设学校特色以启发和借鉴。

一方面，由于缺乏整体精神的领会，仅是仿造移植的教育实验和教学方法，在抄袭过程中丧失或是歪曲原本追求，亦或是由于未经本土化的改造，不符合中国的实际情况，从而导致的实验多"水土不服"。比如名噪一时的道尔顿制在培养学生学习自动自发、学生个性、合作精神等方面取得效果很突出，但是它的推行还是存在不少问题，例如教学设备和参考书的缺乏；教学行政组织、教师、教室、教材、教具等方面的整合困难；物质条件难以保障；上课讲解的困难；工作指定的困难；考试的困难等等。由于这些困难，1926年以后，中国的道尔顿制实验热潮急速衰退，实施实验的学校越来越少，在曾经实施过道尔顿制实验的学校里，原来的班级教学形式大幅度地复辟，并迅速占据主导地位，1930年道尔顿制实验从此偃旗息鼓。

另一方面，对于西方实验的创新和本土化改造来说却是创造性的实验，如围绕陶行知"生活即教育""社会即学校""教学做合一"等办学理念，是对于其师杜威思想结合中国实际和办学实际的深刻思考的改造。晓庄学校实验是从观念到技术系统、教学方法、管理和制度等整个学校系统的变革，而不仅仅是形式趋新。因此，注意对整体的教育实验认识论和方法体系的深入探讨，学校的特色和个性才是整体性和持久的。

总之，此时的实验学校形式多元，并以"壬戌学制"所制定的标准，即发挥平民教育之精神，使教育易于普及，注重学生个性发展，注意生活教育，适应社会进化之需要，注意国民经济力等作为学校办学根本的价值取向。这既顺应了当时世界教育重视人的个性发展的历史潮流，同时也反映了中国积贫积弱的社会对于教育发展的客观要求。兼顾了人才教育与就业教育的需要，有助于调动中学生的学习主动性和积极性，有利于一般学生的个性发展和优异学生的脱颖而出，并促进了学校教育和社会需要的对接。此时的教育变革虽然实验种类繁多，对我国教育现代化和科学化，以及学校特色化和多样化发展产生了长远的影响，但因为旧中国灾难深重、物质贫乏，教育变革是后发的、外生的，呈现分散、无系统等特点，尤其中小学教育还未普及的情况下，这种教育实验推广的程度和实践的范围，特色化和多样化的发展态势有局限性。

（二）学校特色发展的断裂阶段

中华人民共和国成立后，开始对私立学校进行接办和改造。1956年以后所有的学校都成为国有公办类型，取消了除政府以外社会和市场等办学主体的资格。在意识形态相对突出的前提下，教育的社会功能和社会价值被过分强调，导致教育促进个体发展的价值被忽视。而且此阶段国家举办和直接管理学校，这种高度外控式的教育管理方式，形成学校办学理念、管理思想、管理手段以行政主义为主导的局面，学校自主和自治受到破坏，校长的学术身份和教师的专业化发展被削弱。以"劳动化"和"生产化"为主要价值取向的学校，以高度统一的状态生存。高度集中的教学计划、大纲和教材，教学固定、死板、评价标准划一等对我国学校特色化和多样化发展产生了长远的影响，阻滞了我国学校特色化和多样化发展。

但是这种外控式的管理方式，在新中国百废待兴、教育条件艰苦、师资设备难以为继的情况之下，对迅速普及教育、建设国家和巩固新政权是必须的，同时符合当时社会对于培养一批受过教育的社会主义建设的人才和普通劳动者的需求。

"文化大革命"时期，"极左"教育思潮严重泛滥，对学校的政治控制更是空前加强，阻滞了我国学校特色化发展。此阶段通过教育为无产阶级政治服务、抹杀学校个性差别、削弱学校教育的方式，来普及低质量的教育，从而实现平均主义。学校自主和自治受到破坏，校长的学术身份、教师的专业性及知识的权威性从主体地位退居到边缘位置，知识分子的地位被人为地损害，学校个性的创造主体不复存在，这对学校特色是最致命的打击，直接导致学校精神和文化个性失落。总之，"文革"期间，学校秩序受到破坏，教学水平下降，对我国学校发展和教育事业造成了前所未有的破坏，追求绝对的学校均平也影响了教育特色化和多样化发展。

（三）学校特色再次萌生和特色化发展阶段

1.学校转型及其社会背景

十一届三中全会以后，我国开始体制改革，逐渐由计划经济向市场经济转型，从农村、农业社会向城市、工业社会转型。改革开放以后，是我国经济高速发展、社会全面进步的年代。尤其进入 90 年代，随着社会主义市场经济的发展、综合国力的提高和生产力的解放，需要教育培养适应社会主义市场经济和为社会主义现代化建设服务的高素质人才。我国教育经过十年，在总体上还比较落后，并未办出学校特色，中小学基本上是"单色调"。外控式的管理统得过死、学校缺乏活力，教育结构上基础教育薄弱、学校数量不足、质量不高，教育思想落后、课程内容陈旧、教学方法死板单一等等，造成教育不能适应改革开放和经济建设的需要。在对西方教育改革经验的借鉴和对当时教育存在的与社会发展需求相脱节等弊病的深刻考察之下，此时开始出现一系列的教育改革。

其中的重要内容就包括发展学生素质，改革应试教育。在 1985 年颁发《中共中央关于教育体制改革的决定》以后，素质教育被提上了议事日程。正是在国家实施素质教育的大趋势之下，随着社会和科技地快速发展，信息时代对人的全面素质、个性和创造性等方面提出了更高的要求。2010 年，《国家中长期教育改革和发展规划纲要（2010–2020 年）》（以下简称《规划纲要》）明确指出，我国现在的教育正在"面对前所未有的机遇和挑战"，然而我国教育目前还存在"不完全适应国家经济社会发展和人民群众接受良好教育的要求；教育观念相对落后，内容方法比较陈旧，中小学生课业负担过重，素质教育推进困难；学生适应社会和就业创业能力不强，创新型、实用型、复合型人才紧缺"等问题。为实现减轻中小学生课业负担，全面推进素质教育，给每个学生提供适合的教育，培养与社会多样化需求相符合的创新人才和高素质劳动者等目标，《规划纲要》在战略目标中还提出"树立以提高质量为核心的教育发展观，注重教育内涵发展，鼓励学校办出特色、办出水平，出名师，育英才"。把"学校提高质量"和"促进人的全面发展"作为教育改革发展的核心任务，并将其与学校特色建设紧密相连。学校办出特色成为党和国家的重大教育决策，指导教育的改革与发展。

2. 相关研究

学校特色的理论研究引领着学校特色的建设。学校特色理论由学校特色的概念而展开。在学校教育实践中，学校管理者忙于学校特色建设，甚至出现一个学校一个特色的极端做法。实践中出现的问题都需要在理论中寻找支撑。纵观学校特色理论研究，我们发现已有研究者对学校特色概念见仁见智，莫衷一是。概念的繁多，本身就说明了学校特色理论研究的繁荣，但是也反映了研究者关于学校特色的认识存在不清晰的地方。有鉴于此，我们拟对学校特色概念进行解析，在追溯学校特色一词来源的基础上，梳理已有研究者的认识，对学校特色重新进行界定，分析学校特色的内涵和外延，概括学校特色的特征，进而将学校特色与相关的概念进行辨析。

（1）学校特色概念研究

《现代汉语词典》将特色解释为"事物所表现的独特的色彩、风格等"。[①]《辞源》对特色的解释为"特别优胜处也"。[②]顾明远教授在谈到要把学校办出特色时提出："何谓特色，顾名思义，是指不同于一般，不是平平常常，而是要有所创新，是有个性，而且这种个性能够形成传统，代代相传。"[③]

还有学者将特色的用法分为广义和狭义两种。广义的特色是指事物有别于他事物之处，是一个中性的概念，往往与特殊、特点、特征、特质等词作为同义词使用。这一用法在英文中对应的单词为"characteristic"，意为"special mark or quality"，译为中文，即是特有的标记或特质。而狭义的特色是作为褒义词使用，指事物的某些方面优于其他同类事物同一方面的优秀

---

① 中国社会科学院语言研究所词典编辑室编. 现代汉语词典［Z］. 北京：商务印书馆，1996. 1235.

② 广东、广西、湖南、河南辞源修订组. 辞源［Z］. 北京：商务印书馆，1983. 964.

③ 顾明远. 也谈特色学校［J］. 人民教育，2003(09)：15-16.

品质，与特长、优异、杰出等概念具有相近的色彩。[①]

由此，可以将特色的核心要素归纳为：第一，具有独特的个性；第二，这个独特的品质是优秀的、优质的；第三，事物形成独特的风格是一个长期的和动态的过程；第四，事物所表现的独特的风格是整体性的。

本研究中的"中小学"仅指普通中小学。[②] 对于中小学学校特色这个概念的界定，国内学者并没有达成一个统一的说法，并且学者们的观点各有不同，笔者将其分为四类，包括学校个性风貌论、文化特征论、学校办学要素优势论、特色教育模式或办学模式论，并将代表性的观点列于表 1-2 之中：

表 1-2　学校办学特色概念的归类及代表观点

归类	代表观点	作者	篇名	文献来源	年份
学校个性风貌论	办学特色是学校在办学过程中逐步形成的独特的个性风貌。	郭继东	《学校特色与特色学校的辨析》	《中小学管理》	2000
	学校在长期的教育实践活动过程中所形成的独特的办学风貌或教育风格。	邢真	《学校特色建设理论的探讨》	《中国教育学刊》	1995
	是指不同于一般，而是要有所创新，是有个性，而且这种个性能够形成传统，代代相传。	顾明远	《啥样才算"办出特色"》	《中国教育报》	2000
	办学特色是学校在长期教育实践中形成的独特的、优质的、稳定的教育风貌。	王宗敏	《对办学特色几个基本问题的理论思考》	《中国教育学刊》	1995
	办学特色是学校在长期教育实践中形成的独特的、优质的、稳定的教育风貌。	李秋健	《特色学校创建的实践研究》	东北师范大学硕士学位论文	2008

---

① 温婷. 教育现代化背景下的办学特色研究——以深圳南山区为例 [D]. 广州师范大学，2003.

② 文章将中小学办学特色的研究对象限定为普通中小学，不包括特殊教育机构、成人初等中等教育机构、职业中学以及其他教育机构。

归类	代表观点	作者	篇名	文献来源	年份
学校个性风貌论	我们的学校特色应该是学校创造性的贯彻教育方针所形成的某一方面（或几方面）稳定的个性风貌。	梁志大	《关于学校特色和特色学校的思考》	《天津教育》	1996
	从管理的角度看：学校特色是指学校管理者在办学过程中，根据本校的实际，有意识的凸显某一方面（或几方面）所形成的独特的个性风貌。	李淑珍	《论特色学校的创建》	华东师范大学硕士学位论文	2003
	所谓办学特色，就是一所学校的整体办学思路或在各项工作中所表现出的积极的与众不同的方面。换句话说，它是一所学校积极进取的个性表现。	高鸿源	《特色建设几个问题的再思考》	《中小学管理》	2010
	学校特色就是一所学校有别于其他学校对教育教学的个性化（校本化）理解与个性化（校本化）实践，并由此在学校整体风貌上所表现出来的独特性。	彭钢	在学校文化建设中形成学校特色	《教育发展研究》	2008
文化特征论	办学特色就是要创办文化上有自身特色的学校，这种学校在文化的各个层面——精神、制度、行为及物资设备上存在着区别于其它学校的文化特征。 办学特色是一所学校各方面工作的综合反映，"特色"本身应是一个整体，即由思想观念、行为方式、组织制度、物资设备等整合而成的一种文化特色。它不能偏于一隅，顾其一点而不及其它，要切实从文化的不同层次上统一起来。	郑金洲	《"办学特色"之文化阐释》	《中国教育学刊》	1995
	学校特色就是学校文化个性的积淀，从操作层面看，学校特色是学校主体根据共同愿景和学校自身特点，经过长期努力而形成的优良独特的学校文化品质，其本质是学校主体个性指挥和精神的自觉外化。	孙孔懿		《学校特色论》	2007

续表

归类	代表观点	作者	篇名	文献来源	年份
文化特征论	一种先进的、独特的、富有时代特征和相对稳定的学校文化。它不只表现为学校具有个性化的外显环境、校本化的课程体系、独特的教育教学管理制度、明显优于同类学校的特色项目，更是表现为凝聚在学校每一个成员身上的一种精神品质。也许我们很难用语言准确地描述它，但它无处不在，它不因校长更换而改变，不因教师调动而弱化，也不因学校变迁而消亡，它深入学校每一个成员的骨髓，影响人的一生。	张建明	《浅谈特色学校的内涵与要素》	《上海教育科研》	2005
学校办学要素优势论	学校特色是办学主体刻意追求、逐步实现的学校工作某一方面特别优于其他方面，也特别优于其他学校的独特的、稳定的品质。	孙孔懿	《学校特色的内涵与本原》	《教育导刊》	1997
	学校特色是指一所学校在全面育人工作中选择的重点，或是把已出现的某种经验特色通过深化积累，逐步形成某种富有个性的强项或优势。	吴秀娟	《关于学校"各自办出特色的思考"的哲学思考》	《教育导刊》	1998
	在一定的理论指导下对学科教学进行改革，经长期努力所形成的优于其它学科和其它学校同一学科的独特风格、模式与机制等。	张丙玉	《普通中学创建学科特色的策略分析》	上海师范大学硕士学位论文	2005
	如所谓办学特色，就是一所学校的整体办学思路或在各项工作中所表现出的积极的与众不同的方面。	高洪源	《如何创办特色学校》	《中小学管理》	2000
	学校特色是学校积极的教育价值观念的体现，是在办学者主体努力追求之下，学校工作的某一方面或某些方面优于其他方面，甚至超越其他学校并为社会所公认的独特品质。	李永生	《学校特色建设论》	《基础教育参考》	2008

归类	代表观点	作者	篇名	文献来源	年份
特色教育模式或办学模式论	学校特色是指管理者和教育者根据现代教育思想和本校独到的办学理念，从学校实际出发，在教育实践中努力挖掘、继承、发扬并积极创造某一方面或某些方面的优势，所形成的有鲜明个性、独树一帜、成效显著的运行机制、办学风格和教育教学模式。	王铁军	《学校特色和校本发展策略》	《江苏教育学院学报》	2002
	学校教育特色是指，学校在现代先进的教育思想指导下，在长期的教育教学实践中不断发挥自身的优势所形成的独具个性的、符合教育规律的、区别于其他学校的办学模式。它涵盖学校的办学思想、办学目标、价值取向、办学风格、学校管理、校园文化建设等诸方面，是学校办学目标、办学水平的重要标志，也是一所学校办学经验成熟的表现。	赵志国	《我国小学学校特色教育建设模式的思考》	山东师范大学硕士学位论文	2008

从学者们对学校特色概念的属性的不同认识，来归纳现有的定义，可以将概念所指涉的不同的内涵范围的办学特色概念分为微观和中观。所谓微观的认识就是从学校内部的某一个或某几个方面出发，将学校办学特色理解为学校某一个或某几个方面的独特之处。如以上的文化特征论、学校办学要素优势论、特色教育模式论等，认为学校的特色是办学思想、教育教学、学校管理、校园文化建设等某一方面特别优于其他方面的品质。所谓中观的认识，是站在学校层面上看问题，把学校特色看作是学校办学的个性和学校整体的风貌，是办学思想、办学目标、价值取向、办学风格、学校管理、校园文化建设等诸方面的综合。

由上可知，虽然学者们做了大量的概念辨析的努力，但对办学特色的概念，学者们存在不同的认识，并没有一个统一的看法。对于概念考察的角度和层面不同，概念的内涵和外延也不同。基本概念界定不清，出现论述混乱的现象，势必会影响学校特色研究在理论层面的真正深入和发展。所以，需要对学校特色的概念分层次和多视角地考察并进行进一步的界定，使之形成相对稳定和清晰的概念框架。笔者认为，学校特色即是指学校所有成员，凝聚在学校核心价值观以及共享的心智模式之下，从学校办学优势和实际出发，积极建构并在学校发展过程中逐步积淀形成的、汇集并体现在学校理念、行为、制度、结构、技术等各个要素中的、为社会所公认和美誉的个性风貌。

（2）学校特色系统框架研究

学校特色是一个具有整体性的系统，由相互联系和相互影响的要素构成，并通过要素之间的联动而实现。所以，只有了解构成学校办学特色系统的要素及其关系，才能建构办学特色体系。只有搭建起框架，才能最终创建"办学特色"。优化办学特色系统框架构成要素的过程，正是学校本身走内涵式发展道路以及教育自身改革过程。

学者赵丽敏较早地提出了"办学特色"系统框架和五大支持系统，并分析了通过支持系统，要素之间怎样互相影响，从而实现物质的、能量的和信息的交换。她认为构成"办学特色"系统框架的要素包括：校长先进的办学思想、学校独特的办学目标、学校独特的办学思路、学生、教师。"办学特色"的相关支持系统主要有现代教育观念系统、现代教育教学模式系统、现代教育教学原则系统、现代教育教学方法系统、现代教育教学评价系统。而"办学特色"的基本要素又是通过五大支持系统，实现要素互相影响、并进行着物质、能量和信息的交换，最后形成学校办学特色。如"学生要素"，既是"特色"创建的主体要素，更是"特色"创建的发展要素，其优化过程本身即学生发展（主体建构）的过程，直接取决于诸支持系统的作用，充分体现为校长先进办学思想、学校独特的办学思路等对学生发展定位的影响；与此同时，在教育、教学活动中直接作用于学生要素发展的是教师要素，教师的作用是否科学以及效度如何，又取决于现代教育观念、现代教育教学模式、现代教育教学方法等诸系统的信息和能量的作用。①

　　对于学校办学特色的要素体系进行分析较早的学者还有邢真，他认为可将学校特色的构成要素分解为以下三个方面，即学校特色的主题思想，教育行为方式和环境氛围。他特别强调了特色的主题思想所占的核心位置，它是校长在学校教育思想支配下，对学校现实教育资源配置状况和学校教育发展水平进行调查、分析、研究，及对学校教育发展前景规划而得出的思想结晶。而教育行为方式正是学校教育思想或主题的外显形式。他论述构成学校特色系统框架的三大要素之间相互渗透，互为依托，是不可分割的整体。它们从不同层次，不同侧面，不同角度体现了学校特色的基本内容与基本特征。②

　　此外，还有的学者从组织文化的观点对"人"的因素入手，提出学校办学特色要素是校长、教师和学生。并分析由各要素之间的关系，搭建起学校办学特色系统框架，提出校长的素质和观念决定着学校的发展方向；校长的办学思路和办学理念决定着学校能否有特色；校长的创新管理能力是学校形成特色的重要保证；教师是创办特色学校的主体力量；学生是创建特色学校的根本目的和落脚点。③

　　方中雄认为学校特色应该具有一个完整的结构或系统。建立起特色结构的观念，有助于那些开始谋划特色建设的学校建立一种系统思考的方法；而对于已具有特色的学校来说，它也是诊断与提升办学特色的有效方法。并且他提出完整的特色体系是理念、制度行为与环境、结果三个方面的高度统一。④

　　可见，已有文献对学校办学特色系统框架进行了研究，并在理论和实践

---

① 赵丽敏. 区域性办学特色多样化的理论与实践研究报告［J］. 天津市教科院学报，2005(03)：15–18.

② 邢真. 学校特色建设理论的探讨［J］. 中国教育学刊，1995(05)：31–34.

③ 李淑珍. 论特色学校的创建［D］. 华东师范大学，2003.

④ 方中雄. 义务教育学校特色建设的价值选择与分析模型［J］. 中小学管理，2010(08)：7–10.

的逻辑之下，初步建构起了学校办学特色系统框架。但是这些研究多关注学校微观层次要素中办学理念、学校成员、环境等要素及其相互之间关系的分析，缺乏站在教育宏观管理体制和公立学校制度的战略高度上，将基础教育改革与学校特色建设的系统分析框架相联系。所以，要帮助学校走上走内涵式特色化发展的道路，推进我国教育的改革，还需要进一步将宏观要素纳入到学校特色建设的系统分析框架中，并建构学校办学特色系统框架，对办学特色形成的宏观要素与微观要素之间的互动机制进行研究，及对要素优化进行更好地研究。

（3）学校特色建设的困境

①对学校办学特色的建设产生制约的宏观因素研究

学者对学校特色发展的宏观要素进行分析，认为在宏观层面上阻碍我国学校办学特色发展的主要是以下两个因素：一是片面追求升学率的升学运动和应试教育模式。二是在我国外控式教育行政管理体制之下，学校缺少办学自主权。[1][2] 有学者直接指出，在计划经济的背景下，"外控"式的管理方式，造成了"千校一貌""万生一面"的局面。[3]

受宏观因素的影响，致使学校办学特色的发展困境，主要有以下几个观点：特色泛化，应付上面任务的多，自主发展的少，常规的多，特色的少，特色泛化就等于没有特色；特色时尚化，是指办学者为了追赶时尚和潮流，甚至是为了应付主管部门的命令和检查，学校盲目模仿；特色表浅化，是指一些学校通过物质和宣传等形式塑造和标榜出来的特色，没有涉及到精神的层面和文化的内涵，特色是表面的和肤浅的；特色形式化，学校特色发展中最根本的问题是学校特色形式化，大一统的外控管理无法使学校具有特色，一些学校的所谓特色不过是为特而特，包括为办学特色贴上标签，盲目拔高

---

① 周定珍.也论办学特色［J］.江西教育科研，1988(05)：6-9.

② 葛路谊.我国中小学特色发展战略研究［D］.华中师范大学，2008.

③ 李淑珍.论特色学校的创建［D］.华东师范大学，2003.

办学特色，典型的形式主义，劳民伤财；特色项目化，是指某些学校为了迎合市场的需要，将一些普通的培养项目当作特色来加以宣传和强化，以此提高学校的声望；特色局部化，是指一些学校把学校特色理解为某一方面的片面发展，还指学校在追求办学特色的过程中的局部行动。[①][②][③]

由上可知，学者们已经注意到学校特色的发展困境主要是形式化和浮在表面，并将其归因为体制和制度因素。但是目前的研究仅是对困境现象的描述，缺乏从宏观管理体制和教育改革的层面去探析学校特色创建的困境和学校趋同的原因。

②对学校办学特色的建设产生制约的微观因素研究

受到学校管理体制不完善、以及学校管理者和教师的素质等因素的影响，导致学校办学少特色。具体表现为，两个缺少和四个不足。缺少创新意识和竞争精神；缺乏学校特色理念和特色管理知识能力。[④] 校本课程开发不足；忽视学校自身人、财、物条件、特色和潜能；校本管理和研究流于形式；[⑤] 有特色的教师队伍数量不足、组合欠佳、质量不高。[⑥] 此外，还有学者将当前学校特色发展的困境主要总结为形式表面化、结构碎片化、项目简单化和特色低档化四个方面。[⑦]

（4）学校特色建设过程研究

学校办学特色的发展过程，是一个动态的过程，主要包括了挖掘、定位、积淀、成熟等过程。代表性的观点主要有以下几种。有学者归纳学校特色建设的步骤，大致有三个阶段，包括①自觉模拟阶段，自觉模拟就是有意识地模仿被本校视为偶像的名校的办学模式、教育方法和管理策略。该阶段

---

① 葛路谊.我国中小学特色发展战略研究［D］.华中师范大学.2008.

② 陈建华.论学校特色的内涵及其创建原则［J］.教育科学研究，2006(08)：15–17+21.

③ 李永生.论学校特色建设［J］.基础教育参考，2008(05)：53–58.

④ 葛路谊.我国中小学特色发展战略研究［D］.华中师范大学，2008.

⑤ 葛路谊.我国中小学特色发展战略研究［D］.华中师范大学，2008.

⑥ 周定珍.也论办学特色［J］.江西教育科研，1988(05)：6–9.

⑦ 王珺.学校特色发展的现状、困境与出路［J］.教学与管理，2016(16)：19–22.

模仿成分多，缺乏创造性，基本上是经验迁移型的发展模式，难以形成自己学校的特色。②选择突破阶段，选择突破就是根据本校实际情况和周边环境条件，从发挥学校现有优势出发，针对学校存在的突出问题，大胆革新。③成就特色阶段，在选择突破的基础上，由点到面，逐步扩展，分类推进，以特色项目带动其它工作，以其它工作促进特色优化，使局部特色发展为学校整体的个性风貌。在最后阶段——成就特色阶段，学校领导不再满足于求发展或求创造，而是以求风格作为目标，成为办学艺术的积极开拓者，既不断地变革学校，也不断地更新自身，学校各方面逐步表现出独特而稳定的个性特色。学校特色建设的三个阶段是有序展开的，前一阶段是后一阶段的前提和基础，后一阶段又是前一阶段的发展和继续，直至形成特色学校。①

周定珍提出办学特色形成的四个阶段：①模仿认同阶段。这个阶段表现为崇尚他人成功的经验，有办出特色的主观追求，在学校工作的一些重大理论和实践问题上模仿认同多于有独到见解的创造精神。②摸索比较阶段。这个阶段是"在不满足现状"的消极模仿基础上过渡发展起来的。突出表现是逐步认识了自身价值，学会了对比分析，找到了突破口，开始将他人成功经验模式引进、吸收、改造、消化并逐渐打上自己的个性印记，继而进行"教育冒险"的尝试。③追求积淀阶段。在摸索比较的办学实践中，办学思想不断得到端正，办特色学校的追求不断受到验证，办学质量逐步优化提高，有目标的创造性劳动日趋自觉、自由，不仅敢于突破他人，也善于突破自己。在这一阶段，学校领导、师生会更多地体验到创造性办学的成功所带来的喜悦。④成熟稳定阶段。在办学过程的内容和形式等各个方面、各个环节发挥出巨大的创造性，学校领导集体、教师集体、学生集体形成办学特色的心理基础与主观追求得到完美统一，并在不断发展的教育教学实践中得到反复检验，积淀浓厚的个性特色，呈现独特稳定的态势。并且强调四个发展阶段各有特点，各具功能，紧密联系，互相影响，浑然一体。每个发展阶段都受一

---

① 李保强. 学校特色建设的理论思考［J］. 中国教育学刊, 1996(05)：52-54.

定的主观条件的制约，创造性因素的一定量的积聚引起办学特色的发展从一个阶段到另一阶段的飞跃，最后形成相对稳定的特色风格。①

学者孙孔懿认为学校特色形成是一个从孕育到形成，从低级到高级的不断发展的过程，包括特质——孕育阶段；特点——过渡阶段；特色——成熟阶段。如果学校在努力改革数学教学的过程中，着意培养学生思维的深刻性、灵活性、批判性等优良品质，并有意识地使这些优良的思维品质迁移到其他各科的学习和各种课外活动中去，逐渐形成充盈于整个校园的刻苦、严谨的优良学风，那我们就可以说这是该校的一大特色了。②

还有学者将学校办学特色形成的阶段归纳为以下三个，第一，特色的挖掘和凝练，这是特色学校建设的起步阶段，也是特色的初步探索阶段。在这一阶段我们要做的是选择好突破口挖掘出特色和凝练特色理论，突破口可以从以下四个大的方面来选择，以传统优势为突破口；以学校薄弱环节为突破口；将偶然突出的优势转为特色；或以某教育理论为指导创建特色学校。特色的初步探索阶段以搞好特色科研为基础，因此抓好科研工作也是这一阶段的一项突出任务，建设特色学校也要有特色科研与之相适应，校本研究为特色科研的形成提供了可能。第二，特色的形成与扩展，此阶段特色课程是"特色"形成的支撑，培训有特色的教师是特色扩展的保证。第三，特色的巩固与提升，巩固和提升就需要有力和开放式的管理作保障，以特色管理来巩固和提升特色。③

温婷以深圳南山区推进区域学校办学特色化的进程为例，提出区域形成办学特色的三个阶段：第一阶段普及追赶，夯实办学特色基础。即政府牵头全面落实分级办学、分级管理的制度，在发展均衡的同时，也在改革的具体目标上追求多层次化，在改革内容上有所侧重，在改革方法上采取多种形

---

① 周定珍. 也论办学特色 [J]. 江西教育科研，1988(05)：6-9.

② 孙孔懿. 学校特色形成的过程与模式 [J]. 教育导刊，1997(Z2)：18-21.

③ 李剑. 论普通中学特色学校建设 [D]. 江西师范大学，2004.

式。第二阶段求实创新，增强办学特色实力。几任区委区政府以提高全民素质为目标，确立了高起点规划、高标准建设、高效能管理、高速度发展的指导思想，对接国际先进教育理念，学习全省乃至全国教育先进地区的经验，实现了南山教育的结构优化。实现从以分数为重、以升学为重的应试教育向以学生全面发展的素质教育转变；从追求规模、速度向提升内涵品质转变；从培植典型、打造少数名校向均衡发展、扩大整体优势转变；从以传授、灌输、存储为主向以自主、合作、探究为主的教学方式转变；从偏重硬件建设向挖掘资源潜力、注重软件建设转变；从移植外地经验、模式向创造区域教育个性、特色转变；从以引进人才为主向以培养人才为主、引进与培养人才并举转变；从计划型、经验型的管理向民主、科学、法制管理转变。并建构了"九大特色"德育、英语、艺术教育、体育、信息技术、教育科研、科技、环保、心理健康教育。第三阶段探索超越，提升办学特色内涵。[①]

张熙将学校特色建设的分为三个发展阶段：①初级阶段。大致处于义务教育的普及阶段，追求的是"形成一所学校"。②中级阶段。大致在普及阶段后期，学校最大的困难在于正常办学的经费和升学压力，尽管学生人数超出容纳能力和教师学历合格的问题依然存在，但校舍、设施、教学管理规范都有所改善，追求的是"形成合格的学校"。③高级阶段。大致处于普及后的提高阶段，经费等方面都有改善，学校不仅开始改建学校，而且通过各种途径提高教师水平，管理上致力创新、希望概括出符合学校的教育理念，这个阶段的学校追求的是"我"的生成，追求"形成有特色的学校"。此后就是特色的深化和扩张，最终形成深厚的学校文化传统，形成一种稳定而鲜明的个性风貌。从根本上讲，学校是一个自适应、自协调、自组织的有机系统，它的发展动力机制不在其外部而在其内部，学校特色建设是学校发展到

---

① 温婷. 教育现代化背景下的办学特色研究——以深圳南山区为例［D］. 广州师范大学，2003.

一定阶段的必然追求。[①]

有的学者则指出特色学校有一个孕育、诞生、成长、成熟的过程，它的形成机制概括起来就是：一种意识——创新意识；两类分析——环境分析和学校需求与能力分析；三个阶段——选择和孕育、组织和发展、完善和巩固。[②]

不难看出，创建特色学校的过程的确是一个复杂的过程，学者们在对学校办学特色的发展过程的研究中，对于阶段的划分大同小异，仅是各阶段的称呼不同而已，并没有本质区别。

（5）学校特色建设的条件和形成机制

①影响学校特色的社会外部宏观条件研究

对影响学校特色的外部社会条件进行分析，学者们认为主要是教育行政管理和政策导向；与社区、大学等合作；以及家长参与等。如学者孙孔懿提出，研究学校特色有必要对社会这个整体进行分析，以便了解学校特色的形成和发展到底取决于哪些具体的社会条件。他认为，影响学校特色的外部社会条件，包括社会需要的丰富程度、社会制度的民主程度和社会心理环境的宽松程度。[③]

还有学者认为中小学学校特色创建的外部条件包括政府和教育行政部门的政策和管理目标导向，这是影响和制约中小学创建特色的基础条件；学校周围企事业单位的支持和帮助；有关科研团体的协作和支持；家庭配合。[④]

②影响学校特色的学校内部微观条件研究

对影响学校特色的内部社会条件进行分析，学者们认为主要是校长、教师和学生的素质、学校教学目标、学校管理、校风等。学者孙孔懿认为学校特色形成的内部条件包括了校长的素质，即献身精神、独立人格、策略思想

---

① 张熙. 为学校特色发展找一条合适的路径［J］. 人民教育，2014(09)：8–12.

② 高洪源. 如何创办特色学校(下)［J］. 中小学管理，2000(05)：27–28.

③ 孙孔懿. 学校特色形成的社会条件［J］. 教育导刊，1997(04)：17–19+48.

④ 陈红云. 论中小学学校特色的创建［D］. 湖南师范大学，2003.

和协调能力；教师的素质，是教师对学校特色的形成产生影响中最重要的素质，包括有一定特长和能团结奋进；最后一个学校内部条件即校长与教师素质的良性循环。①

陈红云认为内部条件包括富有个性的校长；一支高素质有个性特色的教师队伍；学校自身具备的物质条件；学生的基本素质；有效的管理，即建立学校管理机制和实施现代科学管理。②

关于学校办学特色的条件，学者认为，第一，就是要有一个正确的办学目标，所谓办学目标，就是校长把自己的教育思想同学校实际结合提出来的目标，并为广大师生员工所接受，成为自觉行动。正确的办学目标，它是办有特色学校的前提条件。目标在创建学校特色的过程中起着指向、激励和提供标准的作用。第二，就是要有一支教有特色的教师队伍，第三，就是要有一种适应特色建设的良好校风。③

还有学者依据自己的办学经验，分析学校特色建设的基本条件，主要有以下几个方面，首先，拥有一位高素质、有个性的校长是学校特色建设的关键。校长要有强烈的特色意识、渊博的文化知识、独特的教育思想和完善的个性。其次，拥有一支高素质、有特色的教师队伍是学校特色建设的基础。再次，具有特色的教学是学校特色建设的核心，包括逐步建立起具有本校特色的系统的教学思想、建立与学校特色建设相适应的课程教学体系。最后，学校特色建设必须加强教育科研等。④

对于学校办学特色的条件，学者们认为有学校外部和内部条件与因素共同作用影响着学校办学特色的形成。这有助于我们进一步来认识学校办学特色的形成的宏观和微观机制。但由研究现状来看，学者们对学校办学特色的形成条件的研究，相对缺乏在一个开放的系统的学校特色建设框架之下，对

① 孙孔懿.学校特色形成的内部根据［J］.教育导刊，1997(07)：12–15.
② 陈红云.论中小学学校特色的创建［D］.湖南师范大学，2003.
③ 闫德明.试析创建学校特色的主要条件［J］.现代中小学教育，1996(01)：5–8.
④ 王建华.学校特色建设的思考与探索［D］.湖南师范大学，2003.

于特色学校形成机制的研究。

（6）学校特色建设策略研究

关于学校办学特色的创建的路径和策略研究，代表性观点主要有以下几种。

第一，特色项目创建角度的学校特色发展策略研究。如王建华从学校特色建设的实践探索出发，以长沙市三所中学为个案，提出学校办学特色创建的策略，包括开展创造教育，培养创新人才；以德育特色引路，以素质教育为纲，办出学校特色；英语教育为突破口，充分利用学校中西结合、底蕴深厚的优势，培养跨世纪"四有"人才的特色。[①]

第二，特色文化创建角度的学校特色发展策略研究。如王建庆以文化为视角研究区域中小学办学特色的创建路径，提出中小学特色创建的路径，包括创建办学特色应以文化理念为指导，提出办学特色应是"基于人，指向人文素养的"和"基于文化，指向学校品位的"；形成学校精神文化的引领力、物质文化的感染力、制度文化的约束力、行为文化的整合力和课程文化的创造力的学校特色的文化力；在对已有资源发掘整合、对坚守教育本真、注重"三名"中等，创建富有文化气息的办学特色。[②]刘献君和陈玲提出根据学校的不同特点，选择合适的载体，形成学校特色文化，是学校文化建设的重要方式；学校特色文化建设的路径主要是从学校历史发展、学科及其特性、学校所处地域、典型风物中选择载体；通过将载体融入学校文化，探讨特色文化的内涵，凝练特色文化的表述，形成学校特色文化；通过创设标识、创建项目、综合设计，在传播、践行中丰富和发展特色文化。[③]徐正烈提出通过深入挖掘地域文化中丰厚的历史文化、红色文化和当代先进文化资源，确立公民教育办学特色，基于对区域文化的深刻理解，构筑学校特色办学体

---

① 王建华.学校特色建设的思考与探索［D］.湖南师范大学，2003.

② 王建庆.文化视角下我区中小学办学特色的创建路径研究［D］.苏州大学，2009.

③ 刘献君，陈玲.学校特色文化建设的路径探究［J］.中国高教研究，2021(03)：51-54.

系；依托课程教学主渠道，保障特色教育目标有效落地以及策划多维度实践活动，助推特色教育走向深入。^①此外，范涌峰通过比较中西方对学校特色发展的认识，提出学校特色发展应以课程作为切入点和核心支撑，以文化为价值前提和沉淀形式，以学生个性发展为根本目的。^②张维忠等人还进行了"以课程顶层设计为抓手的学校特色发展路径"研究，提出学校课程顶层设计既是推进学校特色化办学的首要任务，也是重要抓手。课程顶层设计是一项系统工程，是一个包括校情分析、办学理念与育人目标、课程体系架构、课程实施与保障制度改革等多个要素的统一整体。^③

第三，战略角度的学校特色发展策略研究。葛路谊对学校特色发展战略进行研究提出，首先，学校特色发展战略设计的几个基本要求包括了着眼整体，重点突破；面向全体，发展个性；发挥优势，因校制宜。其次，学校特色发展战略的形成过程，包括学校特色发展宗旨的确立，学校内部和外部环境的扫描。再次，学校特色战略的 SWOT 分析。最后，对学校特色战略进行选择。^④李淑珍提出学校办学特色形成的策略，包括目标定位策略，制定目标需要研究社会的需求、社区的需求与学校的自身需求相结合；目标实施策略，包括选择突破阶段的策略和整合强化阶段策略；运用 CI 策略，对内、对外进行传播。^⑤

第四，学校成员的管理角度的学校特色发展策略研究。张丙玉对普通中学创建学科特色的策略分析，提出普通中学办学特色创建的策略，主要包括，校长独特的办学思想与特色学科的创建；学习新的课程教学理论；建构积极的课堂教学环境，转变观念，建立新型的师生关系，注重培养学生的主

① 徐正烈.扎根厚重地域文化 营建新学校办学特色［J］.中小学管理，2021(02)：41-43.
② 范涌峰.课程为本抑或文化为纲？——学校特色发展的中西特征比较及内涵辨识［J］.教育科学，2018，34(04)：36-42.
③ 张维忠，唐恒钧.以课程顶层设计为抓手的学校特色化发展路径［J］.当代教育与文化，2015，7(05)：43-46.
④ 葛路谊.我国中小学特色发展战略研究［D］.华中师范大学，2008.
⑤ 李淑珍.论特色学校的创建［D］.华东师范大学，2003.

体意识，促进学生的发展；新课程改革背景之下的校本教研。①

第五，学校特色发展的综合策略。赵志国对当前学校特色教育建设进行综合思考，认为学校办学特色创建的策略，包括思想先行，审时度势，健全机构，实现特色定位；以特色建设为指向的师资培训体系建设；强化科研是学校特色内涵提升的原动力；校本课程为学校特色发展提供广阔；校园文化营造学校特色氛围。② 有学者指出办学特色形成的基本策略是：有机运用先进的教育管理理念是统率；培养一支高素质专业化发展的教师团队是关键；强化特色项目科研活动是动力；深化课程建设与教学改革是核心；营造整体和谐的学校主流文化是保障。③ 还有学者指出当前学校特色的发展进程中，有一些学校陷入功利式、割裂式以及无问题意识式的误区，内生性的学校主导和外塑性的政府统筹是有效消除学校特色发展中的误区的有效策略。④ 还有学者指出当前学校特色发展的策略是提高学校办学自主权，实现学校自主管理；改进办学理念，强调育人目标；充分发挥校长领导力；充分利用校内外资源；开发特色课程；进行课堂教学创新；加强学校文化建设；重视学校办学特色的评价。⑤ 张熙提出学校特色建设至少存在文化建设、管理建设、教学建设、课程项目建设以及优势项目和活动等五大路径。特色路径的选择应注意：①各条路径是相对独立的，没有高低之分，学校可以根据自身需要选择不同的路径进行建设。②任何路径都不是固定不变的，选择时要考虑内外部因素，路径实施中同样要适时调整，避免对路径的依赖。③每所学校特色的形成和发展，都有其特殊性，既不是从学校建立起就与生俱来的，也不是一蹴而就的，而是多种因素共同作用的结果。它是在长期办学实践中通过

① 张丙玉.普通中学创建学科特色的策略分析［D］.上海师范大学，2005.
② 赵志国.我国小学学校特色教育建设模式的思考［D］.山东师范大学，2008.
③ 林卉，苏艳芳.从学校内涵发展的视角看办学特色及形成策略［J］.江西教育，2007(05)：29-30.
④ 王帅.学校特色发展：误区、追因与路径［J］.基础教育课程，2020(18)：27-34.
⑤ 郝琦蕾，常梦.学校特色发展：问题、原因及路径［J］.当代教育科学，2020(03)：54-59.

自身不断循环而不断发展、前进的过程。内部循环是学校特色发展的源动力，是特色活力持久的保障。[①] 还有学者从探究学校特色建设的内涵及本质出发，提出特色建设应当遵循教育发展的内在规律、塑造独具特色的校本文化、注重学校内涵式发展等路径，以促使学校特色建设走上健康和持续发展的轨道。[②] 还有学者基于"生本"视角审视，提出当前有效的特色学校建设应以"人的发展"为目的、以"全人发展"为指导、以"全面发展"为主线、以"群策群力"为参照，从理念、标准、内容和建设过程等维度实现标本兼治。[③]

由上可知，学者们从文化的角度，实践的角度，战略的角度，包括SWOT战略分析和CI组织识别战略等不同角度揭示了办学特色的形成的策略。但是，由于缺乏对学校办学特色的形成要素的分析，以及由要素建构的相对科学合理的系统框架的分析，所以，对于策略的研究缺乏系统性、整体性和实操性。

（7）学校特色测评研究

有学者建构了学校特色发展测评指标体系，在此基础上创建了学校特色发展测评量表与模型，并提出了学校特色发展测评模型由学校特色理念体系对学校内部实际和外部环境的适切度、学校特色发展实践与特色理念体系的一致度和学校特色实践效果的优质度三个维度及其相互之间的数量关系构成。[④]

范涌峰建构了包括三维度、七指标在内的学校特色发展测评指标体系。三维度即（学校特色理念体系的）适切度、（学校特色实践与理念体系的）

---

① 张熙.为学校特色发展找一条合适的路径［J］.人民教育，2014(09)：8-12.

② 付光槐，任一明.学校特色建设的现实审视及其路径重构［J］.当代教育科学，2016(02)：56-59.

③ 张琴，王天平，罗世强."生本"视角下特色学校建设的问题与路径探析［J］.教学与管理，2015(28)：17-20.

④ 范涌峰，宋乃庆.学校特色发展测评模型构建研究［J］.华东师范大学学报(教育科学版)，2018，36(02)：68-78+155-156.

一致度和（学校特色发展效果的）优质度，七指标即办学理念、方向目标、课程体系、组织管理、学生发展、教师发展和学校发展。另一方面，他还建构学校特色发展测评量表和模型，将定性方法和定量方法相结合，重构了学校特色发展的内涵，使用学校特色发展的测评量表和模型，定量刻画了学校特色发展的水平及其与学业成绩的关系。[①]

3.学校特色化发展进程分析

随着"三个面向"的提出以及 1985 年中央《中共中央关于教育体制改革的决定》的出台，人们越来越重视"学校办出自己的特色"。1993 年中共中央颁布的《中国教育改革和发展纲要》（以下简称《发展纲要》）中明确指出："中小学生要由'应试教育'转向全面提高国民素质的轨道……办出各自的特色"。此后，在我国教育全面改革的形势下，掀起了学校特色建设的热潮。为改变千校一面状况，转变教育上的大一统观念，打破统一的办学模式，不少地方提出了"一校一品"的学校特色建设思路。2010 年，《国家中长期教育改革和发展规划纲要（2010-2020 年）》（以下简称《规划纲要》）明确指出，我国现在的教育正在"面对前所未有的机遇和挑战"，然而我国教育目前还存在"不完全适应国家经济社会发展和人民群众接受良好教育的要求；教育观念相对落后，内容方法比较陈旧，中小学生课业负担过重，素质教育推进困难；学生适应社会和就业创业能力不强，创新型、实用型、复合型人才紧缺"等问题。为实现减轻中小学生课业负担，全面推进素质教育，为每个学生提供适合的教育，培养与社会多样化需求相符合的创新人才和高素质劳动者等目标，《规划纲要》在战略目标中提出"树立以提高质量为核心的教育发展观，注重教育内涵发展，鼓励学校办出特色、办出水平，出名师，育英才"。把"学校提高质量"和"促进人的全面发展"作为教育改革发展的核心任务，并将其与学校特色建设紧密相连。学校办出特色成为党和国家的重大教育决策，指导教育的改革与发展。从 1993 年国家颁布的

[①] 范涌峰.学校特色发展测评模型研究［D］.西南大学，2017.

《发展纲要》以来，各地方政府积极响应，先后出台了学校特色建设的相关政策，并在学校中进行了积极的实践探索。此时推进中小学特色化发展的主要变革力量主要包括以下几种：

首先，在自上而下改革开放 30 年中，从中央到地方，不断出台重要文件，并在会议上传达办出一批有特色学校的精神，还举办了各种特色校建设工程，办学特色交流展示会议、思想研讨会等活动推进学校特色建设。在某些城市和地区，学校特色成为评价学校的重要标准。其次，随着改革开放和市场经济的发展，1985 年《关于教育体制改革的决定》提出鼓励和指导国营企业、社会团体和个人办学、助学。1997 年《社会力量办学条例》等政策相继出台之后，多种办学主体兴办的学校随继出现，包括民办公助、公办民助、政企联办、社区共同办学等形式的学校。由学校经营多样化的变革带来了办学模式的多样化，通过改制和学校经营方式的改变，为学校办出特色和品牌增添了活力与动力。再次，通过大学或教育研究机构与中小学开展合作，帮助学校改进并形成学校发展智力资源，从而帮助学校形成特色。最后，最为重要的是一些学校校长和教师，利用学校内外各种资源，自发寻求出路谋求发展和优质，开展学校变革，建设学校品牌和特色。

尽管如此，伴随着中华人民共和国成立后 17 年间和改革开放初期实施的"效率优先"重点校政策，以及宝塔式的重点学校体系，造成只有少数重点校和示范校可以兼顾应试教育和素质教育，并拥有鲜明的办学特色，而大多数学校的特色建设实践往往形式化、局部化和表面化。学校特色建设在地方层面实施，产生了各种各样的问题，更多为政绩的追求，偏离了减轻学生过重课业负担和创造适合学生个性发展的初衷，有些特色建设实践甚至脱离教育规律，为特而特。从 70 年代末开始，中国开始了以"市场化"为取向的教育制度变革。在遵从经济理性高度竞争的教育市场中，获得更高声誉的学校，在社会上自然而然地得到学生和家长的追捧，也使得学校得到除了政府投资之外来自社会方面的融资，优质资源的积累效应更加固了这部分学校在社会秩序中的优势地位。学校特色一词，最早从 1981 年便进入人们的视野。关于学校特色是什么，学界尚未达成共识。学校特色被定义为学校的风格和个性、独特的或个性化的学校文化、学校办学体制、学校办学模式等。由于追问"学校特色是什么"问题的答案的语焉不详，在实践中，我们往往见到形形色色的学校特色文化，比如"雅文化""茶文化""棋文化"；各种学校理念，比如"幸福教育""阳光教育""五味教育"等等；各色课程体系，比如"绿色课程""博雅课程""多彩课程"；以及各类系列活动，比如音乐、舞蹈、体育、科技、航模、书法等……被经验感知到的学校特色广泛地存在于学校办学理念、管理制度、课程结构、教学模式、校园环境等地方。

　　我们不禁会问这些与众不同的"理念""课程""模式"究竟是不是学校特色？有学者认为为了特色而特色的没有实质内容和生命力的所谓"理念""特色""模式"只是教育概念的丛林罢了。[1]中小学强调基础性，其育人目标、任务和内容一致，一味地强调独特和差别的"一校一品"的学校特色存在是否有可能？在办学体制和行政管理制度的限制下，可供公立中小学发挥的"与众不同"的特色项目和方面毕竟有限的，通过总结、拔高制造出标签式的与众不同，不仅长久以来遭到空有形式、不及实质的质疑，而且往往造成特色趋同甚至特色不特的局面。那么，徒有形式的学校特色是不是学校特色存在？表面化、形式化、项目化、局部化、"一强独大"的"一校一品"特色会阻碍学生的个性发展[2]，育人乃是学校存在的基本职能和合法性所在，学校特色建设既不是学校的根本工作，也不是基础教育的本质要求，学校特色如果违背了学校育人本质的要求，那么，学校特色有没有存在的必要和价值？在实践中，学校特色理念体系往往与学校教育者的实践之间缺乏一致性。"说做两张皮"，往往使得学校特色理念无法操作和落实。未能触及特色学校之"实"的学校特色建设，不仅浪费了时间和精力，还遮蔽了一线教育者真正有价值的教育思想和实践智慧，导致我们校园千校一面的情况依然

①　石中英.穿越教育概念的丛林［J］.北京教育(普教版)，2017(06)：20-21.

②　褚宏启.学校特色建设能否有效促进学生个性发展？［J］.中小学管理，2017(06)：61.

存在。学校特色可以被随意雕刻吗？学校特色到底应该怎样形成？建设学校特色的路径是什么？这些问题仍待学界在理论上予以回答。

三、小结

本章以系统的观点考察每个历史阶段的学校特色建设，将学校特色建设与教育转型乃至社会转型大背景相联系，这样才可以比较清晰地把握学校特色建设的内在规律，也可以更好地反映学校发展范式之间转换背后每个社会转型期不同水平经济发展对教育的需求，以及市民社会中各阶级的教育期望对学校特色建设的影响。笔者以历次教育转型期为中轴，将历次的社会转型作为学校变革的背景性前提，将西方学校由同质到多样发展的历史划分为工厂化发展阶段、实验与变革阶段、公司式发展三个阶段。考察这三个阶段学校特色化的进程的维度主要涉及学校价值追求、行为、结构和制度、技术以及学校关系系统等。第一，工厂化发展阶段。工业革命完成，在农业社会转向工业社会的社会背景之下，国家自上而下控制教育，建立现代教育制度和国家教育体系。经过考察发现，在现代学校制度建立之初，也就是公立学校的萌生和形成阶段，学校与当时工业生产相配套，人才规格的改变带来学校的改变。为了规模化、系统化传播知识特别是科学知识，培养具有健全理智的劳动者，制度化、秩序化、程式化、标准化运行和追求效率成为这个阶段学校的基本特征。高效率和秩序化的运作，使得学校本身成为了一座工厂，从教学和管理，至学校的结构都是划一的、标准的。在工业化阶段，学校办学崇尚理性、弘扬科学；强调标准化、秩序化、程式化；管理强调控制和规范，学校要完成上级的任务；学校主要为科层结构；决策权高度集中；学校同质、机械、线性化发展。学生被嵌入这样结构雷同的时空与秩序之中，丰富的个性及创造性遭到了压抑。在这种机械的、线性的教育体制下，学校不具备特色化、多样化发展的条件。第二，实验与变革阶段。欧美兴起的新教育运动，是一场革命性的深刻的教育实验。它强调促进人个性的发展，以及受教育者的主体地位与尊严的教育理念的觉醒，从根本上改变了公立学校的氛围。通过这次教育运动，学校萌生了从同质向多样发展的趋势。实验学校的价值取向为重视儿童的需要和个性差异、鼓励儿童探究和创造性的发展，在运作策略上采取了自下而上、由内而外的方式，着手于学校制度和文化的重建，然而，此次自下而上的教育改革由于没有将宏观因素纳入以学校为基础的改革之中，导致变革运动的失败，学校特色仅是出现在了新学校中，广大的公立学校并没有出现特色化和多样化的发展态势。第三，公司式发展阶段。20世纪80年代以来，针对传统学校科层体制之下学校同质化趋向，不能灵活地适应家长和学校个性化的需求等弊端，世界范围内兴起了大规模的重构公立学校的教育改革。它与以往改革不同的是更着重于公立学校制度的变革，旨在引入经济领域内的市场竞争机制，使得公立学校缺乏效率的办学体制及其运行机制与社会经济发展严重不相适应的面貌得到根本性改善。与此相应，在学界兴起了对于教育改革中的各类特色学校的研究，在美国主要是对磁石学校、特许学校和契约学校等的办学特色研究；在英国主要集中在对其专门特色学校、直接拨款公立学校、示范学校等的研究。研究内容包括对办学理念、学校特色项目、学校特征、教学与课程、学校特色形成的物质支持和管理支持，以及学校特色评价研究等方面的研究。尤其是特许学校，作为组织再造的组织基本形式，引起了以美国为代表的西方国家的学校组织再造理论研究和校本管理研究方面的学者高度的关注。大力推进学校多样化、特色化发展与鼓励选择，成为此次改革主要的一个方面。这场世界范围内的教育改革与以往的改革相比，更着重于公立学校制度的变革，是一种教育制度和教育管理体制整体性和系统性的变革。校本运动和市场化的变革为学校建设特色提供了前所未有的活力和办学自主权，然而，同时也使得学校办学特色的发展走进误区，在教育公平、种族隔离等问题上都遭到了质疑。高度竞争的市场化的改革并不一定带来多样化，此次改革加大了学校之间纵向的差别，而非横向的多样。虽然此次改革的初衷是依靠市场竞争提高学校效率和质量，然而特色学校实际上破坏了公立学校的公益性，导致对于学校特色化发展的误区和质疑。

我国作为后发型、外生型的现代化国家，由同质到多样的发展并非依照教育发展内部逻辑，而是经过了复杂的过程。第一，五四前后的教育变革，有力地冲击了中国封建教育体制，推进了中国教育与世界教育的接轨。1922年颁布的"壬戌学制"之后，各地实验学校形式多元并蓬勃发展起来。实验学校发挥平民教育之精神，注意生活教育，既顺应了当时世界教育重视人的个性发展的历史潮流，同时也反映了中国积贫积弱的社会对于教育发展的客观要求。但因为当时特殊的历史，尤其在中小学教育还未普及的情况下，教育实验推广和学校特色化和多样化的发展态势有局限性。第二，"文化大革命"时期，学校秩序受到破坏，追求绝对的学校平均也影响了教育特色化和多样化发展。直到十一届三中全会以后，我国开始体制改革，逐渐由计划经济向市场经济转型。从1985年《中共中央关于教育体制改革的决定》以后，尤其在1993年中共中央颁布《中国教育改革和发展纲要》以来，各地方政府积极响应，先后出台了学校特色建设的相关政策，并在学校中进行了积极的实践探索。学校特色政策的实施和研究的增长，帮助一批学校形成特色，切实改进了教学方法，提升了教学效果，培养了学生兴趣和促进了学校个性发展。但是，对于考试和成绩排名的外部手段对学校进行评价的制度的路径依赖，使得学校的教育丰富性被架空，校长和教师劳动创造性被压抑和制约，学生批判性思考的能力、个性与创造性培养被忽视。对于学校特色建设的研究也存在中小学办学特色的内涵还亟待厘清，对中小学办学特色的失落和学校组织趋同的原因缺乏深入探讨等问题。学校特色可以被随意雕刻吗？学校特色到底应该怎样形成？建设学校特色的路径是什么？这些问题将在后面章节予以回答。

第二章　问题的提出：中小学学校特色的现实困境与问题归因

　　学校同质化现象是我国基础教育发展存在的现实困境。为更全面地诠释学校特色发展中走入的误区和遭遇到的问题的原因，本书借助学校特色理论分析学校特色建设的现实困境。此外，本书借助组织社会学新制度主义理论，阐释构成学校声誉制度的规制性、规范性以及文化—认知性要素是如何通过合法性机制导致学校趋同的，从而分析造成学校同质化发展的原因和学校特色建设实践中存在问题的原因。

一、学校特色的分层理论和我国中小学学校特色化发展的问题[①]

　　学校特色是包括理想、行为、制度、物资设备、教学、管理、课程等多层次、多侧面的特征的有机结合构成的整体。要知道该如何入手去建设它，就要先较全面地了解学校特色。这就必须在纷繁复杂的学校特色成分中，理清学校特色的大致脉络，对学校特色有一个系统性和结构性的理解。所以，笔者在深刻挖掘学校个性的基础之上，对学校特色的层次进行了进一步的划分和解释，从而建立了对学校特色三重结构的框架，形成了学校特色的三层次说。

[①] 李旭.学校特色再探:从内涵层次阐释到战略系统构建［J］.中小学管理，2012(05)：49–51.

（一）学校特色的分层理论

1.学校的核心特色

学校核心特色层是学校特色内涵中最深层的结构，学校核心特色主要由学校核心价值观、学校的基本假设以及共享的心智模式组成，并以组织成员想当然的根深蒂固的知觉、团队的默契、人际技能、处理问题的方式、学校风气惯习等隐性知识的形式存贮于组织中。所谓学校核心价值观，是有关学校核心价值或基础价值的一整套看法或观念，所以也被称为价值系统。当价值观内化为个人行为的标准或导向时，它就被称为价值取向。它是以隐性的方式存在于个人内心的最本质的观念。作为对学校成员的期待、要求和规范，它对激励、维系和约束学校中所有成员的行为发挥着潜移默化的作用。[①]而基本假设，是学校文化其他方面建立的基础，是组织成员对其周围的人、事、物及组织本身所持有的一种默念，被组织成员接受为潜意识当中理所当然的核心信念，直接影响学校成员的行为选择。[②]共享心智模型，是重要的隐性知识的认知维度，指组织及其成员共享的关于认知对象的知识及意义的理解和心理表征，它可以使各成员在认知过程与工作过程中对问题的界定、采取的行为以及对未来的预期表现出协调一致性。[③]

特色核心层是学校个性系统的动力结构，是言行的总动力和总动机。波兰尼的缄默知识论指出，缄默知识是一种与认识主体无法分离的知识。所以学校特色也不能离开作为学校特色的继承者和创造者的主体的"人"而存在。学校特色只能由认识者从自己的经验中去感悟，去体验，去总结，去升华。从这个意义上可以说，学校各项工作以及学校组织成员行为表现等都带有学校特色，正是由学校的核心特色所决定和制约。没有学校成员的参与，

---

① 石中英.论学校核心价值观及其形成［J］.中小学管理，2008(10)：4-7.

② ［美］欧文斯.教育组织行为学［M］.窦卫霖译.上海：华东师范大学出版社，2001：190-195.

③ 富立友.基于知识共享的组织文化研究［D］.复旦大学，2004.

任何知识的获取都是不可能的。由学校特色的内层核心，我们可知，首先，由于共享的心智模式、价值观念和基本假设以默会知识或是隐性知识的形式，储存在组织记忆当中，可以通过组织学习而获得、转化和创新，所以，学校的核心特色一旦形成就是优质的、是排他的；是稳定的，可传承的；是动态的，可创新发展并不断丰富的。其次，学校特色不是没有生命的框架和口号，相反，学校特色生活在学校每个个体当中，通过每个人而存在。学校成员个性活跃程度和创新精神是学校特色形成和发展的关键。学校特色的形成正是学校富有创造力和个性的行动者在办学过程中，在与内外环境相互作用中，不断选择和创造的结果。

2. 学校的形式特色

我们感受到学校特色总是通过一些外在的形式表现出来。学校也借助视觉、听觉等途径将学校特色传递给受众。学校的外显特色，即通过学校工作的方方面面体现出来的特色，它是学校特色的载体层，是核心特色的外化。根据研究者的不同角度，学者对外显特色有着有不同的划分方式。笔者依据便于观察、操作和改进的原则，将学校的外显特色划分为理念、行为、制度、结构、技术五大范畴。

理念，包括特色办学理念、办学宗旨、学校发展目标等。只有渗入核心层，办学理念才不会停止于文字表述和宣传标榜。而且即使表述形式和用词方面与其他学校没有差异，但由于人们做事的思维方式，组织的假设以及组织成员在潜意识中所遵循的教育价值观和行为的准则不同，往往达到不一样的效果。

行为，主要包括教学行为，校长和管理者的管理行为，学生的学习、生活和社会行为，学校组织的宣传行为，还有教育校科研活动或是专题型传播活动的开展等。行为是学校特色建设的核心过程，关乎学校特色建设的成败。建构与学校独特办学理念相一致的富有识别度的行为方式，不仅关乎个性彰显和学校形象塑造，而且关乎学校办学理念和育人理想的最终实现。

制度，是指由准则、价值观和各种规范组织成的学校组织运行的社会框架。不仅包括成文的校纪、校规、奖惩规则，还包括不成文的制度约定、规范和共同行动逻辑等。新制度主义认为制度包括一切为组织生活提供稳定性和意义的规制性、规范性和文化—认知性基础要素，以及相关的活动与资源，①尤其文化—认知性要素更是深入特色的核心层，对于组织与行动者的建构具有十分重要的作用。正是这些制度要素决定着哪些行为是合适的和可以接受的，并通过社会奖惩和精神奖惩来施加本质的压力，对学校成员的行为产生约束作用，使学校成员了解和养成我们在这做事的方式，进而无意识中使得自己的一言一行都表现出学校个性。

学校的组织结构，就是指学校系统内各组成要素及其之间的相互关系。随着层次结构的不同，局部系统的关系也会有不同的特点。学校特色建设是学校本质上的改进和变革，所以，在学校的特色建设中应该设计最为合适的组织结构，使学校的办学理念的传播和学习，可以得到人格化的、无阻碍的和具有弹性的结构支持。良好的组织结构好比是一个组织肌体所拥有的健康骨骼，能够帮助学校组织功能得到更好地发挥，使学校特色向健康的方向不断发展。

技术，设计了学校日常运作的计划、操作、程序和控制，包括如资源的利用、课程的设置和安排、组织政策陈述和环境布局等。这个范畴的外显特色直接展现在观察者面前，最容易被感知。但是这种具体化、视觉化和器物化的外显还不能象征学校特色。外显和象征之间存在着象征化过程。所谓象征化的过程，即是从徽标和校训到校本课程等真正浸入人心，被教师所接受并内化为组织成员的内隐规矩和内隐概念的过程。所以，只有蕴含深层次的理念内核，技术范畴的外显才能表征特色。

外显特色具有直观性和可塑性，可以在学校内、外传播。然而，仅仅是停留在这个层面的学校特色是表面的和肤浅的。没有涉及到特色核心层面，

---

① ［美］W·理查德·斯科特. 制度与组织——思想观念与物质利益［M］.姚伟等译.北京：中国人民大学出版社，2010：59.

外显层面的特色失去了存在的基础，是为特而特，本末倒置。另一方面，外显特色的构成要素的某些部分可以转化为核心特色。这主要通过组织成员场域和重构组织的隐性知识系统而实现，从而使得组织隐性知识系统产生更具创意性的联结，学校的特色也因此不断丰富和清晰。

3. 学校的场域特色

胡塞尔说"一切实在都是通过'意义给予'而存在"。[①] 一所学校具有什么样的特色和个性，不是由学校自封的，而是在与受众互动交流的过程中，所形成的受众对学校一种印象和评价。学校的场域特色就体现在学校与公众之间的关系，这种关系表现为受众对于学校特色的认可、信念和美誉程度。

根据开放系统理论，组织不是运行在真空中自在的主体，它必是嵌入一定的环境当中，并同周围的环境之间存在着动态互动，由此不断地同外界进行物质和能量的交换。学校的外在场域环境对组织起着制约和输入资源等作用，作为一个复杂系统，学校特色建设必然需要学校建立与场域中相关主体之间的相互协作关系才能实现。学校场域特色塑造的过程，实际上也是建立学校特色与公众关系，以及处理好学校和利益相关者之间的关系的过程。

学校场域特色的建立依赖于受众的认可和信念，而这种信念和美誉建立的基础在于受众对学校产品即学校所提供的教育服务能够满足父母和受教育者的多样性需求。所以，学校必须了解社会的期待，做出相宜的举措，并与学校特色相关主体建立长期的不可动摇的精神上的沟通与联系，唯有这样特色才能生成，进而关系可以转化为对学校的信任和忠诚，使得政府、家长、学区和社区等利益相关者成为学校特色创建的参与者和维护者，为学校特色建设提供包括经费、智力和政策等方面的支持。

综合以上的认识，本书建构了由学校核心特色、学校外显特色和学校场域特色组成的学校特色分层理论模型。（如图 2-1 所示）

---

① ［德］埃德蒙德·胡塞尔. 纯粹现象学通论［M］. 李幼蒸译. 北京：商务印书馆，1996：148.

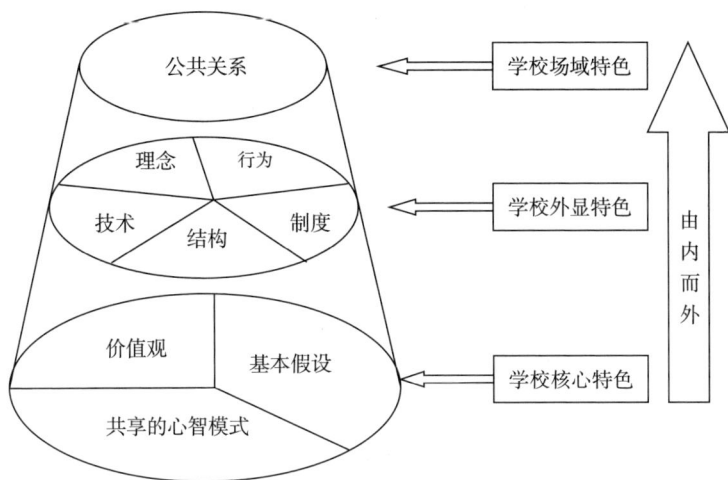

图 2-1　学校特色层次理论模型

（二）中小学学校特色化发展的问题

随着市场经济体制的建立，为了适应外部大环境，学校以特色求发展，努力形成自己的办学特色。在学校特色发展建设的过程中，积累了许多宝贵的实践经验，但同时也暴露了许多问题，如学校特色发展受到办学条件限制，学校特色发展表面化、形式化、项目化、特色局部化等。这些问题使得学校特色形式集中甚至趋同，特色不特，甚至成为学校发展的阻碍和负担。只有弄清产生这些问题的原因是什么，才能扫清学校特色化发展的障碍，帮助学校从同质到多样发展。

因此，笔者就以学校特色的三重结构为考察维度，将学校特色发展中存在的问题进行归因：

1. 缺少核心特色导致特色表面化

真正的学校特色是"学之不像、移之不活、夺之不走"的。之所以学校特色具有"异质"特性，不易被对手学到，就是因为学校特色不能离开作为学校特色的继承者和创造者的主体的"人"而存在。学校发展愿景和价值观等转化为学校师生的共同信念和愿景，并内化为行为，是学校整体特色风貌形成的基础。

然而现行学校管理是以科层取向为主导，加之考试固化了学校共同遵循的行为规范和社会公众对学校成员的角色期待，在科层制的控制式管理之下，校长根据所规定的升学率和政绩进行评价，其行政角色被不断强化，与教学渐离渐远。而科层制与教师的专业化身份相悖，教师是在缺乏自我动机、专业责任和判断的情况下被动参与学校特色建设的，成为学校特色建设消极被动的执行者。而且在成绩和分数的压力之下，教师劳动所依靠的并非专业知识与技能，而是对于高考技术的研究和考试的解析程度。随着不断重复的行为模式习惯化，组织的仪式和客观化的符号将行为限制于一种规范秩序之中，并贮存在学校文化中"脚本"或共同的规范性框架。由此，在行政力量、科层制的管理体制和以应试教育为核心的学校教育运行机制下和高考的压力下，我们看到的是作为特色化发展所必需的最具能动性的行动者的"淡出"。学校信念系统决定了学校成员对无异于学校变革的学校特色建设的反应。当没有相应的文化—认知系统支持的时候，组织更有可能采取回避策略，即以仪式性的方式来应对，但内部却不受环境影响而独立运行。也就是我们说的"脱耦"或是"上有政策、下有对策"，从而导致特色表面化。

2. 过度注重外显特色导致特色形式化

高考主义的取向在学校组织价值观层面被意识形态化了，成为学校的目标。仪式化和符号化的高考，成为我国学校实质上的价值体系和目标追求。价值观是学校精神文化的深层部分，它是具有合法化作用的"说明"或"脚本"，贮存在文化中，作为行动的认知导向系统。这样，在组织的中观层面，由高考建立起的声誉制度为场域中活动的各种行动者总和、各种组织总和及它们之间的互动提供了组织化的原则。这样导致在特色建设实践中，"素质教育轰轰烈烈，应试教育扎扎实实"。教师劳动所依靠的并非专业知识与技能，而是对于高考技术的研究和考试的解析程度，导致落实在与学校"育人"理念直接相连的教学方面和课堂行为层面的特色相对缺乏。有的学校则把特色教育简单化为开设艺术、体育、科技类课程或是特长班等形式，还存着把个别学生精心打造成支撑学校特色的"门面"，或是选择具有一定条件的孩子参加，而不是所有孩子都能按照自己的意愿参加自己喜欢的项目的做法。实际上这还是教育在选择合适的学生，而不是为学生提供适合的教育。办学者急功近利过度关注外显特色，把学生获得奖项的级别和数量作为展示特色的成果，争取更高级别的奖项成为学校特色项目发展的目标，不仅无助于学校特色化发展，而且形式化的学校特色会直接影响学生全面、健康的发展。

只有蕴含深层次的理念内核，技术范畴的外显才能表征特色，并真正浸入人心。学校外显特色的开发和建设，缺少对学校核心层面的特色建设的关注，外显层面的特色不仅失去了存在的基础，而且容易偏离学校"育人为本"的价值追求。当过度重视形式化的特色时，就会导致学校办学偏离正确的轨道。这样无法真正在学生的个性发展、教师的专业成长中彰显出学校特色。

3. 忽视场域特色导致特色建设资源匮乏

学校特色建设容易受到学校硬件、师资、财力等条件的限制。很多学校特色因为物质保障的缺乏，或是随着教师的调动等难以为继而被迫中断。因为人、财、物保障大多是以政策或者制度资源作为依据和来源的。所以，特色建设的资源更依赖政府提供的政策等制度性资源的保障。缺乏教育行政部门的政策支持和制度保障对于学校而言无疑是一种"致命的伤害"。

兴起于上世纪 70 年代的我国精英主义取向的重点学校政策导向，在教育领域形成了一种整体性的学校资源配置的制度安排。重点校的政策安排通过政策规制性的权力，使少部分学校获得了更高的合法性和地位上的崇高性，从而产生了资源配置的中心—边缘的等级安排，而且从 70 年代末开始，中国开始了以"市场化"为取向的教育制度变革。在遵从经济理性高度竞争的教育市场中，获得更高声誉的学校，在社会上自然而然地得到学生和家长的追捧。"权钱择校"使学校得到了除政府投资之外来自社会方面的融资，优质资源的积累效应更加固了这部分学校在社会秩序中的优势地位。由于对学校投入的差别尤其是优势积累带来的增量差别，决定了学校发展获得包括社会认可在内的生存和发展所需的各种资源的等级结构。这样由政策等制度性因素带来的不同学校在关系结构中的等级安排，造成了学校特色建设所带来的资源缺乏的困境。

一方面，学校特色建设在一定程度上要以制度性资源作为条件；而从另一方面说，在一定的制度资源保障的前提条件之下，学校吸引和获取资源的关键在于学校建立核心特色和外显特色，以及在此基础上形成的学校场域整体特色。学校必须在了解社会的期待和自身优势的基础之上，合理有效地利用资源，以育人为本生成学校特色，并与学校特色相关主体建立长期的联系、信任和忠诚之时，学校特色建设所需要的经费、智力和政策等方面的支持也可以通过关系渠道源源不断地输入学校。也就是说，学校核心特色和外显特色作为一种组织最稀缺的资源，学校在创造出并拥有学校核心特色和外显特色的条件之下，还需要学校与特色建设场域中的各个行动者建立连续关系方式，通过相应的关系网络传递给学校利益相关者。在忽视核心特色和外显特色基础之上学校与利益相关群体的关系网络与关系结构的建立，即忽视学校场域整体特色的建构，由于没有重构和更新学校特色建设要素传送的方式的根本性和整体性的"结构规则"，学校多样化发展无法走出由制度性因素所带来的资源匮乏的困境。

以上，笔者基于哲学的思考提出的对于学校特色的三大层次理论，不仅为更全面地诠释学校特色提供认识基础，而且通过对学校核心层、外显层和场域层分析，可以较为清晰地分析学校特色建设中呈现出来的种种问题与困境的成因。

二、我国中小学学校特色发展的问题归因 [①]

学校同质化是我国基础教育生态系统的真实写照。学校从办学思想到学校规划、从校训到教学行为都是趋同的。教师沦为解析试题的工具，年复一年重复着机械的劳动，专业成长缓慢；学生的自由思考被标准化的考试所压抑，心灵受到戕害；校长则患了"失语症"，往往在服从上级领导和顺应社会舆论中疲于奔命，在自己的领域里失去了话语权。在我国基础教育生态系统千校同面情况之下，学校之间无法实现高质量、多元动态的均衡。那么造成我国学校趋同的深层次原因是什么？为什么往往少数名校或示范校可以兼顾应试教育和素质教育，并拥有鲜明的办学特色，而大多数学校的特色建设实践往往形式化、局部化和表面化？学校如何能从同质到多样发展？为回答这些问题，本书尝试以组织社会学新制度主义为分析工具，对学校多样化发展所遭遇的困境进行制度层面的挖掘，以期帮助学校走出制度性困境，由同质向多样发展。

（一）学校声誉制度——我国学校同质化的缘由

1. 什么是学校声誉制度

从组织社会学的视角来看，所谓声誉制度，就是一种建立在社会承认逻辑之上的等级制度。[②] "制度"在新制度主义中被界定为"由社会符号、社会活动和物质资源所组成的多层次稳定的社会结构，它包含以下的三大要素：

---

① 李旭. 学校声誉制度:学校同质化的制度根源——基于组织社会学的阐释［J］.中国教育学刊, 2012(04): 27-30

② 周雪光. 组织社会学十讲［M］.北京：社会科学文献出版社，2003：266.

规制性要素（regulative）、规范性要素（normative）和文化—认知性基础要素（Cultural—cognitive）"。①

在高等教育领域中，大学排名作为一个制度杠杆，对大学组织格局进行了制衡；在基础教育领域，也存在学校声誉制度。受到家长对于孩子"考上好大学"培养意向的影响，一流的大学总是和著名的中学绑在一起，大学的等级排序影响了中小学的序列位置。②加之我国对于学校声誉缺乏科学的评价手段、权威的评价指标和多元的评价主体，因此，一所学校获得美誉和认可的首要标准成为升学率。片面地以考试成绩作为评价标准，这种声誉制度安排形成了学校的声誉等级排序和学校组织地位分化，由此阻碍了基础教育均衡化和多样化发展。

2.声誉制度之下学校趋同的机制

在学校声誉制度影响下，由学校获取和维护其自身声誉的行为所带来的趋同性行为，正是通过合法性机制建立并驱动的。所谓合法性机制即是对某个实体所进行的行动，在社会建构的规范、价值、信念和身份系统中，是有价值的和适当的假定。其中"社会建构的系统"即是制度性框架。一方面，合法性使得学校不断调整自己的结构和程序，使之与教育组织所规定的、或是更为高层、受尊重和美誉的教育组织"运行模式"相一致，以达到社会承认，从而争取组织生存和发展所需要的资源。另一方面，除了由社会结构带来的物质资源和规则所赋予的权力之外，制度主要为组织的运行提供了文化脚本和框架，使学校成员在认知层面上完成对合法性的主动建构。追求社会承认的行为使得学校组织必须受制于社会统一的学校等级评价标准及其意义秩序，并体现在追求声誉的实践当中。所以，在组织理性的基础上，声誉制度的合法性机制成为限制和影响学校教育的重要制度力量，成为学校个性成

---

① ［美］W·理查德·斯科特.制度与组织——思想观念与物质利益［M］.姚伟等译.北京：中国人民大学出版社，2010：88-89.

② 张东娇.最后的图腾：中国高中教育价值取向与学校特色发展研究［M］.北京：教育科学出版社，2005：173.

长与特色发展的阻力。

（二）学校声誉制度的形成与学校同质化

我国学校声誉制度的形成，是包括国家政策的宏观层面、组织场域的中观层面和个体学校的微观层面在内的多元利益主体连续建构的结果。基于社会学新制度主义对于制度的构成的认识，学校声誉制度的建构，也包括了三个关键要素，即规制性要素、规范性要素和文化—认知性基础要素。对应这三大基础要素，制度趋同性分别通过合法性三重机制即强制机制、模仿机制和社会规范机制，[①] 对学校的同质化产生影响。

1.声誉制度规制性要素与学校同质化

我国精英主义取向的重点学校政策导向，在教育领域形成了一种整体性的、建立在社会承认基础之上的学校等级秩序的制度安排。1977 年，邓小平提出：为了适应社会主义现代化培养建设人才的需要，先集中力量办好一批重点学校。1978 年，教育部颁发《关于办好一批重点中小学试行方案》。1980 年，教育部再次颁发《关于分期分批办好重点中学的决定》，建设 700 所全国首批重点中学。之后，1993 年《关于进一步提高普通中学教育质量的几点意见》和 1995 年《关于评价验收 1000 所左右示范性普通高级中学的通知》等，虽然没有提到重点中学概念，但其依据仍是重点中学政策的延续。[②]

声誉源于组织的历史积淀和资源配置。由于公立学校的性质，政府为学校组织发展提供关键性的资源，这种对资源的需求构成了组织对外部的依赖。重点校的政策安排通过政策规制性的权力，使少部分学校获得了更高的合法性和地位上的崇高性，从而产生了资源配置的中心—边缘的等级安排。

① 转引自张永宏.组织社会学的新制度主义学派［M］.上海：上海人民出版社，2007：28-33.
② 张东娇.义务教育均衡发展的社会资本障碍及其政府治理［J］.北京师范大学学报（社会科学版），2008(02)：24-32.

为了回应被认为是理所当然的、最好的建构教育组织的方式，学校教育机构发展出一整套理性的、制度化的规范和价值，将组织调整到与其一致，以此获得生存和发展所需的各种资源和社会认可。这种依赖关系导致其他学校纷纷复制那些处在中心位置的学校的结构或运行模式，以此期望获得相应的回报。声誉制度趋同性的强制性机制正是通过明确的政策法规，使得组织采纳被认可的行为规范。于是，声誉制度的规制性要素通过强制机制，诱使学校逐渐同质化。

2. 声誉制度文化—认知性要素与学校同质化

在政策框架下，催生了新的学校声誉制度的形式。然而政策只建构了意义和集体理解的场所，人们遵守这种制度并非仅仅是强制的结果。学校顺应社会系统规范，将组织调整到和社会认可的价值相一致，主要还是依靠文化—认知性的要素。

高考主义的取向在学校组织价值观层面被意识形态化了，成为学校的目标。仪式化和符号化的高考，成为我国学校实质上的价值体系和目标追求。价值观是学校精神文化的深层部分，它是具有合法化作用的"说明"或"脚本"，贮存在文化中，作为行动的认知导向系统。这样，在组织的中观层面，由高考建立起的声誉制度为场域中活动的各种行动者总和、各种组织总和及它们之间的互动提供了组织化的原则。处于等级秩序较低的普通校和薄弱校，需要更高的升学率作为其生存合法性的保障。一种有赖于依靠高考升学率以取得合法性回报的信念和认知扩散开来，并逐渐形成了行动者在组织中做事的方式。随着不断向重点校或示范校进行模仿、学习，重复的行为模式成为惯习，简单的模仿转化为认知性的信念，并嵌入组织场域中，从而导致了学校文化特性的失落。这样更加固化并强化了社会对高考成绩好、升学率高的学校在学校等级秩序中所享有的竞争优势，甚而，由标准化考试和高度统一的高考市场所带来了需求群体的需求同质化，对多样化学校的需求本身成为可疑的对象。

3.声誉制度的规范性要素与学校同质化

以上笔者从国家政策的宏观层面和组织场域的中观层面，阐述了我国学校声誉制度具有规制性和认知建构性制度要素的形成过程，及其对我国学校趋同化发展产生的影响。而制度只有在组织形式的容器中，转化为行动者视为理所当然的信念和对组织价值观的忠诚，行动才能够持续地生产和再生产这种等级秩序的意义。所以，下面笔者就从学校组织中的行动者层面分析声誉制度建构及其对组织同形性变迁的影响。

在学校组织内部，声誉制度的制度化过程不仅强调回报的激励，而且强调承诺和忠诚。而承诺机制的核心为规范。声誉制度的规范性要素产生并规范着各种角色及其任务，即"为社会职位确定关于什么是适当的目标与活动的观念"。[①]这种规范性要素，赋予学校成员以学校组织行动者的身份，使他们能够围绕制度要素，来进行他们的叙事和意义建构活动。现行学校管理是以科层取向为主导，加之考试固化了学校共同遵循的行为规范和社会公众对学校成员的角色期待，在科层制的控制式管理之下，校长根据所规定的升学率和政绩进行评价，其行政角色被不断强化，与教学渐离渐远。而科层制与教师的专业化身份相悖，教师对自身专业化发展的激情被强调严格的层级控制的管理体制所压抑，并且在高考的压力之下，教师劳动所依靠的并非专业知识与技能，而是对于高考技术的研究和考试的解析程度。随着不断重复的行为模式习惯化，组织的仪式和客观化的符号将行为限制于一种规范秩序之中。而贮存在学校文化中的"脚本"或共同的规范性框架，持续监督行动者的行为实践，通过行动者的行为实践再生产规则和结构的意义。由此，在行政化和科层化的管理体制下，在以应试教育为核心的学校教育运行机制的控制下，以及高考的压力下，校长和教师对自身专业化发展的激情和进行创造性劳动的愿望被压抑了，从而使得学校组织缺乏特色化发展所必需的最具创

---

① ［美］W·理查德·斯科特著.制度与组织——思想观念与物质利益［M］.姚伟等译.北京：中国人民大学出版社，2010：63.

造力的专业化的行动者主体。

从 70 年代末开始，中国进行了以"市场化"为取向的教育制度变革。在遵从经济理性高度竞争的教育市场中，获得更高声誉的学校，在社会上自然而然地得到学生和家长的追捧。"权钱择校"使学校得到了除政府投资之外来自社会方面的融资，优质资源的积累效应更加固了这部分学校在社会秩序中的优势地位。然而制度的稳定和维持，需要在文化认知上持续地为所有社会群体所认可，并不断进行深层次的合法性建构。如果这种文化认知得不到认同，并且最终演变为不同社会利益群体之间的价值冲突，则意味着制度危机的来临。①

以这种愈来愈依赖考试和成绩排名的外部手段对学校进行评价的制度，令学校的教育目标和教育内容的丰富性完全被架空，校长和教师劳动创造性被压抑和制约，学生批判性思考的能力、个性与创造性培养被忽视，导致学校培养出的学生无法满足知识经济对于多样化人才的需求。此外，公平作为普适性的根本价值，是公共教育最根本的合法性源泉。在这种学校声誉制度安排下，公共教育比以往更直接地成为社会和经济不平等的再造机器。由教育的不公平再生产了社会的不公平，所以这种声誉制度安排必然会引发严重的制度合法性危机。

根据吉登斯（A.Giddens）的结构化理论，行动者是反思性的实践者，其并非简单地受到制度和社会结构的控制，而是不断地反思自己与他人的行动，并再生产或反抗这个世界，从而对制度的变迁产生特定的影响。② 在学校声誉制度陷入危机之后，我国各个层面的行动者可以通过自身的能动性对学校声誉制度进行更新和重构。

在宏观层面，地方政府以及教育行政部门充当着制度性的能动者，在制

---

① 罗燕. 教育产业化的制度分析——新制度主义社会学的视角［J］. 教育与经济，2006(01)：46-50.

② ［英］吉登斯·安东尼著. 社会学方法的新规则：一种对解释社会学的建设性批判［M］. 田佑中，刘江涛译. 北京：社会科学文献出版社，2003：18.

度供给阶段掌握着主导权。这种规制性的力量，通过改变内在规则的方式，可能导致新制度形式的产生。第一，促进教育均衡发展。1993 年《关于减轻义务教育阶段学生过重课业负担、全面提高教育质量的规定》、1997 年《关于规范当前义务教育阶段办学行为的若干原则意见》以及 2010 年《国家中长期教育改革和发展规划纲要（2010-2020 年）》都明令禁止义务教育阶段设重点校、重点班、快慢班。配合取消重点校政策，把之前偏好把示范校建设作为考核政绩工程的评估制度，改为把辖区内中小学办学标准落实情况作为官员考核与晋升的重要指标。在制定政策和进行资源分配时，把之前按学校重点和非重点的顺序进行投入，改为向薄弱校倾斜，消除校际教育资源投入上的增量差别，以促进中小学均衡发展。第二，改革学校评价制度，促进学校发展从同质走向多样。建立由评价组织机构、地方教育督导机制、学校教育过程评价机制、入学选择机制和教育质量的国家监控系统五个方面组成的完整的基础教育评价体系，是消解高考作为学校教育质量、地方教育发展质量目标的单一控制力量的先决条件。此外，我国还需进一步建构义务教育学校办学条件和教育质量综合性评价体系，使评价指标向综合化发展；建立多元评价主体，采取自我评价、外部评价和第三方评价（专家、政府、设置者等）相结合的评价方式；设置弹性化的评价标准，以协调好统一标准与办学特色之间的关系。由此可知，我国政策导向可以在教育政策法律的框架内，为学校声誉制度的变迁提供规制性力量，这些政策法律构成的完整体系为制度安排变革提供了可能性。

学校声誉制度通过学校遵守"规则"的表现来分配"资源"，从而在学校办学实践过程中使得这种制度一再被强化。然而，学校同时也是教育改革的实践主体，当学校"规则"经过不断的和重复的人为干预而发生变化时，"结构"性的教育问题亦会发生质变。[1]首先，学校与社区和大学建立合作

①　卢乃桂. 能动者的思索——香港学校改进协作模式的再造与更新［J］. 教育发展研究，2007（24）：1-9.

共同体，借助其力量进行改进。20 世纪 80 年代以来，我国关于大学、中小学合作的研究进入高潮期，中小学与各师范院校和综合大学的教师教育机构都纷纷组成"学习共同体"。由于带来共享观念或共享的思维方式的社会规范性要素主要来源于专业化进程，[①]由专家进入学校，带来新的价值观和规范标准，再造和更新"结构"和"规则"，所以成为重构学校声誉制度的规范性力量。其次，发挥示范校的示范作用。最有条件再造和复制"规则"的便是那些重点校或示范校。重点校的示范辐射作用可以通过与普通校分享优质教育资源，向薄弱校输出管理模式、教育教学经验以及优秀教师等方式来实现。最后，创建学校特色，促进学校发展从同质走向多样。校外的"变革能动者"终究还是外因，学校只有从自身的优势、历史或是学校文化出发，围绕以育人为中心的学校办学宗旨和核心价值开展教育教学活动，即从学校成员认知深处建构，才有可能最终改变"结构规则"。特色建设在帮助学校走内涵式发展道路的同时，建立起一种改进了的价值和意义系统以及学校声誉的评价系统。只有整个基础教育生态系统呈现多样化繁荣发展时，才可以满足社会对于教育培养多样化和个性化人才的需求，实现教育高质量和多元动态的均衡。由此而生的学校声誉制度，也就具有更优的合法性。

在这种学校趋同的情况之下，更需要鼓励学校找准自身优势，准确定位，形成学校独特文化和核心竞争力，从而探索一条有学校自身的特色的内涵式的发展道路，为每个孩子个性丰富发展以及德智体美等各方面素质的形成留有一个广阔的空间。所以，学校特色发展并不违背义务教育阶段教育公平和均衡，而且学校办出特色是我国教育现代化和基础教育实现高质量的动态均衡学校发展的必然趋势。那么下面我们就来认识学校特色，及解决学校特色建设过程中遭遇到的问题，从而帮助学校走出制度性困境。

---

① ［美］沃尔特·W. 鲍威尔，保罗·J. 迪马吉奥. 组织分析的新制度主义［M］. 姚伟译. 上海：上海人民出版社，2008：1.

三、小结

本章首先建立了对学校特色层次的三重结构的框架，形成了学校特色的层次模型。第一，学校核心特色层是学校特色中最深层的结构，学校核心特色主要表现为学校文化中的基本假设、学校核心价值观以及共享的心智模式。它们是学校文化其他方面建立的基础，是学校个性系统的动力结构，是言行的总动力和总动机。学校特色核心层会以默会知识或是隐性知识的形式，储存在组织记忆当中，可以选择也可以学习和传递。第二，学校的外显特色层是通过学校工作的方方面面体现出来的特色。它是学校特色的载体层，是核心特色的外化，包括理念、行为、制度、结构、技术五大范畴。由于外显特色具有直观性和可塑性，所以学习特色是可以传播的和重构的。第三，学校的场域特色，即体现在学校与公众之间的关系，这种关系表现为受众对于学校特色的认可、信念和美誉程度。学校场域特色的建立依赖于受众的认可和信念，而这种信念和美誉建立的基础在于受众对学校产品即学校所提供的教育服务能够满足父母和受教育者多样性需求。所以，学校必须了解社会的期待，做出相宜的举措，并与学校特色相关主体建立长期的不可动摇的精神上的沟通与联系。进而关系可以转化为对学校的信任和忠诚，使得政府、家长、学区和社区等利益相关者成为学校特色创建的参与者和维护者，为学校特色建设提供包括经费、智力和政策等方面的支持。

通过对学校核心层、外显层和场域层分析，可以较为清晰地分析在学校特色建设中呈现出来的种种问题与困境的成因。学校特色建设中呈现出来的种种问题主要是缺少核心特色导致特色表面化；过度注重外显特色导致特色形式化；忽视场域特色导致特色建设资源匮乏。究其原因，考试成绩作为评价标准，这种声誉制度安排形成了学校的声誉等级排序和资源配置不均，由此阻碍了基础教育的均衡化和多样化发展。

以制度社会学为视角，学校声誉制度是一种非常重要的非正式社会制度，它对学校组织的发展起着监督和激励的双重作用。以考试成绩作为评价标准的中小学学校的声誉制度安排造成了学校声誉等级分化和资源的配置不均，由此阻碍了基础教育均衡化和多样化发展。学校声誉制度的形成与学校同质化是同构的：构成声誉制度的规制性、规范性以及文化—认知性要素通过学校利益相关者的传播和模仿导致学校同质化发展。此时，当学校声誉制度陷入危机之后，需要宏观和微观层面行动者面向多样化发展的学校声誉制度进行更新和重构。本章节的学术创新主要就在于拓展了学校特色审视角度，即学校声誉制度；以学校声誉制度为视角审视学习同质化的缘由，增加了学校特色研究的理论基础；并提出了重构秩序的行动者的行动逻辑。

第三章 哲学思考：学校特色要素及其判断标准 [①]

自 20 世纪 90 年代始，鼓励学校特色发展就成为了我国基础教育改革的重要取向之一。针对学校特色，学界做了大量的理论研究，在实践中也不断进行探索。学校由同质向多样发展，需要建立在正确认识中小学学校特色的基础之上，而其中最为重要的就是对学校特色这一概念内涵的认识和界定。学界对于学校特色是什么，一直存在文化说、个性说、优势说、独特说等认识，虽然综合来看，其中不乏深刻和独到之处，对于学校特色的涵盖要素均已基本涉及，但是缺乏在一个整合的多层次的概念框架中，对于学校特色要素的构成及学校特色的判断依据的认识，导致了实践中学校特色建设的错位和混乱。学校特色构成要素是什么，如何判断学校是否形成特色，这些基本问题迫切需要理论的回应。因此，本书在对特色的内涵抽丝剥茧的基础之上，形成相对稳定和清晰的概念框架，为更全面地诠释学校特色发展中走入的误区和遭遇到的问题的原因提供认识基础。

一、学校特色的要素和结构

目前，国内关于学校特色概念的代表性的认识主要包括四种，"个性

---

① 李旭. 学校声誉制度：学校同质化的制度根源——基于组织社会学的阐释 [J]. 中国教育学刊，2012(04)：27–30.

说"①,②,③,④,⑤,⑥"文化说"⑦,⑧,⑨,⑩、"独特说"⑪,⑫,⑬和"优势说"⑭。虽然这些认识之间存在不同，但是它们所揭示的学校特色的内涵具有明显的相通之处，即将学校特色视为学校的个性和独特性。根据已有认识并结合笔者的实践调研，本书认为学校特色是学校独特的教育思维和教育思维指导下的教育实践行为及其产物的整体，即学校特色是在教育思想和理论支持下的知行合一。其内涵包括：第一，学校独特的教育思维是学校特色的核心。学校教育思维即学校教育观及其支配下的学校教育操作思路。⑮学校教育观是作为观念形态的学校特色。教育操作思路是使教育思维与行为一致的逻辑支架，它是一种实践逻辑即实践理性，隐含着个体运动程序和趋势的必然。⑯,⑰所以学校教育观及其支配下的教育操作思路，成为了学校教育实践行为的文化创造及其产物具有独特性的源头。第二，教育思维支配下教育实践行为是学校特色的主体。教育实践本身就是活的学校特色。随着学校教育主体思维方式的不

---

① 邢真. 学校特色建设理论的探讨［J］. 中国教育学刊，1995(05)：31-34.

② 郭继东. 学校特色与特色学校的辨析——学校创建特色研究中概念界定的再思考［J］. 中小学管理，2000(11)：6-9.

③ 王宗敏. 对办学特色几个基本问题的理论思考［J］. 中国教育学刊，1995(01)：21-24.

④ 梁志大. 关于学校特色和特色学校的思考［J］. 天津教育，1996(05)：16-18.

⑤ 顾明远. 也谈特色学校［J］. 人民教育，2003(09)：15-16.

⑥ 李淑珍. 论特色学校的创建［D］. 华东师范大学，2003.

⑦ 郑金洲. "办学特色"之文化阐释［J］. 中国教育学刊，1995(05)：35-37.

⑧ 孙孔懿. 学校特色的内涵与本源［J］. 人民教育，1997(Z1)：46-49.

⑨ 孙孔懿. 学校特色论［M］. 北京：人民教育出版社，2007：34.

⑩ 杨九俊. 学校特色建设："寻找属于自己的句子"［J］. 教育研究，2013，34(10)：29-36.

⑪ 高洪源. 如何创办特色学校(上)［J］. 中小学管理，2000(04)：24-25.

⑫ 彭刚. 在学校文化建设中形成学校特色［J］. 教育发展研究，2008(02)：25-29.

⑬ 张东娇. 高考图腾与学校特色发展［J］. 教育科学，2004(01)：36-39.

⑭ 吴秀娟. 关于学校"各自办出特色的思考"的哲学思考［J］. 教育导刊，1997(Z2)：21-23.

⑮ 刘庆昌. 教育思维论［M］. 广州：广东教育出版社，2008：24，25，61.

⑯ 刘庆昌. 教育思维论［M］. 广州：广东教育出版社，2008：24，25，61.

⑰ 张东娇，张凤华. "逻辑难自洽""概念不操作""说做两张皮"学校文化建设三大问题及其解决策略［J］. 中小学管理，2015(01)：30-33.

同，以及对于实现教育观的操作思路设计的不同，学校教育实践活动也会呈现不同。由实践创造带来了作为物化形式存在的学校特色，如特色项目、校本课程、管理制度等，它们一起成为学校特色的现实形态。

学校特色构成要素主要包括学校教育观、学校教育操作思路、学校教育实践行为、物质载体四个要素，学校特色结构主要表现为四个要素的联系方式。

（一）学校特色的要素

1.学校教育观

所谓学校教育观就是学校教育主体通过理性思维对教育理论的选择或是理性的概括，是包括目的观、内容观、方式观、教师观、学生观等在内的一整套的教育观念系统。[①] 学校教育目的观是关于育人过程预期结果的价值取向；教师观和学生观主要体现学校对教师和学生在教学过程中地位、作用的认识；学校教育内容观是为实现教育目的学校传授什么知识的认识，是学校知识价值观的体现；教育方式观是学校个体应采取何种行为做教育的标准和导向。[②] 学校教育观既是学校教育者对教育规律的认识和把握，也是学校教育者对应然教育的看法，不仅求真，而且求善。没有理论指导的实践是盲目的，持有学校自身的教育观，是学校教育手段个性化和多样化的基础和灵魂。

2.学校教育操作思路

除了明确"教育是什么"之外，学校主体为了实现学校育人目的，还必须对教育活动进行设计或理论构思，[③] 这样的设计和构思活动被称为学校育人操作思路。尽管不同学校持有相同的教育观，但因为各自操作思路不同，学

---

① 刘庆昌.教育思维论［M］.广州：广东教育出版社，2008：24，25，61.
② 刘庆昌.教育思维论［M］.广州：广东教育出版社，2008：24，25，61.
③ 刘庆昌.教育思维论［M］.广州：广东教育出版社，2008：24，25，61.

校在行为实践上会产生差异，最终形成学校办学的个性。学校操作思路属于学校对教育如何做方法论层面上的思考，是教育方式、方法的逻辑和格式，不同于经验知识系统化后所得到的技术，学校教育操作思路是对方法技术的反思和超越，其目的是技术的改善，是学校育人方法论方面的独特性。

3. 学校实践行为

根据马克思主义哲学观点，所谓学校教育实践，是学校教育者有意识地、自觉地改造教育的活动。学校要形成育人方面的独特，需要由思维中设想的学校特色转化为实际存在的学校特色，这就需要学校教育主体的实践行为。通过学校主体实践，存在于理论中、想象中与口头上的学校特色不断被实在化、外显化，从而使现实中的教育得以改进和改善。学校教育主体的实践行为会与学校教育思维保持一致，是通过操作思路内化为人脑中的操作程序发挥设计和转化的作用而实现的。可见，学校独特的教学、德育、管理等实践活动及其方式本身体现着教育者的教育思维，成为最鲜活的学校特色存在。

4. 学校特色物质载体

教育实践作用于实践对象必然会带来一定的产品，学校教育实践作用于对象所带来的产品是学校特色以载体形式存在的显现体，它是学校特色的外在之"形"。蕴含不同的教育观念内核，外显的载体才能表征学校特色，成为学校特色物化的风格和形态。如学校特色项目、课程体系、学校环境、管理制度等，这些现实存在物，正是教育思路物化支配下教育行为实践的产物和产品。

（二）学校特色结构与要素互动机理

1. 学校特色结构

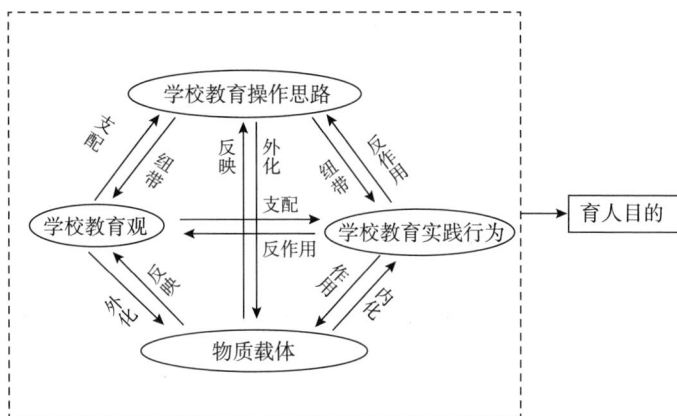

图 3-1　学校特色结构图

　　图 3-1 是组成学校特色的要素，即学校教育观、学校教育操作思路、学校教育实践行为、物质载体四个要素之间的相互关系。（1）学校教育观支配着学校教育思路与学校教育实践行为。（2）教育观支配下的教育操作思路建立在对学校教育的目标和系统内外部环境先行分析的基础之上，又考虑教育理论在实践中的转化和应用，贯穿于学校教育活动始终，成为从教育观到教育行为的中介。（3）学校教育实践行为由教育操作思路直接决定，并体现着学校教育观，是学校教育观在学校实践领域和学校成员实践行为中现实化的结果。在学校教育行为实践中，操作思路以隐性知识的形式，隐藏在介于正式化知识与经验性知识之间，其本质上是程序性的手艺、专业、实践能力或是组织的"专有技术"。经过实践主体周而复始的习惯性的和反思性的实践活动，一方面，学校形成了与学校教育观一致的特定的"行为模式"和学校特有的实践方式；另一方面，学校实践行为将教育观转化为客体的特色，使得学校教育实践对象和产品（教学模式、管理制度、课程体系、特色项目、学校环境）成为学校特色的物质载体。（4）学校物质载体是学校教育观与教

育操作思路的外化。教学模式、管理制度、课程体系等学校教育实践产品，通过教育实践不断内化学校教育主体的自我认识，丰富并规范着学校一代代教育者绵延的生命实践和教育行为。一旦现有的模式、课程和项目的现有结构无法达成育人期望，学校富有创造性的主体会依据学校教育观、教育意图适应外界环境的变化，对教育现有模式和活动结构进行创造性的重新设计，并通过学校主体性的实践不断建构新的育人模式、课程和项目。因而，通过学校教育主体对理想教育不懈地追求，以及对于自身作为教育主体的自觉省思和实践的过程，学校不断形成自身的特色文化，从而构成了学校特色整体性的存在。

2. 要素互动机理

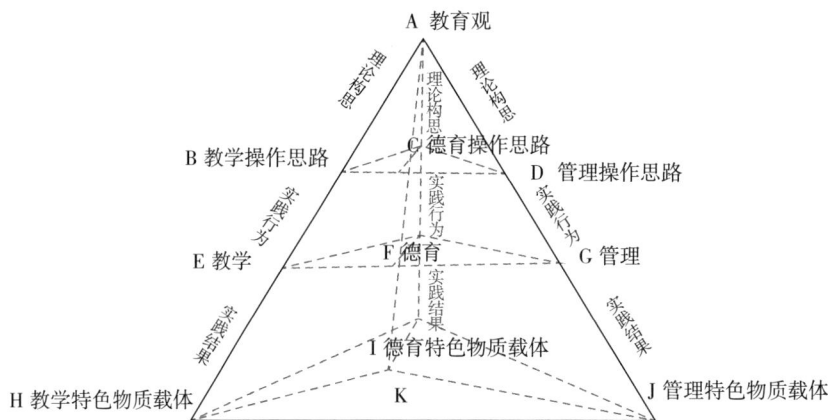

图 3-2　学校特色要素互动机制示意图

图 3-2 是学校特色要素互动机制模型。（A）点代表学校教育观。成熟的教育观以高质量的教育知识和理论为基础，其本身就蕴含着、制约着和支配着教育操作思路。（B）、（C）、（D）点为教育操作思路。学校教育观落实到教学、德育、管理等实践体系，是由教育操作思路所保证的。对于实践者来说，教育操作思路就是具体的教学操作思路、德育操作思路和管理操作思路等。教学实践活动（E）与德育实践活动（F）构成了学校育人的主体和核心，教学主要是在学生认知方面发生作用，德育则主要是在学生行为和人格

等非认知层面发生作用。管理实践活动（G）则是教学和德育的支持系统。（E）、（F）、（G）构成了学校教育实践活动的主要领域。（H）、（I）、（J）点为学校教育实践活动的产品和产物，即学校特色物质载体。学校特色物质载体是学校教育观指导和支配下的学校主体实践以课程、教学、教材、管理、校园环境等为实践对象，持续建构的产品和结果。通过实践活动的持续建构，学校教学模式、校本课程体系、学校管理制度等学校实践行为的对象和产品，它们具有一定的结构和功能，服务于学校教育意图的实现。

线（AB）、（AC）、（AD）是学校独特的思维链条，连接着教育观与教育操作思路，表示学校从自身教育观出发，对现实的教学、德育、管理等如何做的理论构思，保证了教育操作思路是在教育观的指导之下。线（BH）、（CI）、（DJ）是学校独特的行为链条，连接着教育操作思路与物质载体，表示在教育观支配下并内含着学校教育操作思路的实践行为，将实践对象转化为学校特色物质载体。线（AH）、（AI）、（AJ）包括了学校教育思维和学校教育行为的链条，保证了学校教育观、学校教育操作思路、学校实践行为和物质载体的一致性。

三角面（BCD）构成了对学校教育实践活动的操作思路，除了包括教学、德育和管理活动的操作设计之外，还可包括其它辅助性的活动，如教研、班级和社团活动、后勤、公共关系等的设计构思。遵循学校教育者的教育理想和理念，体现着改造现有教育的操作逻辑，内含着对教育目的实现效果的追求。三角面（EFG）构成了学校的活动实践领域。学校特色围绕育人展开，不可过于偏重教学、德育、管理等活动中的某一项，要依据各学校条件的特殊性和学生原有基础考虑之上的学校操作思路的建构者的设计来决定。底面（HIJ）是学校特色物质载体面，包括了学校一切教育实践对象。比如，教学和德育活动载体，包括教学或德育模式、校本课程、教材、项目等；管理活动载体，包括管理制度、学校章程、学校物质环境、空间景观、学校徽标等。

根据以上三角锥模型，学校特色较为理想的状态是学校办学理念体系和实践体系完整，具有独特的教育思维和统一在教育思维之下的教育行为。教学、德育和管理在内的各种教育活动及方式作为要素组合而成的结构平衡、功能合理，可以帮助学校改革传统的课堂生活方式和教学文化，提升学校教育质量、帮助学校内涵发展。

二、学校特色判断标准与学校特色类型识别

（一）学校特色判断标准

1.学校特色要素齐备且逻辑一致

范涌峰根据学校特色过程的三大环节，即"理念—实践—效果"，认为学校特色系统运行过程包括学校理念系统的适切性、实践要素与理念体系的一致性，输出（学生发展）的优质性三个环节和方面。[①] 方中雄认为，学校特色的结构包括作为支撑的特定的理念，通过学校制度、行为与环境等诸多方面表现出来的学校特色载体，以及学生发展的成效。理念、制度行为与环境、结果三个方面之间是有内在联系的，完整的特色体系必然是三者的高度统一。[②] 对于判断一所学校是否具有学校教育特色的标准，这涉及对学校特色本质的认识，就是看学校是否具有教育思想和理论支持下的知行合一，即学校教育观、学校教育操作思路、学校实践行为、物质载体四个要素是否齐备且其内在逻辑一致。究其原因，学校教育操作思路、学校实践行为、物质载体高度统一于学校教育观的支配之下，保证了学校特色是合乎教育目的

---

① 范涌峰，宋乃庆.学校特色发展测评模型构建研究［J］.华东师范大学学报（教育科学版），2018，36(02)：68–78 +155–156.
② 方中雄.义务教育学校特色建设的价值选择与分析模型［J］.中小学教育管理，2010(08)：7–10.

的；学校教育操作思路是对方法技术的反思和超越，本身体现着学校育人的策略性，保证了学校特色合乎教育规律。既合于目的又合于规律，这样的学校教育特色必然可以有效且高效地实现教育目的，使学校具有合理性的独特。只有学校特色为真，学校特色才能标识学校教育品质的优质性。所以学校特色四个要素是否齐备且其内在逻辑是否一致是判断学校特色的标准。

2.学校教育思维链条与学校教育行为链条缺一不可

根据以上三角锥模型，线（AB）、（AC）、（AD）是学校独特的思维链条，连接着教育观与教育操作思路，表示学校从自身教育观出发，对现实的教学、德育、管理等如何做的理论构思，保证了教育操作思路是在教育观的指导之下。线（BH）、（CI）、（DJ）是学校独特的行为链条，连接着教育操作思路与物质载体。在教育观支配下并内含着学校教育操作思路的实践行为，将实践对象转化为学校特色物质载体。线（AH）、（AI）、（AJ）包括了从学校教育思维到学校教育行为的链条，保证了学校教育观、学校教育操作思路、学校实践行为、物质载体的一致性。一旦作为学校特色之"形"的制度、模式、课程和项目的现有结构无法达成育人期望，即学校文化显示器无法标识学校育人精神之时，学校富有创造性的主体就会依据学校教育观、教育意图以及外界环境的变化，对教育现有模式和活动结构进行创造性的重新设计，并通过学校主体性的实践不断建构新的育人模式、课程和项目。学校特色建设正是学校教育者对现实教育活动中存在的问题产生改造的意愿和构想并由此生发出改造和变革的过程，即学校教育实践内在品质不断提升的过程。

学者范涌峰认为学校特色发展水平评价的重要指标之一，就是学校教育理念体系与实践要素的一致性程度。[①]学校特色建设中最大的困境在于"理念"和"实践"的脱节，即学校特色建设的"说做两张皮"，这主要是因为

---

① 范涌峰，宋乃庆.学校特色发展测评模型构建研究［J］.华东师范大学学报(教育科学版)，2018，36(02)：68-78+155-156.

缺乏一个中介，连接起教育理念系统和教育实践、以及连接起教育理论和教育实践。要实现教育思想和理论支持下的知行合一，需要学校教育思维链条与学校教育行为链条缺一不可。由图 2 可知，学校教育思维链条和学校教育行为链条保证了教育观、学校操作思路、学校教育实践行为与物质载体的一致性。

（二）学校特色类型

根据学校是否具有教育思维链条和行为链条，我们得到了学校特色判断框架。通过学校特色判断框架，我们可以将学校归纳为四种典型情况（见表3-1）。

表 3-1　学校特色判断标准和学校特色类型

维度 学校类型	思维链条	行为链条
Ⅰ 型学校	○	○
Ⅱ 型学校	○	×
Ⅲ 型学校	×	○
Ⅳ 型学校	×	×

1. Ⅰ型学校

Ⅰ型学校，具有完整的学校教育思维链条和教育实践行为链条。如 TY 市 A 小学，以"关爱成为自然，幸福引领发展"为办学理念，其中"关爱·发展·幸福"成为核心价值观，积极倡导并实践"幸福人生教育"。虽然任何学校都可以通用幸福教育、生命教育等，但 TY 市 A 小学在阐释学校教育观以及建构实现教育目标的操作思路之时，体现出学校的格局和个性。（1）学校围绕办学理念，学校形成了一整套的学校教育观念系统，包括幸福人生教育的幸福观、人生观、教育观、学生观、教师观、课程观、教学观等。（2）围绕教育观，学校建构了实现幸福人生教育的操作思路，"关爱·发展·幸福"的核心理念当中就包含着学校教育的操作思路，其中"共筑关爱"、"永续发展"就是一种关于实现幸福的方法论，包含着民主、人本的思想。学校深知幸福人生教育需要教师来实现，没有教师的幸福的体验、独立的自我和理想的人格，是无法为学生幸福人生奠基的。于是，从"爱"出发，建构学校中以师生关系为核心的人与人之间的关系。（3）围绕操作思路，学校落实以"关爱·发展·幸福"为中心的办学实践体系。从学校教育内容观出发，学校建构了"一点三环六维"审美化的幸福课程体系，以整合和组织学校教育内容。以"审美化幸福课程"这一点为核心，依次向"审美化国家课程""审美化校本课程""审美化环境课程"辐射形成"三环"审美化课程，最终实现学生幸福人生可持续发展的"六维"素养。为了在学生身上更好地实现教育的内容，学校从幸福认识教育观中提炼出"三导三动"的幸福课堂教学模式，设计并实施了"三维三感"的"九宫格"课堂评价体系以及"1345"校本教研模式。围绕学生幸福人生可持续发展的"六维"素养，学校还建构了"6-6-6"幸福德育模式。此外，为了培养学生各方面的兴趣，拓宽学生的幸福人生成长之路，学校搭建平台，提供校内和校外的丰富多彩的实践活动，以放飞科学理想的少年科学院为例，自2003年成立以来，设有机器人部、模型部、气象部、环境部等，活动内容丰富，活动主题明确。（4）通过学校实践，除了项目、课程和教学模式具有学校特色之外，学校场馆、校舍建筑、人文景观、园林绿化、校园空间、学校徽标等也都成为幸福人生教育的物质载体。如TY实验小学的校徽是代表幸福的四叶草，寓意着幸福教育是张扬生命的教育，是永续发展的教育，是充满关爱的教育。再如学校楼道以"爱"为主题，围绕"爱身、爱亲、爱师、爱友、爱日、爱物"布置和设计等。

　　2. Ⅱ型学校

　　Ⅱ型学校特点是学校教育观念没有或没有完全渗透到教育者日常教育教学实践活动中。在此类型学校中，即便学校拥有完整的学校理念表达，如一些学校邀请外来专家设计学校教育理念体系，但由于实践的复杂性以及缺乏可供实施的教育操作思路，这些理念所表达的概念和理论依然很难走入学校教师个体的教育观和教育实践。这样就很容易造成Ⅱ类型学校的行思脱节，从而无法推进学校的内涵式发展。

笔者调研的 B 中学，形成"阳光教育"的教育特色理念体系。学校办学宗旨为"实施阳光教育，奠基幸福人生"，学校传承"阳光、乐学、勤奋、创新"的学校精神，形成了"阳光学校、快乐成长"的校训，旨在培养自信、健康、快乐的阳光学子。然而实践中，学校"阳光"理念体系切实落实在管理、教学、德育、教研、校园环境、公共关系等实践领域中和教育者的实践行为中，教师会对这些理论产生本能的排斥或采取消极的态度，究其原因，是由于此类型学校教师所形成的教育观念一般来自于传统和自身实践，学校对新的教育理念的推行，必然与学校传统相碰撞。教师对于理论的消极态度，看似是对于社会压力和习俗的屈从，但其实是教师进行价值排序之后的准理性选择。学校特色建设必需的最具主体性、创造性和专业性的教育者的"淡出"，使得这类型的学校多数教师的日常工作陷于日常琐碎的操作之中。

3. Ⅲ型学校

Ⅲ类型学校要么缺乏一定的理论认识，对办什么样的教育缺乏深入的思考；要么学校实践理性有限，缺乏从自身实践中提炼并表达教育观的能力。换句话说，学校具有较为丰富的关于教育如何做的缄默知识，但是在观念提炼和思路整合方面欠缺，如笔者调研的城乡接合部 C 学校校长通过外出学习参观，结合"少年军校"的理念的传统优势，在学生队列队形上能做到快静齐、上下学路队制井然有序、大课间活动扎实有效，在队列队形健身操表演取得了很好的成绩基础上，把健身操作为学校的特色活动项目。学校开发队列队形健身操、武术健身操、文明礼仪操等校本课程，以"操"为载体，为学生提供成长的平台，并将"操类活动"融入体育、文化、艺术等多个学校教育领域。除了每天大课间活动时间，学校还开发设计了各种形式的课中操形式，在上课期间穿插课中操。此外，学校还开发了"343"课堂教学模式。然而，学校在推进学校特色建设的过程中，学校困惑于如何将以操育人的特色辐射到学校的整体层面和各个领域。

虽然 B 学校着眼于通过习操来促进学生素质的全面提高和特长的发挥，但是却存在以下问题：（1）缺乏明确的学校教育理念，也缺乏习操与育人之间关系的论证；（2）学校课中操模式的开发以及"343"教学模式的开发等，这些都表明学校特色建设和教学模式的格式化程度有所提升，然而由于缺乏教育操作思路，学校教育实践的理性水平并没有得到显著提升。此类型学校普遍面临要如何处理这些特色项目和其他课程之间的关系，要如何处理学校特色和育人之间的关系，学校特色建设下一步要如何进行等问题。

Ⅲ类型学校也常见于那些具有较为扎实的和优质的教育实践的学校。这些学校具有较为丰富的关于教育如何做的缄默知识，但是在观念提炼和思路整合方面欠缺。如笔者所调查的 D 小学，学校在学生知识训练、能力培养、兴趣拓展等各个方面都很优秀。如学校开发了校本课程体系，涵盖社会实践和信息沟通、表演才能和团队协作、动手制作和审美意识、环境保护和科学探究、儿童绘画和艺术鉴赏、体育运动与休闲健身、棋类对抗和思维训练、经典阅读和文化传承等方面；开展多元体验的主题活动；开发了"155"体验教学模式和"133"体验式课堂评价系统；建构运用学具培养学生主动获取数学知识的自主学习的活动模式，并创新了教研模式；改革了学生学业评价方式；校园中的各个班级、办公室、专业教室、楼道、走廊，甚至水房和厕所都逐一精心设计，以古典元素为背景，以传统文化和师生活动照片为内容，尤其是"仁爱廊"的设计让每一个师生漫步校园油然而生一种归属感……，在此过程中学校、教师、学生得到了发展，也取得了很多优异的成绩，却苦于凝练不出特色。Ⅲ类型的学校的教育者，并非完全没有教育观念和教育操作思路，恰恰相反，他们具有高出一般的教育实践能力，但尚未提炼出自身教育实践和成功经验背后深层次的教育原则、教育精神，学校教育者也无法对其教育行为的合理性进行思想和理论上的解释。

4. Ⅳ型学校

学校同质化是我国基础教育生态系统中大多数学校的真实写照，学校无论是否优质，都存在着惊人一致的教育思维与教育行为。这样的一致，表现为试图通过教育和训练使更多的学生在现行的考试中取得优胜。笔者不是让学校不理会考试的影响，或是笔者持有"考试万恶"的态度，但是，片面地以学生的考试成绩作为标准评价，这种声誉制度安排形成了学校声誉等级排序和学校组织地位的分化，①这会导致当现行成绩排名成为行内和社会认可的成功标准之时，学校需要通过成绩证明自身的价值，学校教育目标和内容的丰富性被完全架空。在高考的压力之下，除了卓越的反思性的教师，多数教师陷于对高考技术的研究和考试的解析之中，而非思考专业知识与技能。多数教师对于有效的经验和世俗的成功更为推崇，本能地拒斥教育理论，认为理论不切实际，不能解决问题或不能帮助其成功。当愈来愈依赖考试和成绩排名这种外部手段对学校进行评价的制度，裹挟着科层制的控制式的管理方式之时，拥有务实精神的学校行动者为了达到社会承认、争取组织生存和发展所需要的资源之目的，从而更愿意接受具有同样行动逻辑和价值追求的在共同的生态和场域中受美誉的教育组织的"运行模式"和成功经验，这样致使学校教育思维与行为趋同。Ⅳ型学校趋同是教育实践者降低自己工作专业水准的结果，其趋同的教育实践行为背后是教育者对受教育者优势潜能、兴趣、爱好的无视和浪费，是对教育目的和教育精神的背离。Ⅳ型学校既无学校教育思维的独特性可言，也无教育行为的独特性可言。因此，要办出人民满意的教育，必须从根本上走出引导人们竞争少数所谓优质学校有限录取额度的窠臼，把重点放在建设越来越多的适应和发展学生优势潜能、兴趣、爱好的特色化学校上。②

---

① 李旭. 学校声誉制度:学校同质化的制度根源——基于组织社会学的阐释［J］.中国教育学刊，2012(04)：27-30.
② 傅维利.论当代基础教育的特色化建设［J］.教育研究，2014，35(10)：12-17.

三、小结

学界对于学校特色是什么，一直存在文化说、个性说、独特说等认识。然而，对于判断现实中的学校特色的要素构成及学校是否具有特色，仍然缺乏判断依据。本章在借鉴已有认识的基础上，认为学校特色是学校独特的教育思维和教育思维指导下的教育实践行为及其产物的整体，即学校特色是教育思想和理论支持下的知行合一。根据该概念，学校特色的要素包括学校教育观、学校教育操作思路、学校教育实践行为和学校特色物质载体，并且学校特色的结构表现为四个要素的联系方式。本章还建构了三棱锥模型，从这个模型可以看出，学校特色的构成要素就是教育观及其支配下的教育操作思路，学校特色的要素包括学校教育观、学校教育操作思路、学校教育实践行为和学校特色物质载体。学校教育观落实到教学、德育、管理等实践体系是由教育操作思路所保证的。对于实践者来说，教育操作思路就是具体的教学操作思路、德育操作思路和管理操作思路等。教学、德育和管理构成学校教育实践活动的主要领域。学校特色物质载体是学校教育实践活动的产品和产物，是显在的学校特色。

根据对学校特色的哲学思考，我们可知，学校特色四个要素是否齐备且其内在逻辑是否一致是判断学校特色的标准。根据三角锥模型，学校教育思维链条，连接着教育观与教育操作思路，表示学校从自身教育观出发，对现实的教学、德育、管理等如何做的理论构思，保证了教育操作思路是在教育观的指导之下。学校教育行为链条，连接着教育操作思路与物质载体。在教育观支配下并内含着学校教育操作思路的实践行为，将实践对象转化为学校特色物质载体。保证了教育观、学校操作思路、学校教育实践行为与物质载体的一致性。从学校教育思维到学校教育行为的链条，保证了学校教育观、学校教育操作思路、学校实践行为、物质载体的一致性。

　　根据学校是否具有教育思维链条和行为链条，我们得到了学校特色判断框架，并通过学校特色判断框架，本章将学校归纳为四种典型情况。本章的主要学术创新是对学校特色本质和来源进行揭示；建构学校特色要素和结构模型；进行了关于学校是否具有特色的判断标准建构。

第四章 系统分析：多样化导向的学校特色建设场域

在上一章解决了学校特色是什么的问题之后，学校特色建设研究所需要回答的问题就成为怎样解决当前学校多样化发展中遇到的问题，即由谁来建设学校特色，这些学校特色建设主体需要发挥什么样的能力，拥有什么资源来建设学校特色，从而促进我国基础教育由同质向多样发展。作为开放系统的学校，组织内外松散耦合的因素彼此之间具有双向甚至多向的交互关系并形成一个复杂的大系统。而学校特色建设无异于进行一场教育变革和学校改进，必然会涉及教育组织系统的不同层面的复杂相连的诸多因素。要从根本上解决学校特色及其建设所遭遇到的问题，就要重视运用整体的、非线性的、开放的复杂性科学的方法论考察组织。因此，达到复杂性的思维意味着"达到思想上的用双目视物而放弃只用独眼的思想方法"。① 所谓的"双目视物"，这就必须要放弃在简单封闭的系统内研究学校特色培植过程的思维，真正进入具体的学校组织场域中，动态地考察特色建设的场域要素，即不同层面的建设主体，不同特色的建设主体的能力以及资源等要素。在学校特色建设过程中，人与物所构成的时空联系网是学校特色建设结构运动的载体。缺乏学校特色建设的主体和资源导致学校特色无法形成。本章通过分析学校特色建设场域中具有不同能力以及资源的特色建设主体及其之间的互动关系，着重回答了学校特色建设是受谁主导，有哪些利益相关方卷入其中并直接或间接地影响着学校教育思维与学校教育实践行为，学校特色需要哪些资源等问题。

---

① ［法］埃德加·莫兰著.复杂思想：自觉的科学［M］.陈一壮译.北京：北京大学出版社，2001：170–171.

一、学校特色建设的场域要素

社会科学的对象既不是方法论个人主义所推崇的个体，也不是单个的、追求私利的个人的聚合而成的群体，而是场域。它是联结宏观层面的制度与微观层次的行动者的组织和社会发生转化的中程。所谓场域，正如布迪厄（Pierre Bourdieu）指出，"场域可以被定义为在各种位置之间存在的客观关系的一个网络。这些位置的存在和它们对占据特定位置的行动者或制度所产生的决定性影响都是客观决定的。"[①] 在这个不可能被化约为个人属性或是其它场域单位的客观关系的系统和空间中，决定各种位置的是它们在不同类型的权力（或资本）分配结构中实际的和潜在的处境，以及它们与其他位置之间的客观关系。以场域作为特色建设的分析单位，考察学校特色建设的行动者的行动逻辑从而搭建特色建设的系统框架，需以组织场域中行动者及其所拥有的不同的权力以及资本（资源）为分析对象。根据吉登斯（A.Giddens）的结构化理论，由于行动者是反思性的实践者，具有思考和能动性，行动者并非简单地受到场域结构和客观位置的控制，而是在学校声誉制度陷入危机之后，可以凭借结构所赋予的资源和自身能力再生产场域，从而使得学校特色不断建设和创新的同时，整个组织场域也得以不断更新和改进。所以，本章着重对行动者、能力（权力）以及资本（资源）这些制约学校办出特色的宏观要素与微观要素及其联动机制进行分析。

---

① 谢立中. 西方社会学名著提要［M］. 南昌：江西人民出版社，1998：625-626.

（一）行动者

行动者是场域的核心要素，对特色建设的场域中行动者进行划分，是更好地理解合作中权力实施、能力提升以及资源分配的基本前提。

1. 政府——作为举办者的行动者

政府是以科层方式组织起来的行政管理结构，被赋予了合法性的强制能力，并以这样的方式建立起来并实施权威。[①]政府作为学校特色建设场域中的宏观层面的行动者，具有其合法合理性缘由。一方面，自从现代教育制度框架建立、国家兴办教育以来，政府就对教育制度的产生和变迁，组织场域的结构化施加极为重要的影响。历史如此走来，作为教育这一公共服务的提供者，政府在推进学校特色建设的过程中主导作用具有天然的合法性。另一方面，除了合法性之外，政府在学校特色建设中的主导作用还具有合理性。政府具有界定各种政治、经济行动者，以及各种集体行动者的性质、能力和特权。政府干预教育手段主要是通过制定政策、法规，实施强制性的规制控制，并且政府干预与科层控制产生了文化—认知和规范性的压力，以使专门管理人员一致遵守。由于政府所具备的为学校特色建设的提供必需资源的权力和能力，使得政府主导学校特色建设成为可能和必然。而且，政府主导学校特色建设，可以弥补以市场为主导和学校自主变革的局限性。比如，20世纪80年代的旨在教育领域引入市场的欧美教育改革实践，建立了有别于由政府通过政治手段和科层制直接控制的全新的公共教育体系，学校的多样化发展和特色建设主要依赖于市场和学校。过分放权后的教育体制造成的消极后果使政府控制的体制"复魅"。由于政府可以保障社会整体利益，增强政府主导能力是学校特色建设的有效前提。所以，需要重新认识政府在学校特色建设场域中的能动角色。

---

① ［美］W·理查德·斯科特，制度与组织——思想观念与物质利益［M］. 姚伟等译. 北京：
中国人民大学出版社，2010：107-108.

2. 专家——作为支持者的行动者

专家处于对知识、思想的生产、加工、分配的垄断地位，通过界定实在和设计本体论的框架而实施控制。专家既可以是来自于高校或各级各类研究部门的专家学者、学校的专业权威、教研员个体，也指如各级教育学院、各级教育研究院（所）、以及各级教研部门等专家机构。根据社会学研究指出，专家实际上是"政策精英"的一部分。一方面，政府虽然有权力和资源，而行政决策者在决策和提供各种支持之后几乎就不参与具体的特色建设工作。所以，政府需要这种专业"行动者"的支援，让他们深入学校推动课程、教学等各个方面的改革。另一方面，专业人员立足理论高处，对学校改进的抽象范畴进行研究和阐述，以及对其中的因果关系链条进行归纳和理论研究。其视野的广度、分析深度、以及搭建总体行动框架的能力相对而言优于学校成员。学校进行特色建设不仅需要教育管理和教学的实践经验，也需要有专业知识和能力作为指导。鉴于学校特色建设涉及宏观和微观各个要素的范式转移，专家从而成为学校特色建设场域中的重要行动者之一。

3. 学校——作为办学者的行动者

学校是推动和实施特色建设的能动的有机主体。外因通过内因起作用。所以，学校特色建设必须源于组织内部。在学校建设过程中，政府和专家只能提供必要的条件和支持，而学校特色建设的主体只能是学校自身。

学校特色核心是体现在学校组织中支持结构的人的身上，并通过他们而存在、发展和创新。这些认知、观念、知识、能力的载体和承担者就是学校组织中特色建设的行动者。这些学校行动者可以分为两类，即特色的决策者和执行者。所谓决策者就是学校的校长，他们会根据所处的场域的特征来选择适应学校的特色道路；执行者即具体实施和落实变革方案的学校成员，他们负责完成变革计划，取得变革效果。特色建设最难的部分不是改变组织的形式和结构，而是使学校行动者了解和认同学校特色的内涵及其价值，而且愿意并更有效地改变其行为。学校行动者个性活跃程度和创造力程度是学校特色形成和发展的关键。

4. 家长——作为需求者的行动者

办人民满意的教育，学校办学的动力和效益应该满足来自社会群体的诉求。家长作为社会子系统对于教育组织系统的直接影响层；公共事业和公共产品的教育服务的直接消费者；学校办学经费主要税收来源（由财政负责划拨）即出资人；以及履行政府委托教育权的学校的办学质量的重要监督者，理应参与学校教育管理和学校特色建设实践当中。这是家长作为学校特色建设场域行动者的必然性。

此外，家长作为学校特色建设场域行动者还具有其必要性。首先，依靠政府指令和计划调控来运行，学校实质上处于靠政府指令和计划调控来运行的封闭状态。学校与政府的关系好似"婆媳"关系，这样使学校工作过多关注对上级教育行政部门负责而不对下负责。作为开放系统的学校，学校需要在与内外环境的互动中培植学校特色，这样学校特色才是满足社会诉求的，令人民满意的。而家长参与学校管理决策和学校特色建设，成为学校的合作伙伴和利益关系的代理人，即由学校管理中的"局外人"变为"局内人"，这样有利于打破政府垄断教育管理权力和学校运行在封闭系统中的局面。而通过促进学校特色化和多样化发展，家长们从学校得到个性化服务的要求也可以得以更好地满足。其次，学校要办出特色就必须获得足够的教育资源，以家长为代表的校外社区资源作为学校特色建设实践中一种重要的教育资源——关系资源，需要受到特别的关注。这种资源主要是由社会资本带来的，学校与家长、社区的联系越密切，学校就拥有更多的社会资本来提高教育质量。在资源依赖理论看来，由于资源对于组织运转和生存的重要性，势必使得一个组织产生对于一个群体的依赖，并不断努力以满足特定的群体需要。在基础教育多样化和特色化发展过程中，学校需要与家长和社区建立合作关系从而使学校获取包括优质生源、社会资本等在内的学校发展的教育资源，这样使得家长成为学校特色建设场域中不可或缺的行动者。第三，家长在学校特色建设中的角色，不仅是以上所说的需求者和支持者，而且家长在学校校本管理中的作用举足轻重，吸纳家长和社区参与学校教育和管理是学校特色建设的重要基础以及未来我国学校组织管理变革的重要趋势。校本管理要求学校授权给家长和社区成员，家长通过学校委员会等组织形式，参与学校包括经费的使用、人员的聘用、课程的编制、教材的选择等在内的各项决策当中。家长对于学校组织更加认可，并且作为学校组织中的一员，积极承担管理责任、履行服务义务。对学校管理而言，学校、家庭、社区三者之间的协调与合作，家长参与学校管理，能帮助学校提高按照自身的实际情况来实行自主管理的能力和管理效率，改善学校组织文化，并在合作过程中逐步形成一种团队精神。家长在学校中由需求者、支持者到决策者、合作者的角色转变，使家长参与不再仅仅是消极地配合学校教育，而是更好地参与学校管理，成为学校特色建设场域中积极的行动者。

（二）能力

学校能否形成自身特色，其实是不同层次的行动者能力驱动的结果。对于特色建设来说，关键就在于行动者在特色建设过程中如何发挥主体作用。这就涉及行动者所具有的能力的问题。特色建设过程中的很多问题就是由于行动者对自身能力认识不足和潜力发挥不足所致。

1. 行政干预能力

政府作为建设学校特色的宏观层面的行动者，主要具有两方面的能力：管理能力（包括决策能力、指挥能力、协调与控制能力、监督能力等）和服务能力。要改变学校"千校一面"的现状，需要政府更好地发挥主导作用。这就涉及政府自身能力的提升。所谓政府能力是政府依据和运用其所垄断的公共权力，履行政府职能，实现政府目标的力量或能量。[①] 从定义来看，由于政府能力与政府权力、政府职能三者相互依存，所以提升政府在特色建设过程中的行动能力必然涉及权力的重新分配和政府职能的转变。

一方面，政府权力内在的强制性是政府管理有效性的物质后盾和力量基

---

① 侯彬. 社会转型期的政府能力研究［D］. 中共中央党校，2005.

础。然而政府权力过度集中，则会造成政府的无限膨胀，并侵入公共领域，从而产生了强大的"溢出效应"，即社会运行机制日益变得科层化，社会中的组织和个人的所有活动几乎都要受到科层化组织发布的规章和条例的约束和控制。[①] 科层制组织的刚性特征造成了管理模式的僵化、思维方式趋同，并成为制约学校主体进行变革的桎梏。校长似"戴着镣铐跳舞者"，怎能大刀阔斧地进行改革呢？政府权力的过度集中，导致决策权力与执行权力的分离，事实上造成了学校特色建设实施主体的缺位。所以，在合法合理的限度内划分和配置教育权力，下放学校办学自主权，是在学校特色建设和学校多样化发展过程中对提高政府管理能力的客观要求。也就是说，学校特色建设的本质是制度性的改革，需要政府改变角色，即由"结构守护人"向"改革能动者"的角色转变。为了让自己的"能动"力增强，需要打破政府在教育事业中的"权力垄断"，置身于学校教育制度以外，用自己的"能动作用"来改变权力配置的"结构"及其内在"规则"（包括管理体制改革、课程改革、学校体系管理、经费调拨、评估系统改革等）。

另一方面，要提升政府自身能力，实现"改革能动者"的角色转变，还需要转变政府职能。之所以要求转变教育行政职能，就是因为已有的职能不能适应政府改革和教育发展的要求。教育行政职能存在"错位""越位"和"缺位"现象。[②] 一个高效运行的政府是一个职能有限的政府。随着知识经济时代的到来，决策背景日益复杂，充满冲突与对抗，由于在一定时期内行政机关所吸蓄教育行政资源的有限性，以及政府能力的有限性，不可能承担无限的教育行政职能。"能力有限的政府，如果要成为有效政府，其职能应该也是有限的"。[③] 政府行政的有限职能观要求教育行政机构放弃"不该管"的职能，强化"该管"的职能；弱化教育管制，强化支持性服务责任，注重

① 杨冠琼. 政府治理体系创新［M］. 北京：经济管理出版社，2000：307.
② 褚宏启. 教育行政专业化与教育行政职能转变［J］. 人民教育，2005(21)：5-8.
③ 毛寿龙，李梅. 有限政府的经济分析［M］. 上海：上海三联书店，2000：18.

为学校发展提供支持性的服务。具体到学校特色建设场域中，政府"强责"，就是要在统筹经费投入、区域教师流动等政策保障；开辟多元主体参与特色建设途径；建立问责制等方面进行管理体制的改革和创新，以保证特色建设场域内的要素组合发挥最大效能改变和为改变"结构"注入必要的动力和资源。

2. 专业支持能力

世界的发展日益取决于知识与技术的发展，专门的知识技能也由此成为权力的主要来源之一。专家作为社会思想和社会文化的代表者，是真理和知识的合法代理人。知识作用于权力，拥有权力的特殊效力的真理话语赋予专家以行动能力。由于垄断了对知识、思想的生产、加工、分配过程，专家获得了对另一个个体或群体施加影响的特殊能力，即促进学校特色建设场域中人的社会行动"结构化"的能力，包括促进社会行动结构化的"支配化""符号化""合法化"能力。

首先，"支配化"指通过权力来建立和巩固"结构"和"规则"以及分配"资源"。支配化的能力是专家所拥有的知识与政府的规制性权力相结合带来的。参与具体的学校特色建设工作也需要专家发挥其专业能力。所以，专家作为理论研究者，进入政府和学校的决策层，完成"理论主体"与"决策主体"合二为一的过程，以其专业权威和实践智慧获得影响"结构"的能力。

其次，所谓"符号化"指概念的提出，即专家参与学校特色建设的时候，利用教育研究成果，通过咨询、委托课题、合作等方式，从学理和逻辑角度为学校各个方面的改进引入新的概念和理念，向学校提供知识服务的能力。比如创立学校特色方案，制定教学改进计划，鉴别学校需要改进之处并提供专业性技术支持等。

最后，专家支持学校特色建设的"合法化"，指概念被普遍合理化，即公共接受和意识形态化的过程。新概念的提出是对于学校教育"结构"创新和改变，是专家行动者能动性的体现。然而更重要的是，在新概念"合法化"的过程中，需要专家具有调节各方与既有"规则"可能存有的冲突的能力，经过不断地行动，使得政府、学校和专业群体可以认可学校特色建设的方案。由此专家为解决学校特色发展中一些长期积累的问题开辟一条新道路，学校教育的"结构"和它的"规则"也被赋予了新的意义。

3. 自主发展能力

通过对学校特色历史的回顾，我们发现学校要办出特色，最重要的条件之一是学校拥有自主权。由于学校挖掘和培植特色的过程是学校由他组织向自组织的过程演化，需要作为发展主体的学校具有自觉能动地选择、决定、调节自身活动的权力。这样，在自组织过程中，学校各个子系统之间、子系统与外界之间产生多样化的联系，各个系统远离平衡态的复杂运作才会产丰富的表现型。所以，扩大学校办学自主权是学校具有特色建设能动性的前提保障和提高学校自组织能力的源泉。

而学校独立自主的基础是核心能力的提升。在进行简政放权的教育管理体制变革之时，学校也需要提升自身对微观层面的要素进行改进的能力，使学校实现负熵值来促进学校自组织的有序发展并形成耗散结构。

明茨伯格认为组织中存在不同力量的相互作用，即指挥、效率、熟练、专注、创新、合作、竞争。[①] 与提升这几种力量相对应的学校的6种能力，也是作为学校特色建设能动者的能力建设的主要方面，即领导力、教育能力、专业能力、学习能力、合作能力和竞争能力。（如图4-1所示）要建设学校特色，维持高效，需要提升各种力量。面对学校内外的变化，没有一种特定能力模态的组织可以永远以维持学校的高效，也没有一种能力可以单独发挥作用就使得组织成功。处于不同特色发展时期的组织，对应内外变化，需要善于提升和调动不同的能力发动对组织的变革。学校组织之间形态各异、各具特色，就是由这几种能力及其动态组合、灵活运用建设而成的。

---

① ［挪威］波·达林. 理论与战略：国际视野中的学校发展［M］. 范国睿译. 北京：教育科学出版社，2002：50.

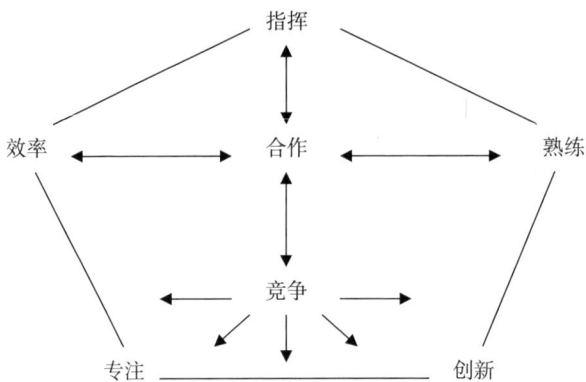

图 4-1　组织中的力量系统

资料来源：［挪威］波·达林.理论与战略：国际视野中的学校发展［M］.范国睿译.
北京：教育科学出版社，2002.50.

　　第一，与指挥相对应的是校长的领导力。领导力不仅包括权力带来的强制性影响力，还包括非权力因素如品质、人格、知识、才干、阅历等构成的感召力、凝聚力和道德力等对被领导者施加影响的能力。在建设特色核心层面时，校长领导力涉及校长独特的办学思想，以及将源于校长教育理念和理想的学校愿景、学校办学思想等，转化为学校师生所共同持有的信念、价值观和愿景的能力；在特色外显层面，校长领导力涉及赋予教师自主权、建立团队支持，解决学校文化建设、学校特色项目、教学与课程、教育组织结构变革等问题，这是校长提升团队效能的能力，是学校特色发展的依托；特色场域层面解决的是校长对外界环境的把握，以及领导过程中形成与相关主体建立长期的不可动摇的精神上的沟通与相互协作关系，赢得政府和公众的更多的认可和支持的能力。总而言之，能力建设就是要改变校长角色，从依照政策指令被动实践的"执行者"转到变革的引领者、推动者和赋权者。

　　第二，与熟练相对应的是教师的专业能力。提升教师的专业能力和自主性，使教师由学校特色建设消极被动的执行者发展为主动参与者、"研究者"、"反思的实践者"或"教育家"。在学校特色建设过程中，给教师赋权的同时，还需要给教师"增能"，提升自身专业责任和教学能力，利用个人拥有的专业知识，充满信心地进行决策和创新，并付诸于日常教学活动，真正帮助学校形成教学层面的特色。

第三，创新对应的是组织学习能力。组织学习是组织通过各种途径和方式，不断地获取知识、在组织内传递知识并创造出新知识，以增强组织自身实力，并产生效能的过程。① 通过提高学校的学习能力，有利于把师生员工个人的发展与学校的整体发展紧密联系起来，增强学校的凝聚力，最大限度地发挥、发展人的主体性，改变学校的思维方式和学校内部的人际关系，扫除新的理念和变革在学校内部推进的障碍。对于学校特色建设而言，组织要长期生存和持续发展，只有通过学习，不断地创造出新的知识，才能形成学校发展的特色，进而使学校获得不断变革与自我更新的巨大的发展力量。

第四，组织合作能力和竞争能力可以视作组织特色建设的催化力。对于组织外部来说，增强合作能力主要形式是建立战略联盟或称合作伙伴关系、分散决策权、与当地其他学校合作、加强家长对学校管理和决策的参与，充分争取社区的支持，引入社会和市场资源和力量帮助学校发展。增强合作能力，需要进一步给家长赋权，完善家长参与学校管理的机制，打造家长和社会参与学校管理的平台，拓宽社会资源引入学校的渠道。学校是一个开放的系统，学校向社会、家庭开放，让社会和家庭充分参与到学校教育和学校管理中，形成家庭和社区资源共同管理的教育合力。对组织内部来说，一方面，组织合作能力提升的主要形式是建立学习型组织。② 学习型组织就是为了适应环境和持续发展而不断进行学习的组织，在整个组织中充满着学习气氛，所有人员都全身心投入并有能力不断学习，尤其组织中的专业人员以团队形式合作。富有高度合作文化的组织能解决特色建设过程中，由变革引起组织内外打破平衡态带来的结构性矛盾和冲突。另一方面，提升组织内部竞争能力主要是强调用竞争作为组织管理的主要方法和策略，鼓励内部成员之

---

① 孟繁华.构建现代学校的学习型组织［J］.比较教育研究，2002(01)：53-56.

② 孟繁华，田汉族.走向合作：现代学校组织的发展趋势［J］.教育研究，2007(12)：55-59.

间进行合理和适度竞争。组织的竞争能力是对应或指向实现提升效率的。学校组织常被批评为"家养型"组织，组织低效和排斥革新是公立学校的诟病。以特定形态面对复杂多变的外部环境，不可避免地会变得无效。在学校业已确立的规范框架内进行革新组织和变革组织文化，需要引入竞争。也就是说，在学校特色建设过程中组织竞争能力的作用在于学校根本性的批评和变革受到阻碍之时，激发变革的活力及引发重要且必要的变革，帮助组织成功地实现阶段性的转变。

第五，与专注对应的是学校的教育能力。不同的时代虽赋予学校育人不一样的内容和任务，但人们总把育人确立为学校最崇高的理想和最深刻的本质所在。学校作为有计划、有组织、有系统地进行教育教学活动的重要机构，学校的教育能力正是体现在通过知识的传授、教育活动的展开、教育环境的创设培养具有独立人格、创新精神、合作能力、自主发展等满足知识社会要求的人的目标上。学校僵化、封闭，趋同化、缺乏生机与活力，学校精神与育人本质的背离，都是学校教育能力下降所造成的。学校特色创建的最终极的目的在于打破扼杀学校创造力、甚至戕害身心的应试办学模式，推进素质教育、满足学生个性发展的需要，并最终培养出符合知识经济时代发展需要的个性化人才。所以，学校特色建设的关键在于提升学校的教育能力。教师直接影响学习的教育能力，不仅是专业能力的不断提升，还包括指导教育实践的教育精神、教育理念等的转变。教师对于学校理念的认可并内化为行为，是学校特色形成的基础。教育能力还与学生的素质和作用直接相关。学生不仅是特色的受益者，他们还是特色的价值支点和旨归。尊重学生的生命活力，鼓励学生发挥积极性、创造性和自觉能动性，不仅可以提高教育质量和能力，而且有助于形成学校的整体特色风貌。

缺少任何一种能力，学校组织在学校特色建设之时，都将面临不能协调一致的危机。而当一种特定的组织能力处于优势，对其他能力产生排斥或不利影响时，或当一个组织特定的形态对外部变化不能做出适当反应时，组织就有低效或是无效的可能。在特色建设之时，必须考虑学校中存在的能力。

当某种或几种能力发展出比较优势，并能被组织中的其他力量所牵制并保持平衡，就成为学校所拥有的比较优势，这种比较优势显现出来的往往就会成为学校在特色建设中能动作用的基础。这些能力不断培育和提升，一所学校的办学特色才能逐步凸显出来并蓬勃发展。

4. 参与管理能力

家长参与学校管理和学校特色建设能力的提升，首先建立在家长参与学校管理的权力得到保障的基础之上。家长角色转变，需要以法律的形式形成家长参与学校管理的制度保障，明确包括知情权、表达权、参与权、表决权在内的家长参与学校管理的基本权责；确定家长参与权利的保障主体和监督主体；对于家长参与学校管理的组织形式进行物质保障和权力保障；形成家长监督和评价的受理和可诉机制与反馈监督等管理机制等。

其次，家长参与学校管理的能力的提升，需要健全家长参与学校管理的支持平台，形成家长参与学校管理的组织保障。由于长期缺乏家长参与学校管理的组织保障和制度保障，学校和家长之间的正式交往先天不足，学校缺少社会权力的参与和内外环境的互动，实质上处于一种封闭状态，学校难以形成特色。因此，只有通过积极探索如家长委员会等适合本校的家长参与方式，进一步拓宽家长参与的途径，才能更好地提供家长和社区参与学校管理的平台和组织保障，从而提升家长群体参与学校管理的能力。

最后，建立专业培训体系，增强家长参与学校管理的意识和能力。一方面，家长群体积极地参与学校管理，与公民权利意识和市民社会发展紧密相关。在制度保障、组织保障和物质保障之下，家长参与学校管理和学校特色建设的能力的提升，需要家长转变教育是学校的任务，或学校专业性极强不应干预学校管理，或因为忙而不愿参与到学校的管理之中等传统观念，积极参与学校管理和学校特色建设当中，通过此成为学校特色建设的渠道或者是盟军，使组织和建设学校特色建设的过程为表达家长意见和实现家长诉求更好地服务。另一方面，随着家长对子女教育的日益重视以及社会民主程度的不断提升，家长参与学校管理活动的积极性日益提高，政府、学校、教研人员、相关中介组织也可利用家长会以及家长学校给家长和家长委员会成员进行培训指导、普及教育管理知识，并形成家长培训制度和规范，以进一步提升家长参与学校管理能力。

（三）资源

特色建设场域的"行动者"能动作用的发挥不仅取决于能力的强弱，而且还受到其所拥有资源的影响。要改变"千校一面"的现状，是撼动学校教育庞大而牢固的"结构"的一场变革。随着行动者自身能力的不断提升，在教育结构发生变革的过程中不断发挥其能动性。资源作为结构得以存在和运行的基础和载体，行动者也会对资源进行重组，使他们对于资源的利用得以优化并充分发挥资源效益，从而更好地推进学校特色建设。能力与资源紧密相连，资源的配置、获得、开发和利用表现出行动者能力的高低。由于每个场域中行动者不同及其能力各有差异，其所获得和可供支配的资源也不相同。这种差异不仅体现在绝对的量上，而且体现在资源的种类上。笔者认为，在特色建设场域中，建设学校特色所需要的主要资源可以分为两种类型，即制度性资源和技术性资源。尤其在义务教育经费保障体系建立的条件下，财力资源和物力资源等实现均衡之后，关键是如何盘活教育资源。所以，我们接下来就需要对行动者各自拥有的这两种资源进行分析，以更好地理解"资源"和"行动"如何整合协调，以形成一种动态的结构化过程。

1. 制度资源

场域是制度的产物，制度借助特定的载体传递和扩散，这些载体就是制度性资源。在学校特色建设场域中，作为决策者的政府和学校领导通常是制度资源的所有者或支配者，因而他们的权力往往格外倚重于制度性资源。而当专家作为理论研究者，进入政府和学校的决策层；或者学校办学自主权下放，教师、形式、家长都参与学校决策，即当"理论主体"与"决策主体"合二为一，或决策者和执行者重合的时候，在学校特色建设场域中的这些行动者都可以成为制度性资源的支配者和拥有者。除了法律和政策等规制性的制度资源，学校特色建设还需要开发和利用的制度性资源，其包括规制性要素、规范性要素和文化—认知性要素。[①]（如表 4-1 所示）需要注意的是，这些制度性资源并不是固定的存在，而是一个动态的建构和积累过程。通过对符号系统、关系系统、惯例、以及人工器物等制度性资源进行开发和建构，这些制度性资源不仅可以承载或传递制度要素，而且通过积淀还会形成一种客观实在来表征学校特色。

表 4-1　制度的基础要素及其传递者

	制度的三大基础要素		
	规制性要素	规范性要素	文化—认知性要素
符号系统	规则，法律	价值观，期待	范畴、典型、图式
关系系统	治理系统，权力系统	政体，权威系统	结构同形，身份
惯例	协议草案，标准运行程序	工作，角色，对义务的遵守	脚本
人工器物	遵守命令性规定的客体	整合惯例、标准的客体	处理符号价值的客体

资料来源：［美］W·理查德·斯科特.制度与组织——思想观念与物质利益［M］.姚伟，王黎芳译.北京：中国人民大学出版社，2010，88.

（1）符号系统

符号系统包括"用来指导行为的所有规则、价值观、规范、分类、表象、框架、图式、原型和脚本等"。如表 4-1 所示，不同的制度要素，其符号系统的表征是不同的。如果考察规制性制度资源，那么就是着重强调惯例、规则和法律的作用；如果分析规范性制度资源，则就需分析共同价值观和规范性期待的重要性；如果考察认知性制度资源，那么就要分析共同的范畴和典型化特性在影响和塑造感知与解释方面的重要性。[②]

学校特色建设的人、财、物保障大多是以政策和法律等规制性制度资源

---

① ［美］W·理查德·斯科特.制度与组织——思想观念与物质利益［M］.姚伟，王黎芳译.北京：中国人民大学出版社，2010：88.

② ［美］W·理查德·斯科特.制度与组织——思想观念与物质利益［M］.姚伟，王黎芳译.北京：中国人民大学出版社，2010：89.

作为来源的。然而仅仅是物质保障并不足以让学校办出特色，还需要其他的符号性资源。因为学校特色的建设过程是行动者通过场域意义建构与问题解决等活动而起作用的内生过程，该过程也是改变场域中的规则与行为的结构化过程，由于各种行动者带有源于其以前经历的思想模板以及抽象化、编码化和模型化的行为方式，所以，这种过程更有可能受共同价值观，专业行动之间的规范结构和文化建构的影响，而不是单个组织面对并遵守权力中心的指示的简单过程。也就是说，当行动者处于更加共同的社会制度和共同的文化氛围之中时，关于行动者思想观念和行为的转变和扩散就更容易发生。

在面对特色建设这场变革的压力之时，如果对规制性压力缺乏广泛的认知——文化性符号或规范性符号系统的支持，组织更有可能采取回避策略，即令其结构与实践活动脱耦，以应对强大的规制性制度要求或压力。为了防止在特色建设过程中出现这种"上有政策，下有对策"的情况，学校领导者和决策者应当有效利用规则、价值观、规范、框架这些符号系统，以使新的观念等与传统的符号和结构要素进行创造性的结合，使行动者的特色建设实践本身得以扩散，并得到不断抽象、编码和转化。这种关于特色建设的共同的思想观念、价值观等只有通过符号的运用，才能在时空中流动。正是通过一整套的符号系统对认知的建构，制度才能够形塑场域及在其间活动的组织，作为行动的认知导向系统。

（2）关系系统

关系系统是一种由行动者构成的关系结构与网络资源。"关系系统的传递者，要依赖于与社会位置相联系的网络即角色系统的互动"。[①] 因此，关系主义的方法论，必然反对将学校特色建设的视野局限在单个学校情境，进行"头疼医头，脚疼医脚"细枝末节的改善。而是转而对个人、群体和组织之间形成的关系网络，以及这些关系渠道传送学校特色建设要素的方式进行根

---

① ［美］W·理查德·斯科特.制度与组织——思想观念与物质利益［M］.姚伟，王黎芳译.北京：中国人民大学出版社，2010：91.

本性和整体性的安排和建构，以此优化特色建设的关系资源。

　　每个场域都有其比较独特的关系系统和治理系统。学校特色建设需要通过建立起与场域中相关主体之间的相互协作的关系系统才能实现。首先，学校内部应营造和谐的人际关系，学校领导的角色和行为应聚焦于形成共享的学校组织文化，不断促进师生个体和学校共同发展，把每位成员视为动力源泉，注重沟通与激励，将组织成员凝聚在共同愿景之下。第二，学校行动者之间的关系应定位于战略伙伴关系。学校多样化发展，正是避免学校生态位相近，位置拥挤带来的过度竞争，从而促进各具特色的学校通过占据不同的生态位，并形成相互补充与合作的关系和战略伙伴关系。这样合作学校之间实现优势互补，并创造出的新的发展机会。第三，学校还应与场域其他行动者建立长期的不可动摇的精神上的沟通与联系。如政府、家长、学区和社区（社会）等利益相关者成为学校特色创建的参与者和维护者，为学校特色建设提供包括经费、智力和政策等方面的支持。这种将组织和各种重要行动者联系起来的协作关系系统成为学校特色建设价值观、教育理念等要素的传递者。

　　（3）惯例

　　知易行难，学校特色建设，有赖于模式化的行动。而惯例正是这种反映了行动者以默会知识和组织信念为引导的根深蒂固的习惯与程序。惯例既包括了一般化的思想，又包括了践履制度的行为，是思想或图示层面和行动层面的结合。对于传递作为诸如学校文化等隐性知识而言，惯例是不可或缺的。关于特色的知识嵌植于组织惯例之中，沿各种具有相似角色的和从事密切相关的各种活动的行动者之间的直接联系而传播开来，从而作为传递学校特色的一种重要资源的惯例，其本身也成为学校特色行为的表征。

　　惯习和场域之间的关系，是认知建构的关系。[①] 通过惯习的建构，场域

---

① ［法］布迪厄，［美］华康德. 实践与反思［M］. 李猛，李康译. 北京：中央编译出版社，1998：172.

形成了由共同认知所构成的"一个公认的制度生活领域"。在行动者和社会世界之间，形成了一个真正本体论意义上的契合。而同时，在特色建设中，我们不仅要把关于特色的思想重新纳入惯例概念，通过行动者践履关于特色的概念，不仅仅是在"重新实施"过去，而是把能动性重新纳入惯例概念，使得行动者为建构将来的实在所进行持续的转化的行动，从而形成常规性的行动程序，通过惯习的认知建构的实践，又不断对实践和场域发挥着能动作用。

（4）人工器物

对于学校特色建设场域而言，人工器物是在学校文化和独特办学理念影响下，被赋予了象征意义的可以承载和传播这些意会性知识的客体。在特色建设过程中，要善用这些凝聚着学校文化观念的社会价值物质存在，包括基础设施、教学辅助设施、环境布局等物质载体以及嵌入硬件和软件中的复杂技术等。

2. 技术资源

技术资源可以说是体现特色建设技术环境要求的一种知识性资源。技术资源既包括有形的借助语言、文字、图像等媒介保存的显性知识资源；也包括无形的隐性的知识资源和知识资源等。技术性资源更多地具有非实体性的特征，即以知识形态存在，学校特色建设场域中的执行者通常是这些无形资源的持有者，也只有他们成为技术性资源的持有者和创造者，学校特色才能真正意义上形成。

在学校特色建设场域中，技术资源出现在如员工规范、工作训练教材、行政程序文件、操作手册等资料中；体现和沉淀在学校理念、行为、制度、结构、技术等方方面面的工作中，可意识、可获得的事实、观念或思维架构等组织外显性较高的学校技术性资源，主要蕴藏在学校外显特色中。（操作思路）而隐藏在学校核心特色中的技术性资源主要指，教师或专家所拥有并不断发挥能动性和创造性而产生的知识和技能，本质上是程序性的，通常表现为手艺、专业、实践能力或是组织的"专有技术"；另一方面是指介于正式化知识与经验性知识之间，个人所拥有、通常为某个组织成员都知晓，透过团队的互动过程达成共识的隐性知识，譬如文化、价值观、规范等。

知识形态的技术性资源是一种稀缺性资源，由于知识具有无限的延展性，技术资源也是可以针对具体问题的情景对原有知识进行再加工和再创造，从而不断产生出新的资源。技术性资源的获取在一定程度上要以制度性资源作为条件，在拥有制度资源的前提下，才有利于组织更好地提供或获取技术资源。技术资源创造和延伸的过程，也是学校特色建设的过程；反之，技术性资源的传递要靠制度性资源作为"传播者"，技术资源上的优势也有利于学校不断获取制度资源。

前已述及，考虑到物质资源的刚性以及制度与技术这两类资源无限的延展性，在特色建设过程中，应该多加开发和利用后两种资源。资源的利用和潜在资源的开发也是一个学校不断改进的动态的过程。下面，笔者将学校特色建设场域中行动者、能力与资源的关系做一个总结。（如图4-2所示）

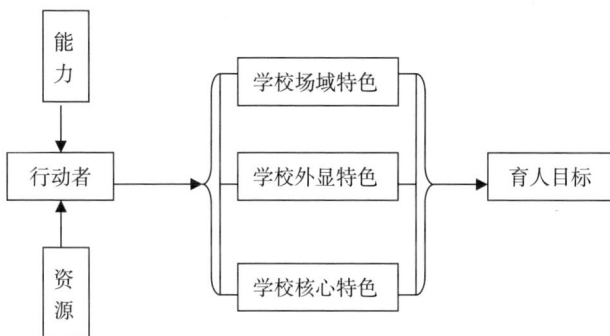

图4-2 学校特色建设场域

二、复杂性视野下学校特色建设的场域要素互动

学校特色建设是一项涉及学校整个系统的、全方位的学校变革活动。学

校特色是客观的存在，也是有条件的存在，所以，要进行学校特色建设，我们还得思考学校特色建设需要的条件。学校特色建设的条件无外乎人与物。在学校特色建设过程中，人与物所构成的时空联系网是学校特色建设结构运动的载体。

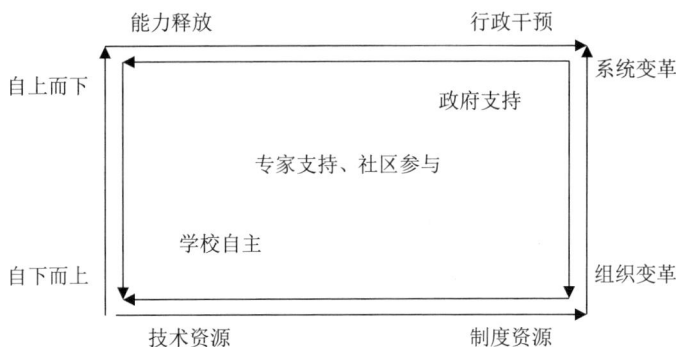

图 4-3 学校特色建设场域要素互动图

图 4-3 为学校特色建设场域要素互动图。其中，纵轴表示变革的方向，表示特色建设是一个自下而上与自上而下相结合的过程、也是组织变革与系统变革相结合的过程。横轴表示行动者发挥其能动性所需要拥有的能力和资源。处于不同发展阶段的学校可以在这个学校特色场域图中找到自身位置，并利用和开发相宜的资源，提升自身的潜能进行学校特色建设。学校特色建设所需的资源和能力是在特色建设实践过程中动态生成的。各种行动者能力和资源的组合在学校发展到一定阶段之后，需要随着学校不同的发展状态、目标和任务的改变而有机地组合。根据不同的要素互动组合，复杂性视野下学校特色建设的场域可以分为以下几种方式。

（一）学校政府行政力量推动——专家科研力量支持、社区参与

学校特色建设容易受到学校硬件、师资、财力等条件的限制。很多学校特色因为物质保障的缺乏，或是随着教师的调动等被迫中断。因为人、财、物保障大多是以政策或者制度资源作为依据和来源的。所以，特色建设的资

源更依赖政府提供的政策等制度性资源的保障。缺乏教育行政部门的政策支持和制度保障对于学校而言无疑是一种"致命的伤害"。

一方面，有些学校受到兴起于20世纪70年代的重点学校政策的影响，导致其资源匮乏。如前所述，重点学校政策在教育领域形成了一种整体性的学校资源配置的制度安排。重点学校的政策安排通过政策规制性的权力，使得少部分学校获得了更高的合法性和地位上的崇高性，从而产生了资源配置的中心——边缘的等级安排。而且从70年代末开始，中国开始了以"市场化"为取向的教育制度变革。在遵从经济理性高度竞争的教育市场中，获得更高声誉的学校，在社会上自然而然地得到学生和家长的追捧。"权钱择校"使得学校得到除了政府投资之外的来自社会方面的融资，优质资源的积累效应加固了这部分学校在社会秩序中优势的地位。由于对学校投入的差别尤其是优势积累所带来的增量差别，决定了学校发展获得包括社会认可在内的生存和发展所需的各种资源的等级结构。这样由政策等制度性因素带来的不同学校在关系结构中的等级安排，造成了学校特色建设带来的资源缺乏的困境。另一方面，一些学校由于忽视学校场域整体特色的建构导致其资源匮乏。学校核心特色和外显特色作为组织最稀缺的资源之一，学校在创造出并拥有学校核心特色和外显特色的条件之下，还需要学校与特色建设场域中各个行动者建立连续关系方式，通过相应的关系网络传递给学校利益相关者。忽视核心特色和外显特色基础之上学校与利益相关群体的关系网络与关系结构的建立。由于没有重构和更新学校特色建设要素传送的方式根本性和整体性的"结构规则"，学校多样化发展无法走出由制度性因素带来的资源匮乏的困境。

总而言之，以上这些学校特色建设的困境在于缺乏师资力量、物质保障或办学自主权等，这就需要制度资源的所有者或支配者通常是政府加大投入，甚至在制定政策和资源配置的时候有所倾斜。外力干预介入可以为学校特色建设提供制度性保障，或是为学校注入"学术资源"和智力支持，从而使得教育行政部门成为学校特色建设过程中强有力的后盾。

　　具体来说，首先，政府是资源及政策的保障者。地方教育行政部门的介入可以为学校特色建设提供必要的人力、财力、物力来源以及相关的政策、制度保障，以确保合作顺利进行。教育行政部门掌握着法定的行政权力和资源的拥有权与配置权力，这种规制性的力量，通过改变内在规则，可能导致新制度形式的产生。专家科研力量、社区与中小学通过地方教育行政部门提供的以资金为代表的物质流和以政策为代表的符号流产生优势互补，大学研究走出"书斋理论"的藩篱，中小学教师提升研究意识、研究能力而实现学校发展的突破。其次，政府可以作为中小学特色建设过程的监控者。虽然在学校特色建设的过程中，教育行政部门不应过多的干预，但在宏观上通过适时适度的组织、观测和调控来参与学校特色建设，来促进学校特色建设和学校教育质量提升。教育行政部门可以行使其行政权力，通过制定利益相关的契约或政策来维系所期望的规则与规范，它的介入使合作变得更加规范化。政府参与监督管理，在其行政权力的震慑下，合作双方需谨慎尽职地承担起合作中的责任。合作中不可避免的隔阂，也可由政府行政部门出面通过资源调整、人事调整等方式进行调和。其实，政府所扮演的外部监控评价角色是必不可少的，其作用是帮助学校对学校特色建设的结果进行反思，并随之采取相应的改进行动。最后，政府可以作为区域发展的统领者。中小学学校特色建设已经成为人们关注的重要问题，每一所学校都有自己的发展进程与现状，教育行政部门的加入，对本地区的教育发展进行总体的、宏观的把握，使学校明晰自身的定位和发展前景。教育行政部门参与并提出推进区域性学校改进的目标，并对区域内每一所学校的发展路向有明确思路，有利于从整体上调配教育资源，推进区域教育的综合发展和均衡发展，也使学校更具积极性和主动性。

　　地方政府以及教育行政部门充当着制度性的能动者，它们的支持可以使变革的效益直接地显现出来。第一，促进教育均衡发展。1993 年国家教委《关于减轻义务教育阶段学生过重课业负担，全面提高教育质量的规定》、1997 年国家教委《关于义务教育阶段办学行为的若干原则意见》以及《国家中长期教育改革和发展规划纲要（2010 — 2020 年）》都明令禁止义务教育阶段设重点校、重点班、快慢班。同时配合取消重点学校政策，改变之前偏好把示范学校建设作为考核政绩工程的评估制度，改为把辖区内中小学办学标准落实情况作为官员考核与晋升的重要指标。在制定政策和进行资源分配时，改变之前按学校重点和非重点的顺序进行投入，改为向薄弱学校倾斜，消除校际教育资源投入上的增量差别，以此促进中小学均衡发展和资源均衡配置。第二，改革学校评价制度，促进学校从同质走向多样。着力建立由评价组织机构、地方教育督导机制、学校教育过程评价机制、入学选择机制和教育质量的国家监控系统五个方面组成的完整的基础教育评价体制系统。这是消解高考对学校教育质量和对地方教育发展质量目标的单一控制力量的先决条件。此外，还需进一步建构义务教育学校办学条件和教育质量综合性评价体系，使评价指标向综合化发展；建立多元评价主体，采取自我评价、外部评价和第三者评价（专门家、政府、设置者等）相结合的评价方式；设置弹性化的评价标准，以协调好统一标准与办学特色的关系。

由此可知，这些法律政策构成的完整体系，作为政府行政的规制性力量，提供了制度安排进行变革的可能性以及学校特色建设强力的推动力。此外，政府机构还可通过激励和教育资源重组等方式发挥示范校的示范作用。最有条件再造和复制"规则"的，便是那些重点学校或示范校。重点中学的示范辐射作用可以通过与普通中小学分享优质教育资源，向薄弱学校输出管理模式，输出教育教学经验，输出优秀的干部和教师等。比如很多地区出现了教育现代治理的模式——名校集团化模式，"名校＋新校""名校＋民校""名校＋农校""名校＋弱校"等方式重组教育资源，不仅激发学校新的活力，促进学校改进，还扩大优质教育资源的辐射效应。

（二）学校自主力量主导

作为特色化发展所必需的最具能动性的行动者就是学校。校外的"变革能动者"终究还是外因，学校只有从自身的优势、历史或是学校文化出发，围绕以育人为中心的学校办学宗旨和核心价值展开学校教育教学活动，而非过分强调考试，即从学校成员认知深处建构，才最终有可能改变"结构规则"。学校信念系统决定了学校成员对于无异于学校变革的学校特色建设的反应。有些学校缺乏没有相应的文化—认知系统支持的时候，组织更有可能采取回避策略，即以仪式性的方式来应对，但内部却不受环境影响而独立运行。也就是我们说的"脱耦"或是"上有政策、下有对策"。还有些学校拥有的教育资源基本达标甚至已经优质，再增加资源投入对于学校特色建设已不显著。要突破发展的瓶颈，仅仅依靠行政权力是不够的，学校更需要走一条内涵发展的道路，即提升领导力和教师的专业能力，通过提高学校的学习和创新能力，将每一所学校特色建设执行者发展为主动参与者、"研究者"、"反思的实践者"或"教育家"，发展人的主体性，不断地创造出新的知识，积累技术性资源，进而使学校获得不断突破与自我更新的巨大的发展力量。或是灵活运用竞争或合作，革新和营造学校整体氛围，增强学校自身需求和创新愿望，帮助学校生成技术性资源，提高学校教育质量，从而形成学校发展的特色。

学校自主力量主导的场域中，校长是学校特色建设的领军者。校长是一个学校的灵魂人物，在学校变革这条漫长而艰辛的道路上，他应担负起领军者的角色。第一，校长要带领学校成员明确学校定位，在潮水般的改革方案和建议中理顺思路，不盲目跟风、随波逐流，坚持走符合自身条件、有鲜明特色的学校改进之路。第二，校长促使全校成员形成共同发展的愿景以指引学校未来发展方向，并适当分权，激发学校成员在改革中的主人翁意识。第三，传递革新的勇气，带领学校形成合作的、开放的、接纳的、积极的文化氛围，为新生事物的萌芽铺垫沃土。第四，必要时，校长需拿出与政策博弈的智慧和胆量。当政府的命令与学校新的教学和管理方法失调时，要有勇气去质疑上级的命令，并设法取得教育行政部门及社会各方力量对学校改进工作的支持，且邀请各方力量参与改革。第五，信息时代和知识经济时代决定了对外交流的重要性，校长是一所学校对外的联络者。他应对国家新推出的教育政策及先进的改革理论保有敏锐的洞察力，同时立足于本校的教学改革的实践，形成自己的教学思想和教学理念。第六，校长应紧密跟进学校的改进工作，及时发现问题并反馈给专业人员与学校成员，以利于及时调整步伐，少走弯路快见成效。总而言之，学校自主力量主导的场域中，具有成熟的教育和办学思想的校长成为学校特色创建的主体。一方面，校长可以根据教育学中已有的、内含着价值追求、反映教育理想、潜藏操作性思路的一种或多种教育理论，形成自己的教育观，并实践该教育观；另一方面，校长也可以从传统教育文化和学校已有的教育文化传统中汲取养分，结合自身长期教育实践经验，总结出关于行动中的实践逻辑的普适性、实践性的教育理论。值得注意的是，持有并最终实践学校教育观的主体一定是学校全体教育者，只有他们才能将学校教育观念实在化，并在自己的反思性的实践中实现学校教育育人理想。此时，学校教育观就成为学校文化的原动力，关系着学校成员的生命实践和教育理想。

此外，学校自主力量主导的场域中，教师是学校特色建设的主力。富兰认为："变革太重要了，不能把变革只交给专家，个人的思维模式和熟练掌握才是最后的保障，每位教师都有责任帮助创建一个个人和集体都有能力探索和不断更新的机构。"[1] 只有当思想开始变革，教育个体用新方式工作时，学校的结构才会改变。因此学校特色建设始于教学行为、教学思想及教师三者间的联系，结构的变革如果没有在思想上、信念上和态度上的变革是不充分的。"个人驱动的内心和外在学习的结合是制度变革的最好策略。"[2] 在学校特色建设中，中小学管理者和教师不再是被动地接受某种理论和方法，不再是简单的执行者的角色。他们要发挥其丰富的实践与个人经验，主动参与到研究中来，立足学校自身的问题，把相关理论和方法与学校的现实相结合。

---

[1]　［加］迈克尔·富兰.变革的力量——透视教育改革［M］.中央教育科学研究所，加拿大多伦多国际学院译.北京：教育科学出版社，2005：51.

[2]　劳凯声.中国教育学研究的问题转向—20世纪80年代以来教育学发展的新生长点［J］.教育研究，2004(04)：17-21.

教师是变革的动力，当他把个人愿景与整个学校未来的愿景相联系，则从对变革怀疑的暗室走了出来，每一股同宗的力量汇聚起来，朝着同一个变革的方向，制度便会发生改变。

总之，在学校自主力量主导的场域中，学校特色建设意味着学校的关注重心从外部教育资源配给转向内部教育资源生成；学校由外延式发展转向内涵式发展；学校发展从教育行政部门主导逐渐转向学校自主。通过学校发挥自身主体性，凝练学校育人价值观，建构特色校本课程和校本教学模式、提升学校文化品质，实现优质资源创生等，使学校形成学校特色和相对优势，从而为学生提供多样化、个性化的选择，满足不同学生的发展需求。

（三）专家科研力量引领

价值观是学校精神文化的深层部分，它是具有合法化作用的"说明"或"脚本"，贮存在文化中，作为行动的认知导向系统。这样，在组织的中观层面，由高考建立起的声誉制度为在场域中活动的各种行动者总和、各种组织总和及它们之间的互动提供了组织化的原则。高考主义的取向在学校组织价值观层面被意识形态化成为学校的目标。仪式化和符号化的高考成为我国学校实质上的价值体系和目标追求。这样导致在特色建设实践中，"素质教育轰轰烈烈，应试教育扎扎实实"。教师的劳动所依靠的并非专业知识与技能，而是对于高考技术的研究和考试的解析程度，导致落实在学校"育人"理念直接相连的教学方面和课堂行为层面的特色却相对缺乏。有的学校则把特色教育简单化为开设艺术、体育、科技类课程或是特长班等形式，还存着把个别学生精心打造成支撑学校特色的"门面"，或是选择具有一定条件的孩子参加，而不是所有孩子都能按照自己的意愿参加自己喜欢的项目的做法。实际上这是教育在选择合适的学生，而不是为学生提供适合的教育。办学者急功近利过度关注外显特色，把学生获得奖项的级别和数量作为特色展示的成果，争取更高级别的奖项成为学校色项目发展的目标，不仅无助于学校特色化发展，而且形式化的学校特色会直接影响学生全面健康地发展。学校声誉制度，通过学校遵守"规则"的表现来分配"资源"，从而在学校办学实践过程中，制度一再被强化。然而，当学校"规则"经过不断的和重复的人为干预而发生变化时，"结构"性的教育问题亦会发生质变。

大学及教科研组织专作为专业知识的供给者，无论在学校价值观的引领还是在学校特色设计等方面都发挥着重要的引领作用。首先，对于学校特色建设，大学的研究者掌握系统的研究方法与理论，应该承担起向教育行政部门和学校传授改革所需的理论、方法的责任，可以根据学校改革的要求梳理相关的理论成果，提供需要的模式，运用与传播自己的研究成果、知识储备与国际视野来解决学校发展中遇到的学校战略制定、学校特色建设以及管理和教学效能方面的问题。教育研究者介入合作的优势在于能为政府决策提供一定的咨询启示，能为学校改进提供智力支持。大学专业人员将概念化、学术化的话语体系用"阐释性"话语表达，即将其实践化，在与官员、学校管理者、教师的沟通中需要借助实践性的词汇来提高沟通的有效性，使专业的理论知识为学校澄清关键概念、规划合理的改进脉络、解决实践中的矛盾提供了科学依据。其次，作为实践活动的介入者的大学人员可以深入现场、切实把脉、对症下药，介入学校改进的过程本身会给教育研究者的理论研究提供实践基础，但也不同于大包大揽、事无巨细的强制干预者，介入者可以激发局内人的变革热情、给学校以自主发展的空间。"太过严密的控制可以获得短期成果，但却不能将我们带入教育变革的新境界，它使教师身心疲惫，减少了改革进一步下去的机会。"[①] 这里的介入者处于引领性的研究立场，以"局内人的局外人"之双重身份对变革进行温和的干预。正是大学人员以平等谦和的姿态深入教学一线，才避免一线教师对"权威"的惧怕，使他们处于平等和谐的氛围里与大学教师面对面的接触交流，获得大学研究团队的针对性指导与帮助。最后，作为教育理论的生成者，当面对现实的教育问题

---

① 孙自强，土标. U-S合作的主要形式、现实困境及应然路径［J］. 现代中小学教育，2016，32(02)：8-10.

时，大学专业人员在给学校改进供给源源不断的理论养料的同时，也同学校成员一起发现问题，解决问题，总结经验，探索方法。

除了大学的专业人员，教研机构上联政府，横联高校，下联基层学校与教师，结合区域教育发展的整体性需求与学校发展的个性化需求，统整高校资源，扮演合作的发起者角色。既心系教育实践改善、又能运用教育理论游刃有余地进行教育设计的教研员对于学校特色建设也发挥着重要的引领作用。首先，作为各方关系的协调者，教研机构成为合作关系中的"润滑剂"。在我们传统的教育体系中，大学与中小学几乎是隔绝的，双方相互接纳、认同、相处的程度不高。中小学人员认为大学只是空谈理论，对中小学的学校发展无实质价值。虽然近年来，研究者逐渐意识到教育研究实践性的重要性，中小学教师、校长也开始关注大学研究者的声音，注重加强理论修养，但在合作的过程中不可避免地在观念、方法、认识存在差异与分歧，难以找到问题的出口，影响合作的效率及信心。由于教研机构拥有一批既掌握深厚教育学理论功底、了解学科前沿动态，又精通教学实践的"顶天立地"型专职教师，他们的加入，解决了双方在联络协调方面的困难。当学校打破四方围墙的封闭空间，处于一个流动的社会有机系统内，所有教育相关机构或是对教育感兴趣的人员为了实践教育目的而聚集起来。虽然他们有着目标的一致性，但由于各自不同的组织使命难免会产生利益纠葛和矛盾。为了使各方力量凝聚起来拧成一股绳，教研机构既代表了教育局，在一定程度上反映了行政的意志，又与大学、学校联动，起到了对合作各方进行组织、管理、协调和参与的作用。其次，教研机构作为合作效果的评测反馈者，可以对学校日常的改进工作的继续跟踪、督促及指导，通过开展专业化的研究与咨询服务，成为学校的"智库"，向学校提供具有前瞻性、引领性与可行性的建议，并将难以解决的问题反馈给大学研究人员，共同协作寻求对策。

学校与社区和大学建立合作共同体，借助其力量进行改进。20世纪80年代以来我国关于大学——中小学合作的研究进入高潮期，中小学与各师范院校和综合大学的教师教育机构都纷纷组成"学习共同体"。除了 U-A-

S""U–S"模式以外，越来越多的主体开始参与大中小学合作。随着合作的进一步深化、我国教育课程改革不断地深入，在以校为本的基本理念的指导下，政府、各校教研组织、教研机构为充分发挥大学专家和中小学教师有效平等合作，开展了"U–A–T–S"的四方合作。由于带来共享观念或共享的思维方式的社会规范性要素主要来源于专业化进程，由专家进入学校带来新的价值观和规范标准，再造和更新"结构"和"规则"，成为重构学校声誉制度的规范性力量。

三、小结

作为开放系统的学校，组织内外松散耦合的因素彼此之间具有双向甚至多向的交互关系并形成一个复杂的大系统。而学校特色建设无异于进行一场教育变革和学校改进，必然会涉及教育组织系统的不同层面复杂相连的诸多因素。要从根本上解决学校特色及其建设所遭遇到的问题，就要运用整体的、非线性的、开放的复杂性科学的方法论来考察组织。本章借用社会学"场域"概念，动态地考察特色建设的场域要素。场域行动者要素包括政府——作为举办者的行动者；专家——作为支持者的行动者；学校——作为办学者的行动者；家长——作为需求者的行动者。

行动者所具有的能力包括：第一，政府的行政干预能力，即管理能力（包括决策能力、指挥能力、协调与控制能力、监督能力等）和服务能力。第二，专家的专业支持能力，专家作为理论研究者，进入政府和学校的决策层，完成"理论主体"与"决策主体"合二为一的过程，以其专业权威和实践智慧获得影响"结构"的能力。第三，学校自主发展能力，即领导力、教育能力、专业能力、学习能力、合作能力和竞争能力。第四，家长的参与管理能力。

行动者的资源包括：第一，制度资源。通过对符号系统、关系系统、惯例、以及人工器物等制度性资源进行开发和建构，这些制度性资源不仅可以承载或传递制度要素，而且通过积淀还会形成一种客观实在来表征学校特色。第二，技术资源即体现特色建设技术环境要求的一种知识性资源。技术资源既包括有形的借助语言、文字、图像等媒介保存的显性知识资源；也包括无形的隐性知识资源。技术性资源更多地具有非实体性的特征，即以知识形态存在。学校特色建设场域中的执行者通常是这些无形资源的持有者，也只有他们成为技术性资源的持有者和创造者，学校特色才能真正意义上形成。考虑到物质资源的刚性以及制度与技术这两类资源无限的延展性，在特色建设过程中，应该多加开发和利用后两种资源。

特色建设是一个自下而上与自上而下相结合的过程、也是组织变革与系统变革相结合的过程。处于不同发展阶段的学校都可以在这个学校特色场域图中找到自身位置，并利用和开发相宜的资源，来提升自身的潜能进行学校特色建设。学校特色建设所需的资源和能力是在特色建设实践过程中动态生成的。各种行动者能力和资源的组合在学校发展到一定阶段之后，需要随着学校不同的发展状态、目标和任务的改变而有机地组合。根据不同要素的互动组合，学校特色建设的场域可以分为"学校政府行政力量推动—专家科研力量支持、社区参与—学校发挥自主力量"，"学校自主力量主导—政府、专家、社区力量支持"，"专家科研力量引领—政府行政力量、区域力量推动—学校发挥自主力量"三种方式。

第五章　路径分析：学校特色建设的知行重构

　　学校特色的形成，难也。在高呼学校特色的今天，教育行政部门和学校都对学校特色建设给予了高度重视。我们看到繁多的理念和模式充斥着校园，许多学校因此陷入了概念的丛林。然而这些看似新颖的学校理念实则含混模糊，往往与实践体系之间缺乏一致性。"概念不操作、说做两张皮"，使得学校特色理念无法真正得以操作和落实。还有学校尤其是农村中小学特色发展的意识和能力不足，或是模仿或移植他人成功经验，或是依赖外请专家帮学校建构学校教育理念系统和课程系统，这些做法都未能触及特色学校之"实"而空有其"形"。这些学校特色建设行为，不仅浪费了时间和精力，还遮蔽了一线教育者真正有价值的教育思想和实践智慧，导致我们走进校园千校一面的情况依然存在。不论城市或乡村，深入实践主根的传统的课堂和学校生活方式仍然只有考试这"一面"。学校特色可以被随意雕刻吗？学校特色到底是怎样形成的？学校特色形成的路径是什么？如何建设学校特色？因此，本章提出学校特色建设的方法论，从而解答实践领域中的重重困惑，在一个"动态生成"思维框架中，以不同发展阶段的学校为核心，分析这些学校在特色建设过程中生成、组合和采用了哪些策略。

一、知行断裂：学校特色建设中的现实困境

　　上一章所建构的学校特色建设场域要素互动模型是学校特色建设的理想状态，学校特色建设场域中，最大的问题和困境在于学校特色建设的"说做

两张皮"。造成学校特色建设中无法做到说做合一的原因，是由于某一种或某几种关键的学校特色建设场域要素的缺乏，从而使得学校建设思行链条断裂，最终使学校特色落地无门。我们可以将学校特色建设场域要素缺失的情况归纳为三种，即无思维无行为类型学校的"逻辑不自洽"，有思维无行为类型学校的"概念不操作"，无思维有行为类型学校的"挖掘不深入"。下面本书将对这三种情况具体分析。

（一）认识的局限：无思维无行为类型学校的"逻辑不自洽"

此类型的学校没有形成自身独特的教育观，与其他学校存在着惊人一致的教育思维与教育行为，表现为试图通过教育和训练使更多的学生在现行的考试中取得优胜。

比如笔者调研的城乡接合部 A 中学，其办学理念为"学校为体、研究为用、文化为先、教师为重、学生为本、品牌为略"，办学目标为"培养高素质的合格中学生"，办学宗旨为"让每个孩子走向成功"，校训为"求真务实，开拓创新"，学校特色为军事化管理特色。

A 学校的问题在于学校缺乏一定的理论认识，对办什么样的教育缺乏深入地思考，学校理念体系中逻辑表述关系比较混乱和松散。如办学理念中的"学生为本"、办学目标中"高素质的合格中学生"和办学宗旨中的"让每个孩子都走向的成功"，这些概念都是什么含义，该如何解释？"求真务实，开拓创新"虽然在一定程度上表达了学校教育者上进的精神，但这种精神并不是教育所独有的，如何使其统一在学校教育理念当中，如何使其具有教育性？军事化管理特色显然是学校的管理特色而不是办学特色，这样的管理理念源自哪里？它与其他理念之间有什么内在关系？

在调研当中，笔者发现在案例 A 这样的学校当中，即便学校拥有完整的学校理念表达，如一些学校邀请外来专家设计学校教育理念体系，这些理念所表达的概念和理论依然很难走入学校教师个体的教育观和教育实践。教师会对这些理论本能排斥或采取消极的态度，究其原因，是由于教师进入教育生活所形成的教育观念一般来自于学校传统和自身实践。学校对新的教育理念的推行，必然与学校传统进行碰撞。教师对于理论的消极态度，看似对于社会压力和习俗的屈从，但其实是教师进行价值排序之后的准理性选择。教师对理论的排斥和实践中对社会压力和习俗的遵循，互为因果，一体两面。Ａ学校类型的学校所持的教育思维，其实仍然是考试文化下大多数学校所秉持的教育思维，其教育实践按照深深地植根于学校片面追求升学率的习惯而进行。在这类型学校当中，校长根据所规定的升学率和政绩进行评价，其行政角色被不断强化，在"指令—执行"的规则之下，校长学术身份退化带来理论品质的薄弱和个性化思想的弱化；多数教师的日常工作限于对考试技术的研究和解析，日趋远离教育的本质。教师朴素的教育观念因为缺少了知识基础而无法超越现实，从而使得教师工作陷入日常琐碎的操作之中，教育实践由此缺乏专业性。此外，在行政力量和社会压力之下，本应最具有专业性和创造性的教师的自由实践沦为了维持学校生存的手段，转过来成为反对学校教育者自身的活动，使得学校教育实践丧失了主体性。任何教育实践能力的提升均来自教育者的自主学习，学校特色建设所必需的最具主体性、创造性和专业性的教育者的"淡出"，使得这类型的学校既无思维的特色，也无实践行为的特色。

如何在理论认识基础上建立关于理想教育的教育理念系统，如何让教育理论走入教育者的教育观并成为教师的教育信念，是这类型学校亟待解决的问题。

（二）实践的复杂：有思维无行为类型学校的"概念不操作"

与无思维无行为的学校相比，有思维无行为类型的学校特点是具有教育观念体系，但是缺乏理论支持的表述，使得学校表述出来的教育理念缺乏说服力。此外，此类型的学校还有一定程度地围绕学校理念对学校教育行为、学校特色之形的设计，但这些方式方法上的革新无法等同于学校教育理念体系相匹配的操作思路，因而无法完全渗透到教育者日常教学育人活动中，从而无法真正推进学校的内涵式发展。

笔者调研的城乡接合部 B 学校的校长通过外出学习参观，结合"少年军校"理念的传统优势，在学生队列队形上能做到快静齐、上下学路队制井然有序、大课间活动扎实有效。在队列队形健身操表演取得了很好成绩的基础上，以健身操成为学校的特色活动项目，并在外请专家的帮助下确立了"习操健体，身心并进"的办学理念以及培养"德厚笃行、好问乐学、体健心康"的新人的学校育人目标。学校开发队列队形健身操、武术健身操、文明礼仪操等校本课程，以"操"为载体，为学生提供成长的平台，并将"操类活动"融入体育、文化、艺术等多个学校教育领域。除了每天大课间活动时间，学校还开发设计了各种形式的课中操形式，在上课期间穿插课中操。此外，学校还开发了"121"课堂教学模式。然而，学校在推进学校特色建设的过程，学校困惑于如何将以操育人的特色辐射到学校的整体层面和各个领域。

造成 B 学校特色建设过程中"习操"概念难以辐射到学校的整体层面和各个领域和环节的"概念不操作"的原因。具体来看，一方面在于学校办学理念缺少了教育知识基础，而且学校缺乏与教育观相匹配的教育操作思路；另一方面在于学校现实的工作中学校教育者接受了渗透着某些理念的教育技术路线引领，如 B 学校课中操模式的开发以及"121"教学模式的开发等，这些都表明学校特色建设和教学模式的格式化程度有所提升。然而由于缺乏教育观指导下的教育操作思路，学校教育实践的理性水平并没有显著提升。学校校长和教师重视对技术和方法的开发和学习而不是理念的引领和整体思路的设计，究其原因，是出于功利理性和技术理性之下对"有效"和"高效"追寻。追求高效本没有问题，只是在"目标—手段—结果"的行动逻辑的整体框架之下，拥有务实精神的学校行动者为了争取组织生存和发展所需要的资源，更愿意接受具有同样行动格式和价值追求的在共同的生态和场域中受美誉的教育组织的"运行模式"和成功经验，却忽视这些学校的"成功运行模式"是在具体情况和对象的认识上形成的，很难脱离具体情境而具有普遍的有效性，无法简单进行移植。当一种模式和方法被引入学校和课堂，而没有相应的文化—认知系统支持的时候，学校教育者更有可能采取回避策略，即以仪式性的方式来应对，导致教学、德育、课程的方法和模式的创新只是形式化的变化而已。也就是说，看似教育方法和模式的百花齐放，若不能在基本问题与价值层面实现对技术与方法的意义进行综合和解释，就成为没有实质内容和生命力的概念，从而使得学校特色不特，而且教师很容易陷入困惑、倦怠与无意义感之中。比如 B 学校教师为贴合学校特色，编制了不同学科不同形式的课中徒手操，开发了"121"课程模式。只是课中操的教育理念和科学依据，教师很难言明，致使教师越来越成为被学校安排的技术的匠人。

因此，此类型的学校除了需要思考如何提升学校教育观念和理念的理性水平之外，还需要思考实现学校教育理念和教育理想要做什么和如何做，以及学校活动的程序和格式的合理性依据。

（三）理性的有限：有行为无思维类型学校的"挖掘不深入"

此类型学校常见于那些具有较为扎实和优质的教育实践的学校。如笔者所调查的北京市的 D 区小学，学校在学生知识训练、能力培养、兴趣拓展等各个方面都很优秀，也取得了很多国际、国内优异的成绩，却苦于凝练不出特色。在调研过程中，学校领导曾表示希望可以像知春里中学和翠微小学从所在的社区和街道汲取文化和教育内涵，提炼出"知中行健，春和海涵"，"明德至翠，笃行于微"的办学理念一样提炼出学校自身的特色办学理念。

C 学校具有较为丰富的关于教育如何做的缄默知识和稀缺的教育资源，但是在观念提炼和思路整合方面欠缺。校长和教师们的工作和思考停留在"习惯"上，虽然具有自身的操作程序，但是一直处于一种较为被动的状态，没有一种系统的工作思路。即便形成了一些对于教育能动的反应和主观的理解，教师们普遍不能理解自己的教育观点和自己的教育实践行为有什么关系。比如学校有些语数外教师依然不能十分理解学校对于学生艺术和体育等活动的安排，认为学生因为国际比赛所进行排练和训练等活动耽误了正常教学。尽管如此，大多数教师们依然愿意支持学校的决定，对于学生因发展素质而落下的课业，老师们表示下来再给学生另外补课。此时，学校教育实践行为依然是一种自在的教育思维指导之下的教育实践行为，而非自觉的教育实践。学校教师教育教学的依据是教育实践总结的零散经验。此类型的学校的教育者，虽然具有高出一般的教育实践能力并占有稀缺的教育资源，但尚未认识到自身教育实践背后深层次的教育原则和教育精神。学校教育者无法对其教育行为的合理性进行思想和理论上的解释，教育者始终无法进入自身实践的精神领域，看不到或凝练不出自身教育实践背后的认为价值。因此，凝练不出学校特色。

实际上，每一种教学技术、课程的运行模式和程序作为合目的性的实践方式和手段，背后都会有一定的教育理论支撑。[①] 此类学校需要从教育思想和教育理论中找出自身实践背后的教育哲学以及凝练出学校行为背后的原则和模式。

二、知行重构：学校特色建设的三条路径

学校特色建设的成效直接取决于学校教育思维与学校教育行为，学校特色建设中说做两张皮，无法做到说做合一，使得学校特色落地无门。究其原因，主要是就学校特色形成的原理而言，学校特色建设要素缺失以致思行链条断裂。此外，学校特色建设需要满足将教育理论转化为教育实践的条件，缺乏学校特色建设的主体和物质条件，也使得在教育思想和理论支持下的知

---

① 刘庆昌.教育实践及其基本逻辑［J］.山西大学学报（哲学社会科学版），2015，38(03)：97-106.

行合一无法实现。黑格尔提出"认识—实践—认识"的过程，把理论指导实践作为实践的必要环节，只是现实的教育中，理论指导实践却并不是那么简单的。从教育实践的现实来看，相当一部分教师只是在"自发"地做"部分的教育"，离"自觉"地做"整全的教育"还有相当一段距离。面对教育者早已习以为常的教学习惯和深入骨髓的生活方式，学校特色建设过程因其不仅涉及学校教育者理念的选择和搭建，还涉及教育信念的建立和教育实践的改造，所以，质言之，学校特色建设就是在教育理论的影响和推动下，对学校教育理念和教育实践的改造乃至重构，即进行理论基础上的知行重构，从而提升教育实践的内在品质。基于学校特色建设的三重困境，笔者提出进行学校特色建设的三条路径，即系统重构、行为重构和思维重构。

（一）系统重构

1.内在机理：学校特色建设要素结构与基本原理

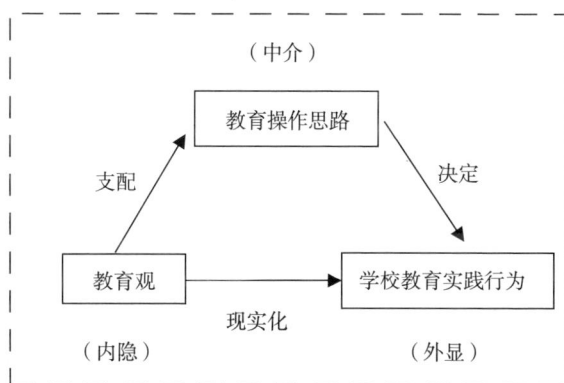

图 5-1　学校特色要素互动机制示意图

如图 5-1 所示，要建设学校特色，首先要形成学校独特的教育观，即学校办学和教育理念体系，是包括目的观、内容观、方式观、教师观、学生观等在内的一整套的教育观念系统。教育观念是关于教育是什么的看法，是学校教育主体通过理性思维对教育理论的选择或是理性的概括。[①]实践中，无思无行无形、无思无行有形、无思有行有形等类型学校没有形成自身的教育观，主要是因为教育思想或理论没有走进教育思维。

学校形成了自身的教育观及其表述，而学校特色观念无法变为现实，主要原因是缺乏操作思路。把观念变为现实，必由之路是在观念的支配下对教育操作进行理性地构想，其产品就是教育操作思路。[②]教育操作思路其实就是一种实践理性，隐含着个体运动程序和趋势的必然，是在教育观支配下对"做什么"和"怎么做"进行设计和构思活动，是使教育观念与行为一致的中介。对于学校而言，如果对内在系统的设计是正确的，那么这个内在系统就适应于外在环境，可以更好地实现目标。实践中，有思无行无形等类型的学校特色建设的"行思脱节"并不是学校没有提出和设计自己的教育观及其表述，而是学校所提出的概念与实践体系的展开之间没有关系，缺失了教育观支配下的教育操作思路，使得学校理念体系和实践体系缺乏一致性。

由上可知，学校特色建设是学校教育者依据教育理念，围绕教育意图进行设计和构思，并为实现教育设计而进行教育实践行为的过程。学校教育者依据教育思想和教育理论所形成的教育理念即为学校教育观，围绕教育意图进行设计和构思即为学校教育操作思路，教育观及其支配下教育操作思路即为学校教育思维。教育思维是连接起教育理念系统和教育实践、以及连接起教育理论和教育实践的中介。[③]学校特色无法形成的根本原因在于学校缺乏教育思维或是缺乏教育思维指导下的教育实践行为，导致思行链条断裂，使得学校既无教育思维的独特性可言，也无教育实践行为的独特性可言。

学校教育者独特的教育思维及其指导下的教育实践行为，作用于对象会带来一定的产品，产生了学校特色以载体形式存在的显现体，即作为学校特

---

① 刘庆昌. 教育思维论［M］. 广州：广东教育出版社，2008：24，25，61.

② 刘庆昌. 教育理论向实践转化的理论探索［J］. 徐州工程学院学报(社会科学版)，2015，30(06)：90-95.

③ 刘庆昌. 教育思维论［M］. 广州：广东教育出版社，2008：24，25，61.

色之"形"，包括制度、模式、课程、项目等。一旦作为学校特色之"形"的制度、模式、课程、项目的现有结构无法达成育人期望，即学校文化显示器无法标识学校育人精神之时，学校富有创造性的主体会依据学校教育观、教育意图以及适应外界环境的变化，对教育现有模式和活动结构进行创造性的重新设计，并通过学校主体性的实践不断建构新的育人模式、课程、项目。学校特色建设是学校正对现实教育活动中存在的问题产生改造的意愿和构想并由此生发出改造和变革的过程，这就是学校特色建设的基本原理。改变已有制度和深入实践主根的传统的学校生活方式，是学校特色建设中学校教育者独特的思维和教育实践行为。教育者的思维和教育行为因素是学校文化结构运动的内在动因，是学校特色的源始。学校特色要素结构的功能水平就是教育过程的质量。

2.外部条件：学校特色建设主体与资源

学校特色是客观的存在，也是有条件的存在，所以我们还得思考学校特色建设进行的前提条件。学校特色建设的条件无外乎人与物。在学校特色建设过程中，人与物所构成的时空联系网是学校特色建设结构运动的载体。缺乏学校特色建设的主体和资源导致学校特色无法形成。

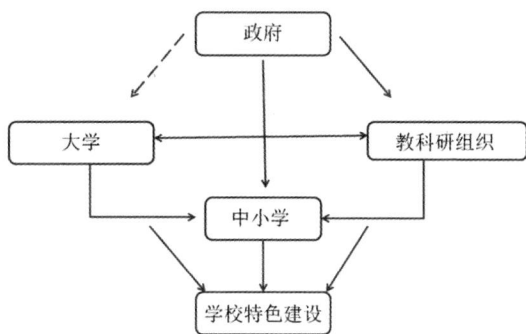

图5-2 学校特色建设主体结构示意图

由图5-2可见，在学校特色建设主体结构中，学校教育者才是学校特色的直接建设者和创造者。可以说，学校特色是校长个性特征、独特的办学理念、价值取向的外显。拥有成熟的办学思想、独特的思维品质、执著的教育志向的校长是学校特色建设的关键要素；拥有笃定的教育信念、笃深的教育情感、高超的教学艺术的教师是学校特色建设的重要前提。[①] 但是，当下学校的教育生活中，在功利主义、技术理性、考试文化等价值观的影响之下，多数教师的日常工作陷于对高考技术的研究和考试的解析，日趋远离教育的本质；校长根据所规定的升学率和政绩进行评价，其行政角色被不断强化，在"指令—执行"的规则之下，个体沦为某种组织机制的效果的载体。个体发现教育问题和解决教育问题的能力均来自自觉的学习和实践。然而，在行政力量、科层制的管理体制下和以应试教育为核心的学校教育运行机制下和高考的压力下，我们看到的是作为特色化发展所必需的最具主体性的行动者的"淡出"。学校特色是教育者教育实践的主体性、创造性和专业性高于一般水平的结果，学校教育主体的教育实践作为学校教育者的本质力量，应该是"自由自觉的活动"，当没有相应的文化—认知系统支持的时候，个体更有可能采取回避策略，即以仪式性的方式来应对，也就是我们说的"上有政策、下有对策"。这种本质外化而成为人的对立面，即"客体"反而控制"主体"，从而使得具有专业性创造性的自由实践沦为了维持学校生存的手段，转过来成为反对学校教育者自身的活动，造成学校缺乏特色建设所必需的主体。

学校特色建设所需的资源和能力是在特色建设实践过程中动态生成的。各种行动者能力和资源的组合在学校发展到一定阶段之后，需要随着学校发展状态、目标和任务的改变而有机地组合。具体而言，学校特色建设的困境在于缺乏师资力量、办学自主权等，需要制度资源的所有者或支配者通常是政府加大投入，甚至在制定政策和资源配置的时候有所倾斜。外力干预介入可以为学校特色建设提供制度性保障，或是为学校注入"学术资源"和智力支持。这样对于学校特色建设收益更大。

---

① 李保强. 试论特色学校建设［J］. 教育研究，2001(04)：70-72.

　　总之，学校由同质向多样的特色建设是一个上下结合的过程，需要参与其中的各个行动者激发潜能，提高资源的利用率。可以说，来自区域和政府的支持和干预，是学校办出特色的保障因素，缺乏它则无法保证基础教育的均衡发展，更不用说是办出高质量的教育。但是，无论学校发展到任何阶段，学校特色建设根本性还是学校提升自身能力以及积累和开发技术性资源，即培养学校文化，发挥自身优势，走出属于自身的内涵式的发展道路。以上的模型并不是提供一个既定的学校特色建设模式。我们可以根据学校特色建设场域中学校本身的历史、文化、师资结构和硬件条件等，对前述不同类型的资源和能力进行把握，使处在不同发展阶段的学校所使用的特色建设策略有所权变，帮助学校特色建设。

（二）行为重构

　　再好的学校教育观要从理念变为现实，必由之路是在观念的支配下对"做什么"和"怎么做"进行设计和构思，其产品就是教育操作思路。[①] 表面上看，教育手段的特色和多样，造就了学校的特色和多样。但其实，教育手段的特色和多样，取决于学校教育观之下对于实现教育目标和教育理想的手段的设计和构思。亚里士多德说"德行使我们确定目的，明智使我们选择实现目的的正确手段"。[②] "明智"即指实践智慧或教育操作思路，是一种教育观支配之下的实践理性。由于操作思路直接联系着教育实践，所以，重构教育操作思路是教育思维重构的核心。

　　学校操作思路属于学校对于教育如何做方法论层面上的思考，不是经验知识系统化后所得到的方法与技术，而是指导教师教育实践的认识性部分。换句话说，学校操作思路属于方法论，并非现成的方法与技术，需要基于教

---

① 刘庆昌.教育理论向实践转化的理论探索［J］.徐州工程学院学报(社会科学版)，2015，30(06)：90-95.

② 徐长福.实践智慧：是什么与为什么——对亚里士多德"实践智慧"概念的阐释［J］.哲学动态，2005(04)：9-14+58.

育观对学校教育各要素在学校整体中的地位与功能、各教育要素的结构关系及联系的通道与方式，进行新的设计与创造。[①] 教育活动结构要素的互动构成了现实世界中的教育客观实在。由于原有教育活动的功能无法满足我们的教育理想，所以自然需要对原有的教育结构进行调整。对知识结构、教育内容的组织和呈现，教育方法的选取和构思等，使得具有相同活动要素的教育，会产生不一样的结构、发挥不一样的效力。学校正是沿着教育观支配下的教育操作思路在完善、发展和提高着学校的教育整体功能，同时也进行着学校特色建设。

　　比如笔者调研的城乡接合部学校 D 一开始选取书法特色项目，开发与实施"书法"校本课程，营造浓厚的"书香"校园文化。学校着眼于通过书法促进学生素质的全面提高和特长的发挥，并以写字教学为突破口。学校围绕书法文化研究编写了《书法历史文化读本》的教材，锻炼学生书写技能同时传承了书法文化。随着项目的深化，学校一直思考书法如何实现"成人"的教育目的进行思考，确立了"培养有民族文化根基的现代人"的办学理念，致力于培养民族文化素养和现代人素养的书品少年。着眼于农村学校优秀教师流失严重，教学工作薄弱，教学成绩始终处于落后状态等现实问题，学校围绕教育理念设计了教育操作思路。第一，致力于打造书香校园和培养书品少年。除了书法，学校还设计了读书活动、朗诵活动和作文活动，以小作文的形式让学生分享阅读收获以激发其更大的阅读的积极性。第二，学校引导教师把朗诵活动和作文的要素带入课堂，比如加强语文课朗读、设计说话活动课、以说书形式讲历史，并探索出"一三四"式作文教学思路，逐渐形成语文学科特色。第三，给学生提供展示作文才华的园地。如每班每日更换的黑板报很好地展示了同学们的书法才华和写作功底。学校设立文化廊，专门张贴爱好写作和读书的学生的照片，展示他们的风采。第四，针对外来务工人员家庭特点还发展出亲子阅读的家校活动，引导家长关心并陪伴孩子的学

---

① 邢真.学校特色建设理论的探讨［J］.中国教育学刊，1995(05)：31-34.

习和成长。第五，教师们提供了许多有成效的评价诵读和作文方法，包括"红星效应""现场点评"和"循环互评"等，调动了学生的积极性。第六，利用语文学科发展的契机，学校抓了理论学习、课题研究和管理整合三个方面，在每个学科都围绕教研组讨论活动，教研组学习机制和制度建设保障教研组活动有效持续发展，为特色建设提供高素质人员和组织保证。这样的活动设计形成一个立体结构，学校逐渐以特色项目为抓手，形成学科特色和教育特色。以写好字、做好人为宗旨，让每一个学生的个性得以张扬，并为学生"立人"奠定扎实基础。

D 学校将已有的特色与学校发展中存在的突出问题紧密结合起来，紧紧围绕教育观之下课程的设计开发和学科教学模式建设从而形成学校特色，探寻特色项目怎样切入到影响学校发展的主要问题上去。形成了在学习教育理念和教育哲学引导下的个性化的教育教学实践，并体现在学生所取得的成就上，真正形成了学校独特的整体性的教育思维和教育实践，学校特色建设达到了理论指导下的知行统一。

学校的教育活动基本上包括作为核心的教学活动、德育活动和作为辅助的学校管理活动。由于学校教学活动、德育活动和管理活动有自身的活动结构，所以学校间的差别并不体现在学校教育活动的结构上，而是体现在学校主体在不同教育活动中的实践行为上。学校教育实践关乎学校教育目的的最终实现。建构与学校独特办学理念相一致的富有识别度的行为方式，也是学校特色形成的一种路径。

1. 以教学活动存在的学校特色

如果说作为学校特色教学模式具有普遍化和"器"化的趋势，那么风格化的教学活动则是最为鲜活的学校特色存在。优秀而独特的教学活动及其方式体现着学校特色，包括教师的教与学生的学的主体参与的教学过程，体现着学校教育观的信念和学校教学制度的规范，并表现在学校教育思维支配下的习惯化和自动化的日常教学行为当中，这是一种文化心理氛围。教师通过向学生呈现知识性的教学内容；通过对教学方法的自主运用、教学模式的灵活性操作；通过激发学生思维充盈学生的精神世界。此时，教学活动的本身就是精神性和文化性的存在。教学方式不再是某一种思维抽象出的概念样式，也不再是工具性的策略存在，因为独特的、富有创造性的不是教学方式，而是教师主体。教师风格化、艺术化的教学方式和教学活动组织形式，成为学校特色最外显的存在形式。以教学方式存在的学校特色还是一种关系性的存在，仅有教师的创造和表现无法构成教学。作为学校特色的教学活动关注的是围绕知识的师生交往和师生关系的建构。教师所有技术的运用、模式的建构、都是为了学生知识得以增长，素养得以形成，个性得以熏陶。学生在充满人文关怀和精神性的课堂中，思维自觉地跟随着教师，体验知识创造的过程，与教师共同构筑起心灵碰撞、默契愉悦的精神空间。此时，我们说一个学校学生特有的气场和气质体现着学校特色，这是他们长期在学校氛围当中熏染之后特有的精神面貌和生命色彩。

2. 以德育活动存在的学校特色

德育活动与教学活动构成了作为学校教育的主体，教学主要是在学生认知方面发生作用，德育则主要是在学生行为和人格等非认知层面发生作用。德育直接关系学生优良品格、健康身心和端正行为的形成，道德教育的要求比纯粹的知识学习复杂许多。道德教育虽然关注道德知识的掌握却不仅仅以学生道德认知的增长为其终结，德育要最终还是要落在学生的道德行为的生成之上。换句话说，道德教育除了道德认知，还包括道德情感、态度和价值观的指导、道德意志的培植以及道德行为方式的引领。因此，德育实施的过程中，更需要富有创造性的教师，从学生个体生命实践和学生个体心理出发，进行智慧的设计，用爱与高超的育人艺术与学生心灵对话，从而使得学生认知、情感、意志等全部沉浸和整体投入，最终达到学生自身行为与道德认知的一致。可见，作为学校特色存在的德育，并非局限于校本德育课程体系的设计、校本德育模式建构开发、德育项目和课题开展以及德育教材编写，还体现在道德教育活动过程本身。

3. 以学校管理活动存在的学校特色

学校特色还可能存在于作为学校教育支持系统的学校管理当中。学校管理大多时候作为维持学校秩序的学校教育的支持性系统而存在。在学校层面，主要是在学校组织机构中，领导岗位上的校长、书记、主任、组长等对教师和学生的思想和行为进行管理；在课堂层面，主要由教师对学生进行课堂管理活动。无论是宏观层面还是微观层面，学校管理都是为了对学校的教学、德育等育人活动做辅助和支持。在科层体制之下，各个学校管理活动的基本结构和组织机构，并无太大差异，学校管理上的差别主要体现在学校管理活动的艺术性方面。高超的学校管理者具有引领组织发展方向、提升学校育人效率和质量、凝聚学校精神、协调校内外各种关系、组织和最大程度吸引学校生存和发展的各种资源的能力和领导力。除了完成管理的基本职能之外，富有创造力的学校特色的管理实践活动还具有教育意蕴。因而，具有教育性的学校管理实践活动也可以作为学校特色的一种存在方式。

由于学校行为直接由学校育人操作思路所决定，看似是学校教育实践行为格式的不同，其实是学校教育主体教育价值信念以及思维方式不同。由于教育实践的逻辑，因其情境性，属于很难可以直接用语言表达的形式化思维过程。但是，一些学校成功的教育改革实验和学校特色建设过程，隐含着个体运动程序和趋势的必然，总是因为其实践自觉或是不自觉地契合了某种教育理念和教育思想。随着教育者对于教育认识的深入与清晰，尤其是对教育理论整体性的把握，具有缄默性的实践理性和实践智慧及其背后的教育理念终将会表达出来。此时，"（实践）不仅离不开理论，需要理论的指导，同时它本身就是一种理论的、思想的存在"。[①] 作为思想性和精神性存在的学校教育实践从根本上消除了说做两张皮。统一在学校教育观之下，受学校教育观支配的教育者的具体实践和操作行为成为学校教育者自觉意识的体现，真正

---

① 黄文前. 现代视域中的实践概念——实践概念发展综述［J］. 马克思主义与现实，2004(05)：50-60.

实现了理论指导下的说做合一。

（三）思维重构

1.重构学校教育观

在学校变革中起到关键作用的是深入到精神层面的学校理念的变革。对于无思维无行为的学校而言，学校特色建设就是做好顶层设计，其首要任务就是设计好学校教育理念。教育理念的形成在学校特色建设中起牵一发而动全身的作用，这是学界达成的共识。设计学校教育理念是学校教育思维重构的第一步。教育理念就是教育主体在一定的理论认识基础上形成的关于理想教育的观念。那么，创造和持有这些教育观的学校主体是谁？他们形成教育观的思想来源在哪？

创建学校教育观的主体，研究者认为，要么是具有成熟的教育和办学思想的校长，[1][2] 要么是既心系教育实践改善、又能运用教育理论游刃有余地进行教育设计的教育工程师们。[3] 学校教育观的思想来源，主要源于学校主体对教育的直接和间接的认识。前者主要来自于教育实践，后者则来自于教育理论。不同于纯粹的逻辑思辨研究所得到的理论和根据教育实践总结的零散经验，作为学校教育观的来源，是兼具实践品质和专业水平的。一方面，学校主体可以根据教育学中已有的、内含着价值追求、反映教育理想、潜藏操作性思路的一种或多种教育理论，形成自己的教育观，并实践该教育观；另一方面，学校精神需要由内而外的生成，形成学校教育观不是说旧的学校教育思想和传统是不好的、落后的，另外提出一种教育理想。恰恰相反，学校教育者可以从学校已有的教育文化传统和教学传统中汲取养分，结合自身长期教育实践经验，总结出关于行动中的实践逻辑的普适性、实践性的教育

---

① 李保强.学校特色建设的理论思考［J］.中国教育学刊，1996(05)：52-54.
② 高鸿源.对学校特色建设中几个问题的再认识［J］.辽宁教育，2012(16)：8-9.
③ 刘庆昌.教育工学［M］.福州：福建教育出版社，2016：160-166.

理论。

设计学校教育理念只是学校教育思维重构的第一步，持有并最终实践学校教育观的主体一定是学校全体教育者，重构思维中最难部分在于让理论和概念走入学校教育者的思维。学校特色建设中存在的最大问题即"魂不附体"，办学理念成了"魂不守舍"的幽灵。[1] 理论和概念走入自然状态下，自发的做教育的教育者的思维当中是异常艰难的。学校新的教育理念的推行，即教育理念的变革，意味着对教育者早已习以为常的思维方式和深入骨髓的生活方式进行转变和突破，必然与学校教育传统和教育理念发生碰撞。

由学校教育者所选择的教育理论可以转化为他们的教育实践，是因为理论为教育者提供关于教育规律的认识之外，建立在知识基础之上的教育理念还为学校教育者提供了一种超越现实主流教育与教学实践系统无法提供的利益，更具有科学性、教育性，更符合教育精神和原则。学校教育观因其呈现出好教育的愿景和规范性的建议，接受此种教育理念并形成教育观的学校教育者是做出了关于正确的和美好教育的价值选择，从而引起自身价值信念的重构。一个拥有教育信念的教育者，尤其做的是真教育的名实相符的自信和志向，必然牵动自身的精神世界，同时，建立教育的道理和理论基础上的教育观自然会引发教育者实践的理性自觉。只有学校教育者接受了教育理论，转化成为自身的教育观，才会继而引起理论自觉式和理论内在式的行动。拥有了理性自觉和精神自觉的教育者所进行的教学行为，才成为教师自觉的教育实践。观念与行动之所以能够一致，关键在于信念。[2] 由学校教育者所选择的教育理论转化为他们的价值信念，学校特色建设达到了理论指导下的知行统一。

---

[1] 邢真. 梳理学校特色建设经验，推动学校特色建设创新［J］. 天津教育，2015(Z2)：9-11.

[2] 蔡春，卓进，麻健. 教师的哲学诉求——兼论教师教育的路径问题［J］. 教育研究，2018，39(03)：83-93.

三、小结

最大的问题和困境在于学校特色建设的"说做两张皮"。造成学校特色建设中无法做到说做合一的原因，是由于缺乏学校特色建设场域要素导致缺失学校特色建设的主体和资源，从而使得学校建设思行链条断裂所致，最终学校特色落地无门。我们可以将学校归纳为三种情况，即无思维无行为类型学校的"逻辑不自洽"，有思维无行为类型学校的"概念不操作"，无思维有行为类型学校的"挖掘不深入"。

第一，存在"逻辑不自洽"问题类型的学校，其特点是没有形成自身独特的教育观，与其他学校存在着惊人一致的教育思维与教育行为，表现为试图通过教育和训练使更多的学生在现行的考试中取得优胜。如何在理论认识基础上建立关于理想教育的教育理念系统，如何让教育理论走入教育者的教育观并成为教师的教育信念，是这类型学校亟待解决的问题。

第二，存在有思维无行为类型学校的"概念不操作"问题类型的学校，其特点是具有教育观念体系，但是缺乏理论支持的表述，使得学校表述出来的教育理念缺乏说服力。此外，此类型的学校还有一定程度地围绕学校理念的对学校教育行为、学校特色之形的设计，但这些方式方法上的革新无法等同于学校教育理念体系相匹配的操作思路，因而无法完全渗透到教育者日常教学育人活动中，从而无法真正推进学校的内涵式发展。因此，此类型的学校除了需要思考如何提升学校教育观念和理念的理性水平之外，还需要思考实现学校教育理念和教育理想要做什么和如何做，以及学校活动的程序和格式的合理性依据。

第三，存在无思维有行为类型学校的"挖掘不深入"问题类型的学校，其特点是具有较为丰富的关于教育如何做的缄默知识和稀缺的教育资源，但是在观念提炼和思路整合方面欠缺。此类学校需要从教育思想和教育理论中找出自身实践背后的教育哲学，以及凝练出学校行为背后的原则和模式。

　　学校特色建设就是在教育理论的影响和推动下，对学校教育理念和教育实践的改造乃至重构，即进行理论基础上的知行重构，从而提升教育实践的内在品质。基于学校特色建设三重困境，本章提出进行学校特色建设的三条路径，即系统重构、行为重构和思维重构。

第六章　典型案例：学校特色建设的案例研究和战略组合

以"管理大师"德鲁克为代表的经验主义学派认为，组织管理应该从管理的实际出发，以管理的成功经验等为研究对象，以案例方法对管理原理进行阐述、分析和介绍，以求为其他管理者提供实际的建议。所以，为了更好阐释中小学学校特色系统建设框架，本章就选取了场域中学校自主力量主导特色建设案例、场域中政府行政力量推动的特色建设案例、场域中专家科研力量支持特色建设案例、场域中社区力量参与学校特色建设案例为研究对象，从"实然"的角度分析了近年来在特色建设中取得实效的成功经验和管理方法。其目的是为中小学学校特色建设提供策略，并对前文建构的理论分析框架进行实证的和情境的验证。

一、不同学校特色建设场域中中小学学校特色建设策略

（一）场域中学校自主力量主导特色建设策略

与上文由内而外的学校特色层次理论相呼应，学校特色的建设由内而外的战略组合系统包括三大战略类型：文化战略、CI 战略和整合传播战略。下面笔者将对学校自主力量主导的场域中的学校特色建设策略组合模型加以阐释。（详见图 6-1）

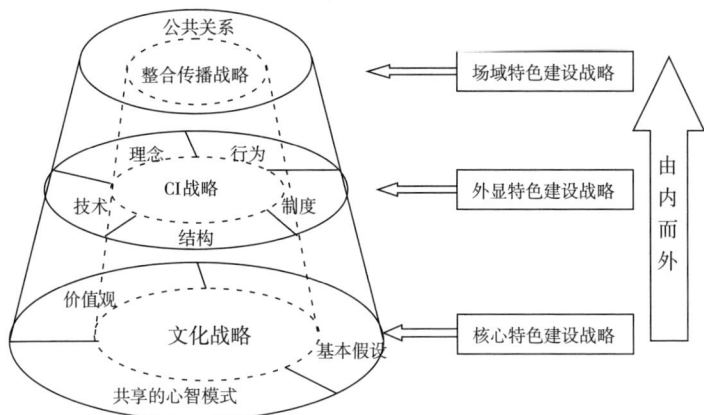

图 6-1　学校特色建设的战略组合模型

1. 文化战略

文化战略是学校特色战略的源泉和灵魂。第一，文化战略的关键是凝聚共同的假设、信念和价值观。例如在长期的办学过程中，有学校形成了自己独特的育人价值观。紧紧围绕在学校价值观周围，组织成员在进行各方面实践时所共同持有的信念就是充分尊重学生的主体性，以美唤醒情感，从"这样做是对的"到"这样做很美"，激发、提升人格的巨大力量，以美育德、以美育人。

第二，实施文化战略就是不断优化组织共享的心智模式。通过致力于不同的文化氛围，如营造崇尚教研的氛围、注重教师专业成长的氛围、只要努力就能自我实现的公正的氛围、师际关系和谐的氛围、团体协作的氛围等实施文化战略。这种文化氛围鼓励了组织成员之间的对话和交流，激发了组织学习与求知的欲望，消除了工作上缺乏积极性与创造动力的障碍，并有力地激发了学校成员个性的活跃程度。由此，文化战略作为学校核心特色战略构成，使学校特色得以不断积淀、传承、创新。

2. CI 战略

CI 战略作为特色建设的战略要素之一，帮助学校从理念、行为与视觉上树立个性形象，是学校建设外显特色的有力武器。CI 战略包括三个系统：理念识别系统（MI）、行为识别系统（BI）和视觉识别系统（VI）。

学校理念识别系统（MI），是指学校经过长期的理性思考，不断总结和提炼从而形成具有相对稳定性和具有学校特色的观念体系。围绕学校的办学理念和育人目标，它们是中小学基于共同愿景的学校战略规划。中小学可以利用 MI 找准学校特色发展定位，体现学校的价值追求。

行为识别系统（BI），是统筹策划一整套与学校理念相一致的制度规范和活动，使得学校成员的行为带有学校特色的烙印。例如有学校通过一系列开创性活动的开展，使办学理念充分渗透到学校成员的行为中去，使师生的一言一行都体现着自信、自豪和美丽。

视觉识别系统（VI），是针对外显特色层面技术范畴所实施的战略，帮助学校营造独具特色并富有育人功效的校园环境。学校可以为同学及教师们提供一种时时处处可以感受到的充满教育之爱和教育之美的环境。VI 帮助学校塑造了可一眼辨识的内外一致的学校形象。

3. 整合传播战略

学校特色的整合传播先要从内部做起。学校优质的服务和良好的组织氛围是赢得公众信任和美誉的基础，也是对外推广学校特色一系列活动的基础。此外，学校形象的塑造与整合，对外的公关也必不可少。学校需要注重与家庭教育和社会教育的一致性。学校可以开办家长学校，积极邀请家长听专家讲座，为"家长接待日"制定相关内容丰富的活动等。学校还可以创造各种机会，使学生参与广泛的社会实践。多样化的方式使教育真正实现了立足学校，联系家庭，走向社会。通过整合传播手段加强特色推广，形成了学校、家庭、社会三者的教育合力。

根据三大战略对不同层次特色建构发挥的作用及其相互关系，本书建构了学校特色建设战略组合的模型同前文学校特色内涵相呼应，文化战略处于核心地位，只有学校形成从内向外辐射的文化场，学校核心特色才能对内形成共识，对外获得美誉度和社会认可。CI 战略处于中间层，一方面，CI 战略帮助核心特色通过学校制度、行为与环境等诸多方面外显出来；另一方面，只有扎根于文化战略，CI 战略才能浸润人心，帮助外显特色向更高层次的核心特色转化。最外层的是整合传播战略，直接面向社会公众，使得公众和各个利益相关者更加了解和支持学校，从而使学校特色得到社会更多的美誉和认可。在学校特色建设过程中，管理者可以根据自己学校的具体情况，自由选择特色建设的战略组合。

（二）场域中政府行政力量推动的特色建设策略

1.转变政府职能，创新管理体制，推进区域优质教育资源的科学配置

学校特色建设是一项系统工程，需要政府改变角色，即由"结构守护人"向"改革能动者"的角色转变。一直以来，由于我国教育行政管理体制僵化，严重束缚了学校的手脚，打击了其办学的积极性，制约了中小学的特色化发展。想要调动普通高中的办学积极性，激发其办学潜力，就务必要扩大学校办学自主权。让政府的"能动"力增强，依法保障中小学的办学自主权，明确划分其"人、财、事"方面的各项权利与义务，也是深化教育管理体制改革的重要任务。与此同时，要加大教育行政部门的统筹、引导力度。由于政治体制的原因，政府掌握着大量的教育资源，政府的投入与引导对中小学的多样化发展具有重要作用。政府在推动中小学特色建设和多样化发展，做顶层设计时，必须要坚持学校自主与政府统筹相结合的原则，唯有如此，才能确保该顶层设计目标的实现。例如，北京市各区教委进行管理体制的改革和创新，实施学区化管理模式。学区化管理模式，改变了传统的政府权力配置的"结构"及其内在"规则"（包括管理体制改革、课程改革、学校体系管理、经费调拨、评估系统改革等）。这有利于政府在统筹经费投入、区域教师流动等政策保障、开辟多元主体参与特色建设途径、建立问责制等方面"强责"，以实现政府角色转变。

2.名校示范辐射，带动薄弱，推进区域学校特色发展

政府机构还可通过激励和教育资源重组等方式发挥示范校的示范作用，或建立学区组织管理协调体制机制，实现教育资源的"二次整合"。最有条件再造和复制"规则"的，便是那些重点学校或示范校。重点中学的示范辐

射作用可以通过与普通中小学分享优质教育资源，向薄弱学校输出管理模式，输出教育教学经验，输出优秀的干部和教师等。比如很多地区出现了教育现代治理的模式——名校集团化模式，"名校＋新校""名校＋民校""名校＋农校""名校＋弱校"等方式重组教育资源，不仅激发学校新的活力，促进学校改进，还扩大优质教育资源的辐射效应。本着"不求所有、但求所用"的原则，真正实现学区内设施资源共享、课程资源共享、人才资源共享，最大限度地发挥区域内优质教育资源的辐射带动作用，实现资源利用的最大化，全面提高教育质量，促进教育资源的优质、均衡、可持续发展。使优者更优，优质带动，弱者变强，优势互补。通过开展学区内的活动，促进校际间先进办学理念和办学特色的深层次交流与融合。通过名师、名校长的示范辐射作用，以课题研究和任务驱动的方式引领发展，带动薄弱，把提高业务能力的培训、学习和实践转化成为全方位提高教育能力和个人素养的修炼；把单向的传经送宝转化为双向互动的共享过程，以行动研究促进观念转化进而实现行为转化，推进区域中的学校特色发展。

3. 实现跨越合作、互补共生，推进区域教育多样发展

根据生态位原理，学校多样化是通过与竞争者生态位分离，彰显学校个性与特色的学校发展的一种合作共生战略。长期以来，学校千校一面，促进学生全面发展，培养学生的实践、创新能力中的教育不足，主要是受到"应试教育"的影响。要使各个学校在生态位上彼此错落有致，形成互补共进和合作共赢局面，根本上是要促进办学者教育观念的转变，摒弃过去应试教育之下以教师为中心、单纯依靠教材、只注重知识的传授、只注重教学结果的教学模式以及以考试分数、升学率为标准的片面质量评价方式。强调以学生为主体，使学校能够提供不同的发展平台。这个平台包括不同的学校类型、多样的课程结构和内容、多元的培养模式、开放的社会支持等。利用多样化的课程资源，注重教学过程，善于利用社会上丰富的资源，让学校教育教学更加满足学生的需要，并实行以学生发展为主的多元评价方式，最终促使学校走上内涵式的特色化多样发展的道路，从而避免了不必要的重复建设，以

及学校之间的过度竞争，使得学区内办学是在学区内一种开放、合作、沟通、相融基础上的竞争，是共赢和多赢。

（三）场域中专家科研力量支持特色建设策略

1.立足校本，全面诊断，发现问题

专家作为理论研究者以其所拥有的专业知识影响学校特色建设以及学校教育教学等各个方面的提升。政府需要获得专业支援，政府只以牵头和监督等方式低程度介入特色建设场域，由于区域内不仅有优质校、特色示范校，也有相对薄弱的农村校等处于不同发展阶段的学校，他们对于特色建设的诉求不同。所以，大学专业人员在引领学校特色建设之时，首先要将学校分类，以便针对不同学校给予其所需的资源补给和智力支持。与中小学校对接时候，大学需要以调研结果为依据，对于不同发展阶段的学校采取不同的互动方式，并给出了适合学校发展的不同特色建设的建议。

2.分类引领，知识输出，扬长挖潜

在大学作为专业知识供给者的特色建设场域类型中，大学较之中小学校拥有更多的技术性资源，以及资源支配的能力和权力。大学就借助自身拥有的支配"优质资源"的能力，针对学校的具体问题，进行"资源"输出。经过诊断，一方面，就学校特色理论方面，基于进一步的调研对于学校特色建设过程中所遇到的困惑进行解释；另一方面，基于问卷和访谈结果对组织发展中出现的问题进行追问，立足"本色"建设"特色"。此外，在与大学的合作中，中小学校也需要对自身所需资源有着清晰的认识，明确地向大学获取有效的资源补给和支持。

3.以校本研究为依托，带动学校持续改进

对于进入学校发展的"高原期"的学校，特色建设就是学校瓶颈期的突破口，可以帮助学校打破均衡，进入更高层次的特色选择和特色发展。此时学校需要的是提高学校组织的创新和学习能力，在组织内传递知识并创造出新知识，在学校业已确立的规范框架内革新组织和变革组织文化，需要在学校适度引入课题研究和行动研究，帮助学校引发必要的变革及激发变革的活力，帮助组织成功地实现学校特色建设过程中阶段性的转变。下图为笔者所参与的大学引领某区域学校进行特色建设科研项目和行动研究。如图 6-2 所示，大学区域学校进行特色建设科研项目包括"三风一训"设计与落实策略研究，这个子项目选题是该学校"学校办学理念和育人目标的设计与达成"课题的深化；课堂教学模式研究，这个子项目选题是该学校"校本教学要求引领下的课堂教学模式探索"项目的深化；学业成绩评价机制研究，这个子项目选题是该学校"学科教学专项测查与教学质量分析"项目的深化；课堂教学评价标准研究，这个子项目选题是该学校是校本教学要求的深化；教研机制研究，这个子项目选题是该学校"校本教研机制与模式建构"项目的深化。通过行动研究和项目的结题，学校管理者的管理能力得以提升，教师的专业能力和教研能力得以提升，学校管理者和教师专业发展会推动学校课程的多样化和特色化，课程的多样化和特色化又有利于个性化教育施行，进而实现"因材施教"，即教学特色化发展，最终，学校特色得以形成并稳定下来。

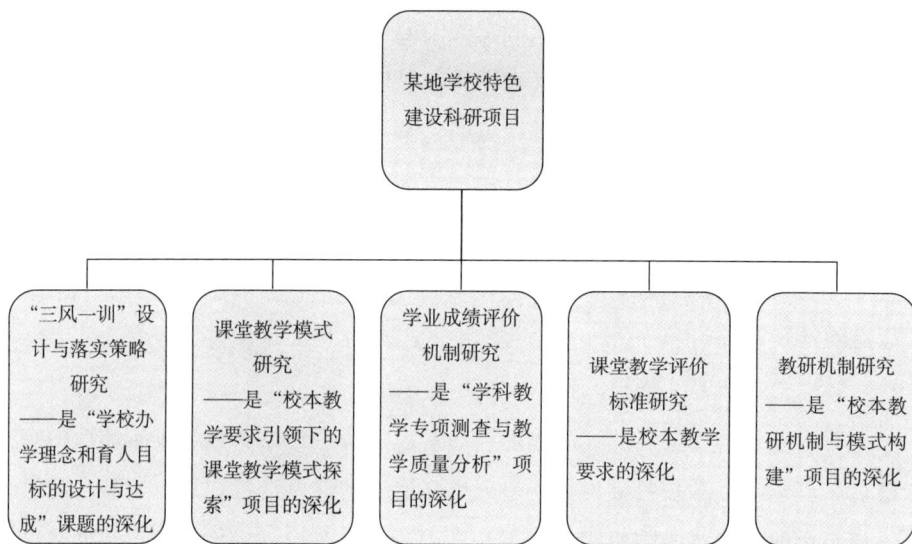

图 6-2　场域中专家科研引领校本科研项目框架

（四）场域中社区力量参与学校特色建设策略

1. 明确学校定位，树立学校核心价值观

由于每所学校都面临不同的外部环境和内部环境，学校特色发展之"特色"，来源于学校所处的独特的外部环境和内部环境。学校特色发展方向、育人目标、教育哲学、特色课程等方面的确定都是基于对学校及其所处社区实际情况的分析。因此，学校最外层的场域特色是对学校外部环境的适切程度。尤其对于乡村学校来说，乡村社区是根本性的生存环境和特色来源。乡村学校在特色发展过程中，基于对学校文化历史、发展实际和乡村文化环境分析，将独特的乡村人文精神融入学校教育哲学，将乡村情怀等融入学校育人目标，将乡村元素作为课程资源纳入学校特色校本课程体系，从而使学校彰显乡村特色，学生具有鲜明的乡村人文气质。在学校特色建设过程中，乡村文化通过学校得以挖掘、保护和传承。比如，嘉兴县干窑镇作为江南窑文化发祥地和流传地，铸造了独特的地域文化。最早明万历《嘉善县志》有记载干窑窑业，干窑成为窑业中心。干窑窑业在晚清时期达到顶峰。还有传说乾隆皇帝下江南，路过此地时误将"干窑"称为"千窑"，"千窑"由此得名。民国十九年前后，干窑县还有窑墩700多座。到20世纪50年代，干窑镇还有70多支窑工队伍。干窑村的治本园林古建筑材料厂的前身为清代沈东窑，具有150多年的煅烧经验，其烧制的青砖被称为"京砖"。2005年，干窑镇干富村和合窑作"活"遗址被命名为第五批省级文物保护单位。2007年，京砖烧制技艺又被列入省级非物质文化遗产名录。2009年又被列入浙江省"十大非物质文化遗产新发现"。2011年，京砖烧制技艺项目保护传承单位浙江省非物质文化遗产生产性保护基地。干窑中学和小学作为教育基地，传承和挖掘当地"窑文化"，形成"干事为先、窑铸文明"的干窑精神，开发各种校本课程和活动，培养了学生的个性特长和热爱乡土的情感，这一地域文化通过学校特色建设也实现了特色发展和内涵提升。

2. 局部突破，建构学校场域特色

学校特色建设往往需要一个突破口，建立起与场域中相关主体之间的相互协作的关系，政府、社区、和家长等利益相关者成为学校特色创建的参与者和维护者，从而为学校特色建设争取到包括经费、智力和政策等方面的支持。此外，通过学校教育资源向社区全面开放，学校以其地缘特点，服务于新农村经济建设、服务于农民致富。建立起与场域其他行动者长期的不可动摇的精神上的沟通与联系，为学校找到特色建设的突破口，使得学校特色在为新农村经济建设服务的同时，获得了社区、家长对于学校特色的认可和美誉。

3. 以点带面，形成学校整体特色

从组织成长的角度来看，学校内外部合作是学校成功的必要条件。在全球范围内，都在强调学校与社区、家长的合作关系。学校需要在内、外环境的互动中培植学校特色，学校与家长、社区的联系越密切，越能有助于学校目标的成功实现。如教育行动区计划中（Education Action Zones）明确提出，特色学校与社区合作并且互惠互利；英国示范学校计划的核心是鼓励合作与共享；美国磁石学校给父母提供了参与学校事务的机会，提倡"家庭与社区合作"等。英国、美国等学校特色发展的先行者都广泛强调学校与社区的紧密合作。比如英国强调特色学校与当地学校、企业、社区紧密联系建构特色课程，并支持和鼓励学生成为社区积极的公民和贡献。在我国，哪所学校在与社区的融合上有所突破，就会产生鲜明的特色。因此，在以学校特色发展推动城乡义务教育一体化发展的过程中，只有将学校和乡村社区紧密相连，才能使乡村学校找寻到其独特的"文化属性"，也才能使乡村文明通过学校这一载体得以传播和传承。要通过建构"学校—社区"教育治理共同体等形式，鼓励社区政府、村委会、乡民、家长广泛参与学校发展，共同推动学校文化特色建构和社区文化传承。如之前提到的嘉兴县中学学校作为一所农村学校，通过分析校本实际，根据学校地缘特点，邀请非物质文化遗产传承人作为顾问或兼职教师共同开发和实施校本课程，形成的劳动和科技教育的优势和特色为起点，辐射学校的各个方面，全面提高学校的教育质量，寻求新的生长点。

二、不同学校特色建设场域中中小学学校特色建设案例

（一）场域中学校自主力量主导特色建设案例

案例一：A实验小学

A实验小学始建于1936年，80年代初还是名不见经传，然而经过发展逐步成为X省首批有特色小学，X省优秀示范小学，X省首批德育示范校，全国德育实验基地，全国现代教育技术实验校。学校除了有悠久的历史和深厚的文化积淀，以及历届校长与教师的努力之外，还因为A实验小学努力发掘学校的教育资源，大胆改革创新，部署整体性的品牌战略，精心打造学校教育品牌。学校以"一切为了学生，一切服务于学生"的办学理念为方向，瞄准"高素质、高质量，规范加特长；有特色，有创新，示范竞一流"的目标，提升学校的教育质量，部署了自己整体性的办学战略：大力开展校本研修，促进教师专业成长；在德育美学观理论指导下建构了一整套有特色的德育实践活动；投资建设校园育人环境。并围绕德育美学观指导下的育人价值观，通过刚柔并济的管理，渐渐形成了和谐支持性的组织文化，展现出稳定的且富有个性特征的整体办学风貌，取得了突出的成绩。与上文由内而外学校特色内涵层次相呼应，下面笔者将结合A实验小学的质性研究结果对系统模型加以阐释。

1.重构学校教育观文化战略培植学校核心特色

表6-1 A实验小学访谈类属分析结果

学校的基本信念	①尊重学生，以美育德	
学校的价值观	①为每个孩子提供优质的教育	校训"我知道，我体验，我能行，我美丽"
影响教师满意度的学校文化氛围	①充满公平地发展和实现自我机会	发展空间大，聘请省内外专家，本土专家的引领，派教师外出学习机会
	②和谐合作的氛围	和谐、温馨的师际关系
促进教师发展的学校文化氛围	①浓厚的教研氛围	经常开展集体备课、平研课等教研活动
	②良好的竞争氛围	合理竞争，积极向上，只要努力就能自我实现
	③注重教师的培养	致力于教师的专业成长

我们要建设学校特色，就是要从学校核心特色进行根本的建设和改进，而不仅仅是简单地改变战略、组织结构和具体举措，这就需要文化战略，可以说，文化战略是学校特色战略的源泉和灵魂。

为了探索A实验小学是如何实施文化战略，笔者对于访谈结果进行类属分析。（如表6-1所示）

（1）树立核心价值观

文化战略的关键就是凝聚共同的假设、信念和价值观。从上表可知，实小在长期的办学过程中，形成了自己独特的德育美学观指导下的育人价值观。"我知道，我体验，我能行，我美丽"的校训正体现了实小的育人取向。要紧紧围绕在学校价值观周围，组织成员在进行各方面工作实践时所共同持有的信念就是充分尊重学生的主体性，以美唤醒情感，从"这样做是对的"到"这样做很美"，激发提升人格的巨大力量，以美育德、以美育人。

（2）营造和谐的文化氛围

第一，提供公平发展机会。A实验小学向每一位教师提供了公平的竞技舞台及相对较多的教师自我实现的机会，如有评省、市能手和模范的比赛，标兵赛和示范课比赛等，还有出外学习等的机会。学校给年轻人更多的机会，这样满足了教师的自我实现的需要，极大地调动了教师们积极向上，一心钻研教学的工作热情。

老师 A："我从教 20 余年，前五年在敦化坊小学，被'挖'到这里。因为我以前的学校比较小，我看中的是这个学校大，能给我提供更多的发展空间。我本身生性要强，在我原来的学校第三年时我已经是区能手了。当时曾有人劝过我这边能人多，但我初生牛犊不怕虎，也因为这边公开课、评能手课等等的机会确实多，可以让我开阔眼界，见多识广。"

老师 B："牛校长非常爱才，唯才是举。有次评比优秀班主任，有个年轻教师认其他科室的组长为干妈，还拉票却没选上。我把名额让给我一个组的另两位老师，但牛校长不让，她当时听说没有就生气地说：'不行你们 3 个名额，你一定要上。'那次而是我当选了，牛校长还是很公正的，起了很大作用。我倍受鼓舞，我所看重的并非奖励本身，而是感到我一种赏识和重视，在这种氛围中上班感到很快乐。"

第二，和谐合作的团队精神。实验小学在长期的办学过程中，形成了合作的教师团队氛围和良好的竞争氛围。俗话说，"文人相轻"，"同行是冤家"等。但是在 A 实验小学，教师们彼此之间却是坦诚相待，相互信任与支持，处处体现分享和合作。学校为了让优秀教师有更多机会起到榜样示范的作用，建立了"结对子"的制度，即第三梯队的青年教师都有自己的师傅，师傅参与听课、评课，随时随地提要求、作指导，而且与年轻教师一起参与集体备课。

老师 C："我刚来那阵，就是先听完老教师的课，然后立刻回我们班给孩子们讲，老教师们真诚地传、帮、带，毫无任何保留。"

老师 D："我们这儿的年轻教师都有自己的'师傅'，我的师傅就是特级教师刘××老师，她也是教学副校长。因为她特别忙自己并不代课，但她总会抽时间听我们的课，她和牛校长还会亲自上课给我们示范。刚来那阵，每次公开课、能手课、赛讲课都是她一次次地耐心听课指导，改了再听，听了再提意见，反复听好几次给我们说课，甚至中午都不能回家给孩子做饭。我们现在不让她看都不放心。"

第三，浓厚的教研氛围。在实验小学，教研活动主要立足于教研组、集体备课和平行研究课（即一课多讲）等校本研修的形式，为教师提供了更多合作和学习的机会，在集体智慧引领的保障下，充分发挥每位教师的主动性和创造性，带动教师的专业发展和成长，形成了浓厚的团体合作的教研氛围。

实施文化战略就是不断优化组织共享的心智模式。实小通过致力于营造崇尚教研的氛围；注重教师专业成长的氛围；合理竞争，只要努力就能自我实现的公正的氛围；师际关系和谐，团体协作的氛围等实施文化战略。这种文化氛围鼓励了组织成员之间的对话和交流；激发了组织学习与求知欲望；消除了积极性与创造力发挥的障碍；并有力地激发了学校成员个性活跃程度。由此，文化战略作为学校核心特色战略的构成，帮助学校特色得以不断积淀和传承、创新和延展。

副校长 E：观念问题非常重要，观念是总开关。比如，现在评教学能手为赛讲而做课，做课不是平常的课，是为了评比能手而做的秀，做的表演。为了一节课甚至可以耽误好多节其他的课。讲课与做课不同，即使你评为能手又能怎样呢？这里渗透的观念就是求真务实。要想孩子是什么样子，教师就要先是什么样子。一说有来开会的、检查的，就打扫卫生，难道平时就不应该打扫吗？一说执勤的来了，大家立刻就安静下来……你想这种教育培养出来的人，只能是两面人，甚至多面人。总而言之，还是要求真务实。观念很重要。比如，我们学校的办学理念，就是让每个孩子享受优质的教育，这个理念就很好。

老师 F：以前交流的时候会有保留，有的教师会把门关上，会在窗子上贴白纸，一下课就把黑板擦了等诸如此类。但作为教研组的组长，我认为要坦诚、谦让、大度，而且自己做时要身先士卒，这样才能让别人心悦诚服。我会说我有某个学校的卷子，你们要不要了……诸如这种，让资源共享、让经验交流分享。备课时大家有什么见解都各抒己见，让大家渐渐觉得这是应该的事，而钩心斗角、派系之争是不应该的。这该与不该之间，氛围就形成了。

2. CI 战略组合形成学校外显特色

CI 战略作为特色建设的战略要素之一，包括三个系统：理念识别系统（MI）、行为识别系统（BI）和视觉识别系统（VI）。CI 战略组合是帮助学校从理念、行为与视觉上树立个性形象，是学校建设外显特色的有力武器。

（1）MI 找准学校特色定位

学校理念识别系统，是指学校在实践过程中经过长期的理性思考，不断总结和提炼从而形成具有相对稳定性和具有学校特色的观念体系。A 实验小学的办学理念是"一切为了学生，一切服务于学生"，并以"有文化，会学习；有修养，会做人；有能力，会创新；有个性，会合作"为育人目标。它们是实小基于共同愿景的学校战略规划。实小利用 MI 找准学校特色发展定位，以指导学校各方面的工作实践体现学校的价值追求。

（2）BI 打造丰富和提升外显特色

任何一种教育理念，只有体现于教育者的言行举止中才能起作用。行为识别系统，就是统筹策划一整套与学校理念一致的制度规范和活动，使得学校成员行为带有学校特色的烙印。

A 实验小学从 80 年代初名不见经传的学校，成为 X 省一所拥有品牌声誉和号召力的省级实验小学，个中秘诀就是抓住了教师质量是"保持学校名望和地位的最重要因素"。A 实验小学创造性地摸索出了"一、二、三"课例研讨模式和集体备课等活动形式，形成了校本教研的长效机制。所谓"一、二、三"教师校本研修模式即"一个主题，两次上课，三次反思"为主要形式的课例研讨活动。其过程一般分六个步骤：①提炼问题，②合作设计，③教师上课，④反思研讨，⑤再次上课，⑥再次反思。其具有主题明确，专业引领，连续跟进的特点，并且已成为一种常规的学校教研活动。青年教师赛讲课，标兵能手的示范课和教研组的特色课，都采取这样的集体研讨形式。

此外，还有形式多样的集体研讨，如"课后聊天平台"，"沙龙论坛平台"，平行研究课（一课多讲）等等……每周围绕一个主题进行研讨交流，以开阔教师视野，拓宽教师思路，使教师逐渐由"教书匠"转变为"专家型"教师，并达到课题研究的最终目的——教师专业化发展和整体教师队伍素质的提高。

在课堂上，教师尊重学生的独特见解，鼓励学生自主探究。比如通过预习活动和小组合作等形成学校教学的特色；再如把作业由单一变为由书面作业、实践性作业和养成性作业组成的创造性的作业体系。要紧密关注生活，注意培养学生能力，充分体现学校办学理念。

此外，美有纯洁道德和丰富精神的力量。A实验小学始终强调，运用美的力量和审美的原理来丰富和充实学校的德育工作，把理论的说服性和情感性、严肃性与活泼性结合起来，诉之以情，又动之以情，成为学校新时期德育工作的内涵特色。还有每月定期开展的特色主题活动，"绅士节""能人节""模拟法庭"等，充分展示"我美丽"的校训。学校还出版了《绿色童谣诗集》，其中收录了孩子们亲自创编的儿歌和童谣，令孩子们产生了无穷兴趣，在编写唱诵童谣的体验过程中，孩子们陶冶了情操，言行逐步走向规范。运用BI，实小通过一系列开创性活动的开展，形成了校本教研的长效机制，使办学理念充分渗透到学校成员的行为中去，使得教师和学生一言一行都体现着自信、自豪和美丽。

（3）VI营造育人校园文化环境

VI是针对外显特色层面技术范畴所实施的战略，帮助学校就营造了独具特色并富有育人功效的校园环境。在德育美学观的指导者下，实小为同学及教师们提供一种时时处处感受到美，感受到爱的环境教育。新建成的九层高的现代化教学楼内各个细节皆体现着一切为了孩子的学校办学理念，如空中式操场达到分流学生解决课外活动空间狭小的问题。学校从没有各种诸如"不准随地吐痰""不准乱丢垃圾"等规章，而是随时搞好楼内清洁，以美育德，让干净整洁的现代化的校园环境自然陶养学生爱护之情，以及在此场所出入所应具备的优雅得体的举止作风。此外，整洁明亮的校园内富有诗意的文化墙，上面既有诗词格言，又有富有儿童童趣的标牌、标语，如"轻轻走，让我们的楼道静悄悄；弯弯腰，让我们的校园更清洁"等等，这些独具匠心的布置都体现了学校要努力做到"一景一物，无语犹言"。教学楼每层走廊的墙壁上还有精心设计的中队荣誉展板，还有悬挂的学生的照片，每张照片下附有"某同学在文明礼仪大赛比赛中荣获一等奖，是同学们喜欢的文明大使"等的文字。让孩子们真正自信、美丽，不仅学会赏识自己，也学会赏识和尊重别人。在德育美学观的指导下，A 实验小学为同学及教师们提供一种独特的校园环境，使学生们时时处处感受到美，感受到爱，体验到一种"润物细无声"的环境教育，同时形成了自己独特的富有育人功效的物质文化。VI 帮助实小塑造了可一眼辨识的内外一致的学校形象。

3. 整合传播战略营造学校场域特色

整合传播战略即组合各种传播方法作用的一个增加价值的综合计划，它可以使传播影响力最大化。

学校特色的整合传播，先要从内部做起。学校优质的服务和良好的组织氛围是赢得公众信任和美誉的基础，也是对外推广学校特色一系列活动的基础。此外，学校形象的塑造与整合，对外公关也必不可少。实小注重与家庭教育协调一致，注重家长参与学校管理。学校开办了家长学校，积极邀请家长听各种专家主讲的讲座，并定每周三为"家长接待日"，还成立了家长委员会来监督学校的收费情况及各项工作等活动。密切了与家长的联系，发挥了家庭教育的重要功能。学校还创造各种机会，使学生参与广泛的社会实践，感受社会的教育力量。通过整合传播手段加强特色推广，使教育真正实现了立足学校，联系家庭，走向社会，而且形成了学校、家庭、社会三者的教育合力。学校赢得了社会各方面的支持，包括物质和社会资本、人才、管理经验甚至政策等在内的各种资源都涌向学校，为学校发展提供不竭动力。

根据三大战略对不同层次特色建构发挥的作用及其相互关系，本书建构了学校特色建设战略组合的模型。（如图 5-1 所示）

同前文学校特色内涵相呼应，文化战略在核心地位，只有学校形成从内向外辐射的文化场，学校核心特色才能对内形成共识，对外获得美誉度和社会认可。CI 战略处于中间层，一方面，CI 战略帮助核心特色通过学校制度、行为与环境等诸多方面外显出来；另一方面，只有扎根于文化战略，CI 战略才能浸润人心，帮助外显特色向更高层次的核心特色转化。最外层的是整合传播战略，直接面向社会公众，使得公众和各个利益相关者更加了解和支持学校，从而使学校特色得到社会更多的美誉和认可。

案例二：B 村学校

B 村学校创建于 2012 年 8 月，学校现有学生 800 余人，教职工 99 人，分初中部、小学部两个教学区。学校环境优美，交通便利，地理位置十分优越，校园建筑设计合理，设施齐全，功能完善，是一所具有现代化气息的高标准、高规模学校。B 村学校是当地优秀企业家筹资新建的，感恩成功不忘回报社会，致富不忘恩惠家乡的乡镇企业家，同时受到其博大的爱心和真挚的情怀的鞭策和鼓舞，为此，学校特色拟定为"爱与责任"，让"爱与责任"成为 B 村学校广大师生的工作指针和思想灵魂。该学校立志于做有"灵魂"的教育，培养有"爱心与责任心"的人。在此基础上，B 村学校积极探索符合学校实际特色、学校建设的思维和做法，确立了"爱心相伴、责任引领、携手共进、让每个生命绽放精彩"的办学理念，提出了："心存责任，爱心相伴，勇于担当"的校训，"团结、民主、求真、笃行"的校风，"敬业爱生，探究教育真谛；勇担责任，创造最优教育"的教风，"博学、善思、参与、感悟"的学风。大力开展校本研修，促进教师专业成长；围绕学校培养有"爱心和责任心"的学校德育工作之精髓，建构了一整套有特色的德育实践活动；提出了"让每一个学生成为课堂真正主人，负起学习责任"的课堂教学思想，创设"爱与责任"浓郁的课堂教学氛围；投资建设校园育人环境；并围绕"爱与责任"指导下的育人价值观，形成了自身的组织文化。下面笔者将结合 X 省 B 村学校的质性研究结果对系统模型加以阐释。

1.建构学校教育观文化战略培植学校核心特色

（1）树立学校教育观

文化战略的关键就是凝聚共同的假设、信念和价值观。经过全校师生的思考讨论，学校把"爱与责任"教育作为学校特色创建的核心内容。之所以确立"爱与责任"为学校的核心价值观，主要源于五方面的思考：

一是"爱与责任"是一个国家、一个民族、一个团体、一个个人应该具有的最为宝贵的品质和精神财富，是一个人真正成长、成熟、成才、成功所必备的两个最基本条件。

二是培育有"爱心和责任心"的学生是学校育人工作的一个核心任务，是学校德育工作之精髓。

三是由于各种各样的原因，如今学生身上"爱心、责任心"严重缺乏，这在很大程度上制约了他们成为未来社会所需要的合格的建设者和接班人。

四是源于学校的现实状况：美丽的 B 村学校是企业家 G 筹资新建的。他是一位富有爱心和责任心的优秀企业家，成功不忘回报社会，致富不忘恩惠家乡。校园的一草一木无不凝聚着 G 先生的拳拳之心，置身这设施一流、风景如画的育人殿堂，我们被 G 先生博大的爱心和真挚的情怀激励着、鞭策着、鼓舞着，在我们的内心深处会再次升腾起人间最宝贵的品质和情感，那就是爱心和责任。

为此，学校将自身的特色拟定为"爱与责任"，让"爱与责任"成为 B 村学校广大师生的员工的工作指针和思想灵魂。学校立志于做有"灵魂"的教育，培养有"爱心与责任心"的人。

（2）营造学校特色文化氛围

第一，论证"爱与责任"学校特色的理论基础，让老师们认识并接受学校特色，从而形成学校教育观基础上的教育操作思路。在全校师生的思考和讨论学校特色的基础之上，校长撰写《爱与责任的界定》一文，论证学校特色，为学校特色提供理论基础同时，也为学校教师提供认识基础。文中，校长提到苏霍姆林斯基曾说"没有爱就没有教育"；歌德说"责任就是对自己做的事有一种爱"；梁启超说"人生须知责任的益处，才知道尽责任的乐趣"。四川省社会科学院管理学研究员查有梁认为，生命教育、智慧教育、使命教育是学校文化建设的核心理念。三者有机结合密不可分缺一不可。"生命""智慧""使命"既为学校文化建设的三个关键词，也是学校的基本信念和育人价值观。在此基础上，学校就如何理解"爱与责任"，爱是什么，怎么爱，尽什么责任，怎么尽，展开了为期一个学期的全校讨论。经过讨论，师生形成了对于以上问题的校本理解和共识：

爱是什么？爱即爱生命，生命是神圣的，因为每个人只有一次，所以要爱自己的生命，爱他人的生命。"爱"就是要爱自己、爱他人、爱父母、爱学校、爱家乡、爱社会、爱祖国。怎么爱？让生命"平安、健康、快乐、幸福"。何谓尽责？"创业、创新、贡献、奉献"。怎样才能做到尽责，有能力去尽责？作为一个学子，作为学校的教职工，必须在"知识、能力、审美、人格"四个方面去塑造、完善自我，让自己具备尽责的能力。

"责任"就是根据社会需要去创业、创新，为自己、为他人、为社会去贡献与奉献。为了让"爱"得以实现，让"责任"得以实施，无论是学生还是教师，还是学校教职员工，都必须树立终身学习的理念，从"知识、能力、审美、人格"等方面修炼自我，提升自我，让"爱与责任"的天空更加灿烂，让我们的人生更加"平安、健康、快乐、幸福"，让我们各自的事业如日中天，让我们的祖国繁荣昌盛。

为人师，要做到问心无愧，为孩子的一生打好基础，为自己的幸福人生辉煌人生铺好路。为人师我们要思考自己的"爱与责任"是什么？爱学生、教好书，爱自己、勤学习，爱学习、成专家。以教育家的情怀，教育家的心态，教育家的境界，教育家的艺术去影响学生，推进学校的健康发展，推进祖国的繁荣昌盛，成就自己的幸福人生。

作为学子，更应该深刻理解"爱与责任"的深刻寓意，要爱自己让自己的生命绽放精彩；要爱同学、爱老师，尽责任献爱心。同时，也正因为父母师长对我们的关爱而让我们的生活充满了欢乐；要爱学校，我们不仅不该破坏，还要爱护它、关心它、装点它，精心呵护它。让学校成为我们快乐、舒适、幸福的家园。今天，我们在"爱与责任"的校园里，锻炼自己，修炼自我，实践自我，成熟自我。明天，步入社会，将成为"有爱心、责任心"的公民，成为让社会接纳、喜欢、离不开的德才兼备的有用人才，为家庭尽责，为祖国的繁荣与富强作出贡献，成就自己的幸福人生。

总之，在"爱与责任"的校园里，师生之间，要相互尊重、相互关爱。在爱中，让学生学到知识与能力，修炼审美与人格，得到兴趣的膨胀与终身的发展，感受到相互尊重的滋润以及责任的升华。

第二，形成以生为本、和谐合作和爱生尽责的课堂氛围，塑造教师的教育实践行为。学校鼓励教师践行学校提出的"一、二、五"课堂教学思想，即坚信一个责任：让每一个学生成为课堂真正主人，是每一个教师的责任；践行两个理念：尊重人格、尊重权利、尊重生命多样发展的教学理念；学生为主体，教师为主导，以生为本的生本理念；坚持五个原则：以生为本、先学后教、以学定教、多学少教、教为不教。教师创设了"爱与责任"浓郁的课堂教学氛围。要在课堂上要体现"爱与责任"，就要教师爱己、爱生，尽责，探索教育真谛，创造最优教育，教学相长，共同发展。学生则爱己、助人，尽责，责任引领，互相帮助，共同发展，绽放精彩。

2. CI 战略组合形成学校外显特色

CI 战略作为特色建设的战略要素之一，包括三个系统：理念识别系统（MI）、行为识别系统（BI）和视觉识别系统（VI）。CI 战略组合是帮助学校从理念、行为与视觉上树立个性形象，是学校建设外显特色的有力武器。

（1）MI 找准学校特色定位

学校理念识别系统，是指学校在实践过程中经过长期的理性思考，不断总结和提炼从而形成具有相对稳定性和具有学校特色的观念体系。B 村学校通过校长论证，以及全校师生思考、讨论总结之后，认为爱是指对人或事物有很深的感情；责任则是指做好分内的事又指对没做好分内的事承担过失。"爱与责任教育"是指通过一定的途径和措施，以爱为支点，培养教师、学生对自己所承担的职责、任务和使命加以确认、承诺并履行的教育。学校希望通过爱与责任教育，使学生爱自己、爱家庭、爱集体，树立对自己负责，对家庭负责，对集体负责，对祖国、社会和生态环境负责的良好心态，培养他们成为自我教育、自我管理、自我调节、自我发展的主体，全面提升学生的感恩心、责任感、义务感，培养学生良好的道德情操和素养，提高学生尽责奉献，珍爱生命的意识和能力，健全学生人格。在此基础之上，学校最终确立了"爱心相伴、责任引领、携手共进、让每个生命绽放精彩"的办学理念，提出了"心存责任，爱心相伴，勇于担当"的校训，"团结、民主、求真、笃行"的校风，"敬业爱生，探究教育真谛；勇担责任，创造最优教育"的教风，"博学、善思、参与、感悟"的学风。

（2）BI 打造丰富和提升外显特色

任何一种教育理念，只有体现于他们的言行举止中才能起作用。行为识别系统，就是统筹策划一整套与学校理念相一致的制度规范和活动，使得学校成员行为带有学校特色的烙印。B 村学校虽然地处农村，但创造性地摸索出了"一、二、五"课堂教学思想，即坚信一个责任：让每一个学生成为课堂真正主人，是每一个教师的责任；践行两个理念：尊重人格、尊重权利、尊重生命多样发展的教学理念；学生为主体，教师为主导，以生为本的生本理念；坚持五个原则：以生为本、先学后教、以学定教、多学少教、教为不教。B 村学校还以教育活动为途径，即：依托班队会、升旗仪式、爱心广播站、责任电视台、各种专题活动（师生演讲、师生作品展、黑板报展、读书活动等）培植学校爱与责任教育的团队文化、学习文化、教研文化；以课堂为抓手，以校本教研、小课题活动为途径，实现教师队伍专业化；以课堂为主阵地，建构"爱与责任"体验式教育，实现教育质量优质化。具体而言，包括下面几点：

①B 村学校实践了"分层优化、共同发展"的教学模式和教学评价模式。按学业水平，将学生分为 A、B、C 三个等级。平时课堂检测和考试测评分为 A、B、C 三类考题，让后进生也享受到了高分的快乐，树立了自信，增

强了学习的动力。小组的分配上，改变了过去好、中、差搭配的做法，实行同类学生四人一组，在小组的编排上采取了自愿与科差交错的原则。同时，我们又采取了优生组与差生组结对帮扶，成立友好联队的做法。在小组的结对帮扶、合作共赢中去传递爱心，体验责任；去收获爱心，敬畏责任。②B村学校以"爱与责任"为主线，开展一系列丰富多彩的活动。每次活动有方案、有组织、有评比，评比力求做到细化，让活动内容落到实处，活动效果得到提升，让"爱与责任"特色理念落实到学校的方方面面，做到规范化、制度化、特色化。③B村学校积极开展"爱与责任"教师培训活动，定期组织教师学习爱与责任专刊，写心得、谈体会，落实到教师的日常教学工作中去。开展教职工"爱与责任"演讲比赛，落实"教师一日责任十问"工作，让"爱与责任"理念深入到广大教师心灵深处，成为他们工作、生活的动力和源泉。④课外活动、校本课程、社团活动。德育教育是潜移默化、润物细无声的教育，B村学校通过各种活动，全面提升学生的感恩心、责任感、义务感，培养学生良好的道德情操和素养，提高学生"尽责奉献、珍爱生命"的意识和能力。成立"爱心"广播站、责任电视台，创设这两个平台的目的就是要传播"爱与责任"，宣传表扬优秀，鞭策激励后进，促进良好校风的形成，促进孩子们身心健康地成长。⑤B村学校形成科学的、符合教育规律的、成熟成型的学校教育制度体系。为了打造外显特色，学校成立"爱与责任"特色领导小组并召开会议，广泛宣传动员，从实际出发制定实施方案和学校"三风一训"定位与阐释。制定"领导一日责任五问""教师一日责任十问""学生一日责任十问"。在全体教职员工、学生、家庭层面开展爱与责任教育活动，落实学校特色方案，建构完整特色建设体系。让学校步入特色化、品位化的道路，巩固爱与责任教育成果，细化爱与责任评价体系，督促爱与责任落到实处。让学校走上精品化发展道路，让这个充满"爱"与"责任"的校园里，课堂为精品，活动为精品，环境文化有品位，人文素养有品位，让学校的人、物、事处处都折射出美感，让学校成为培养人、造就人的理想熔炉，成为学生快乐的家园，成长的乐土。⑥B村学校成立了作家协会、记者协会、舞蹈协会、篮球协会、美术协会、书法协会、乒乓球协会、羽毛球协会等。还成立"学科之家"，"学科之家"成为引领师生钻研学习本科知识的一面旗帜。研究教法、学法，研究学科知识，每月出一期刊物，让书本知识点用生活的案例呈现。每学期出四份知识竞赛题，并组织学科知识竞赛。这样做的目的是让学科知识落户到课外活动中，用生活的案例开展学科竞赛，去考察夯实学生课内所学知识，用在课堂上学到的知识去解决生活中的问题。这样的活动，既可以激发学生的学习兴趣调动学生的学习积极性，又可以使教学质量实现质的飞跃。让"爱与责任"的办学理念在课内与课外得以相辅相成，相得益彰，并在此基础上开发校本课程。

（3）VI营造育人校园文化环境

VI是针对外显特色层面技术范畴所实施的战略，帮助学校就营造了独具特色并富有育人功效的校园环境。在德育美学观的指导者下，B村学校为同学及教师们提供一种时时处处感受到美，感受到爱的环境教育。①小学、初中楼门口设计了"爱与责任"宣传栏，设计了"星光灿烂"表扬栏。驻足栏前都能感受到责任的浇铸，爱心的洗礼。②以班为单位建立"爱心责任"阵地，在教室外墙设计了班级宣传栏，让爱心在师生身上流淌，让责任在师生心中荡漾。③校门口设计两个花坛，早晨学生到校带着爱心，迈着自信的步伐，投入到快乐的、充实的学校活动之中；放学回家走到校门，要问一问自己，今天的责任尽到了吗？任务完成了吗？让"爱与责任"潜移默化到教职工、学生的灵魂深处，成为他们学习、生活的动力与源泉。④进一步围绕"爱与责任"，制定校歌、校旗、班徽、班歌，唤起师生心灵深处对学校精神的认同和追求，形成特色，引导学生养成有爱心、有责任心的良好思想品德和行为习惯。

在"爱与责任"办学理念的指导者下，B村学校为同学及教师们提供一种独特的校园环境，使学生们时时处处感受到爱，体验到一种"润物细无声"的环境教育，同时形成了自己独特的富有育人功效的物质文化。

3. 整合传播战略营造学校场域特色

整合传播战略即组合各种传播方法作用的一个增加价值的综合计划，它可以使传播影响力最大化。学校特色的整合传播，先要从内部做起。B村学校成立红领巾"爱心"广播站，由小学部与初中部共同主办，传播"爱与责任"，宣传表扬优秀，鞭策激励后进，促进良好校风的形成，促进孩子们身心健康地成长。B村学校还创办校报，及时宣传学校的好人好事，展示师生的优秀作品。

学校优质的服务和良好的组织氛围是赢得公众信任和美誉的基础，也是对外推广学校特色一系列活动的基础。此外，学校形象的塑造与整合，对外公关也必不可少。学校成立了舞蹈、声乐、器乐、美术、手工、书法、篮球、乒乓球、羽毛球等兴趣小组。舞蹈组扎实的基本功；绘画组的专业素养；写字组认真有力的书写；合唱组天真悠扬的歌声，潜移默化地对学生进行爱与美的熏陶教育。同时邀请学生家长、社区中的相关人士参与到学校部分活动的教学中。B村学校全方位开放少年宫，科技活动组的孩子沉迷于模型制作；阅读室朗朗的读书声；电教室声音、图像的立体组合，丰富了文化知识、提升了个人素养。学校借助少年宫的优势，挖掘"爱与责任"的内涵，并通过学生的科技模型、书法作品、视频制作等，向社会、家长等展示学生风采。此外，B村学校还利用节假日让学生走进社会，走向生活去践行"爱与责任"，传播"爱与责任"。特色学校建设是一个系统工程，它是由系统内部相互依存、相互影响、相互制约、相互作用的各要素组成的。特色学校建设必须着眼于教育整体改革的全局。B村学校通过文化战略、CI战略和整合传播战略，对内形成共识，对外获得美誉度和社会认可。

（二）场域中政府行政力量推动的特色建设案例

C市D区长期存在优质教育需求快速增加与优质教育供给不足，校际差距巨大和择校难以解决等"顽疾"。具体表现在，普通学校办学条件简陋；特级教师和国家级、市级、区级骨干教师分布不均衡；此外，设备设施资源和人力资源不足且分布不均与封闭办学观念壁垒和教育资源缺乏统筹利用同时存在，校际缺乏资源融通使用机制，优质资源利用得并不充分，而且不易被他校共享等。教育行政管理部门缺乏统筹协调，造成部分学校优质资源严重缺乏与少数学校资源相对闲置，不能互补，优质教育资源的不均衡加剧了校际差距，成为择校收费、学生课业负担过重以及人民群众对基础教育不满意的主要根源之一。

因此，20 世纪 90 年代中期以来，D 区教育结构和学校布局进行了大规模调整。期间，累计扩大占地面积 14 873 平方米，扩大建筑面积 114 823 平方米，普通学校得到整体改造，办学条件配置达标，学校设备得以全面更新，并且建成一批重点学科实验室，作为学区共享资源，向区域内中小学师生开放。随着教育结构不断优化，D 区优质教育资源进一步扩大，中小学生享用优质教育资源的比例大幅度提升，小学由 2003 年的 41.31％上升到 88.87％，中学由 63.51％上升到 86.82％。进一步满足了人民群众对优质教育资源的需求。

在物质资源全面提升和配置基本均衡的情况下，以资源共享的理念为引领，在不以行政命令调拨学校资源的前提下，实现学区化管理模式，实现区域内教育资源的统筹利用。学区化管理促进了校际先进办学理念和办学特色的深层次交流与融合。学区化管理使 D 区教育摒弃了"应试教育"的束缚，确立了以培养全面发展、高素质的学生为核心的教育价值观，每一所学校都在改革中明确了发展的定位，从学校实际出发，努力实现"办好每一所学校，教好每一个学生"的教育理念。在教育改革中，学校把握机遇，借势发展，焕发了新的生机与活力，涌现和建成了一批特色校。

D 区二中是一所具有悠久历史的老校、名校，在全面实施素质教育、办人民满意的教育的实践中，学校坚持以人为本的科学发展观，对"全面育人、办出特色"的办学理念进行了深入的挖掘，进一步提出了"坚持学生的全面发展，倡导学生的个性发展，实现学生的可持续发展"的全新的办学理念，营造优雅书飘香的校园文化环境，成就了一代学子的理想夙愿。

S小学在20世纪90年代初就提出"和谐教育"的办学理念。近年来，从创造"人与人""人与自身""人与知识""人与社会""人与自然"的和谐关系五个方面，不断丰富和发展着"和谐教育"的办学理念。

H中学"不以唯一的目光看待学生，不以唯一的标准评价学生"，该校以"宏图记党恩，志愿为国强"的宏大志向，激励贫困学生发奋学习，报效祖国。G中学以"不享受名牌，但要创造名牌"的雄心大志，"办好不选择学生的学校"。面对学困生、外来务工人员子女、随班就读的残疾学生，学校坚持正确的教育观、学生观和质量观，做到"没有教师放弃的学生、没有学生成长的空白"。

M小学等20所学校接收D区的近5 000名外来务工人员子女入学，该校外来务工人员子女占学生总数的65％，学校提出了"继承中求创新、创新中立特色、特色中谋发展，办人民满意的精致小校"的办学思路，通过以"我爱家乡"为主题的系列教育活动，营造了教师、学生、家长和谐共处的良好氛围，成为教育系统促进和谐社会建设的突出代表。

D区特殊教育学校在特殊教育的领域取得了突出的成绩。面对一个个因智力、听力残障严重影响生活、学习和交往的特殊群体，学校以"有爱无碍，教育康复，和谐发展"为办学理念，为残障儿童的康复和成长作出了特殊的贡献。

D区工读学校以"办好不留痕迹的工读教育"为办学策略，认真调研"问题学生"的成因，积极探索转变"问题学生"的教育规律，坚持用正面教育引导学生、用优美环境感化学生、用多彩的活动吸引学生、用养成教育训练学生、用自我管理锻炼学生、用法制教育警示学生、用持久的耐心帮助学生、用专业技能成就学生，努力创造适合"问题学生"转化的教育，为普通学校实践"面向全体，不失一生"，"不让一个学生掉队"的理念树立了榜样。

除了以上的学校，D区还有很多这样的学校，D区基础教育受到社会广泛赞誉。D区兢兢业业地实现着办好每一所学校的目标。经过教育改革，分别有95.79%和96.7％的学校达到A等以上标准，群众满意度测评为

99.11％。目前 D 区有 20 余所特色校，实现了区域教育高质量均衡和学校特色化、多样化发展。

1. 转变政府职能，创新管理体制，推进区域优质教育资源的科学配置

学校特色建设是一项系统工程，需要政府改变角色，即由"结构守护人"向"改革能动者"的角色转变。为了让自己的"能动"力增强，区教委进行管理体制的改革和创新，实施学区化管理模式。

学区化管理体制的设计，从三个层面实现对学区的指导与管理。在区教委领导层面，建立了由区委教育工委、区教委主要领导和相关科室负责人组成的学区化管理领导小组；区教委相关科室的视导员按学区分工，负责了解学区工作信息动态；在学区层面，成立由各校校长组成的学区协作组，学区协作组实行轮值主席主持制度。在不打破原有教育行政管理体制格局的情况下，在区教委的宏观指导下，充分发挥学区内各学校的自主性、创造性，达到扩大优质资源的目的。

学区化管理模式，改变了传统的政府权力配置的"结构"及其内在"规则"（包括管理体制改革、课程改革、学校体系管理、经费调拨、评估系统改革等），有利于政府在统筹经费投入、区域教师流动等政策保障、开辟多元主体参与特色建设途径、建立问责制等方面"强责"，以实现政府角色转变。D 区建立学区组织管理协调体制机制，实现教育资源的"二次整合"。D 区本着"不求所有、但求所用"的原则，真正实现学区内设施设备资源共享、课程资源共享、人才资源共享，最大限度地发挥区域内优质教育资源的辐射带动作用，实现资源利用的最大化，全面提高教育质量，促进教育资源的优质、均衡、可持续发展，使优者更优，优质带动，弱者变强，优势互补。

2. 双名工程示范辐射，带动薄弱，推进区域学校特色发展

高质量的均衡是不同的学校根据各自的实际情况，探索有自己特色的发展道路，最终实现区域教育优势互补和整体提升。在办学条件等教育资源配置均衡之后，对于难以均衡的教育资源，尤其是特色建设最具创造力的专业

化的行动者主体，D区学区化管理通过开展学区内的活动，促进校际间先进办学理念和办学特色的深层次交流与融合。

其中"双名"工程，就是通过名师工作室和名校长工作室的建设，进一步挖掘名师、名校长中蕴涵的潜在资源，拓展骨干人才成长空间，发挥名师、名校长引领下骨干人才的示范辐射作用，通过名师带教、名师讲学、名师辅导和课题研究、信息交流、成果推广等方式，全面提高区域教师队伍水平、教育质量，同时也为学区内校长和教师，获取了更多的先进的办学理念、特色经验和研究管理案例提供交流平台，努力造就区域具有开拓精神和教育科研能力的、办学卓有成效的优秀校长和教育队伍。

第一，"双名"工作室聚集了D区教育的"领军人物"。名师主持人由具有良好的师德风范、先进的教育教学理念、深厚的学科知识功底、掌握学科教学制高点、掌握现代信息网络技术手段、善于研究、善于合作与交流的特级教师、市级骨干教师或有市级优秀班主任称号的教师担任。名校长主持人由具备先进的办学理念和教育思想，有丰富的学校管理经验，办学有特色、质量效益较高并有示范作用，掌握现代信息网络技术手段，具有研究能力，善于合作交流，并有培养指导同行的能力，威信较高的资深校长担任。研究员（工作室成员）选择具有发展潜力的骨干教师和中青年校长，在本人自愿、学校推荐、名师认可的基础上，由区委教育工委、区教委批准产生。第二，"双名"工作室由主持人和研究员组成，采用课题项目研究方式进行。各工作室以名师、名校长的实名命名。区委教育工委、区教委赋予"双名"工作室主持人以自主权，主持人可自行设计研究课题项目及计划方案，以发挥名师、名校长的专业优势和个性特长。工作室自行申报研究课题。研究课题要具有时代性、科学性、指导性，对区域教育的可持续发展提供咨询意见，有益于培养对象的迅速成长。申报研究课题需填写《D区名师工作室、名校长工作室项目申请书》，经区委教育工委、区教委对申报的项目进行可行性论证。经审定后，与主持人签订项目合同书正式立项。工作室按照区委教育工委、区教委批准的合同项目制定工作计划，并予以实施。第三，"双名"工作室是新型的学习型组织。"双名"工作室主持人对研究员起引领作用，主持人与研究员在课题项目研究中采取共同学习、共同研究、交流切磋的互动方式。工作室的活动把实体工作空间与虚拟工作空间结合起来，有分有合、点面结合、虚实相济、灵活多样。工作室活动内容可概括为四类：一是以课题拉动的方式推进，如组织工作室成员交流考察，外请一流人才参与工作室活动等；二是立足本职开展教育教学课题研究，结合学科建设开展各类示范课、公开课的教学研讨活动；三是对已经取得的教育教学成果进行再开发、再利用，如用论文、著作的形式固化自身的教育教学成果等；四是积极开展面向社会的公益活动，如开展形式多样的面向广大学生、家长的咨询活动等。

而在"双名"工程的组织与管理中，D 区教育行政部门改变了对学校全过程、全方位的控制，转而通过做好人才选拔培养、推荐工作，按合同规定下拨项目经费，定期审核科研经费使用情况，组织项目验收，确认合同的完成等各种间接手段进行宏观调控。

通过宏观的学区化的管理，"双名"工程拓宽了人才培养途径，实现了由单一的人才培养模式向统筹人力资源开发与管理的模式转变、由局部的人才培养向全面的人力资源开发转变。"双名"工程通过名师、名校长的示范辐射作用，以课题研究和任务驱动的方式引领发展，带动薄弱，把提高业务能力的培训、学习和实践转化成为全方位提高教育能力和个人素养的修炼；把单向的传经送宝转化为双向互动的共享过程，以行动研究促进观念转化进而实现行为转化。名师、名校长工作室成员覆盖了全区几乎所有中小学、幼儿园，由于覆盖学校范围广，不断高效地为区域学校特色建设，培养和输送最具创造力和活力的主体，推进区域中的学校特色发展。

3. 全面推进素质教育，实现跨越合作、互补共生，推进区域教育多样发展

根据生态位原理，学校多样化是通过与竞争者生态位分离，彰显学校个性与特色的学校发展的一种合作共生战略。长期以来，学校千校一面，促进

学生全面发展，培养学生的实践、创新能力中的教育不足，主要是受到"应试教育"的影响。要使各个学校在生态位上彼此错落有致，形成互补共进和合作共赢局面，D区着重全面推进素质教育，转变区域内学校育人的价值观。D区主要通过实施"LT工程"，创设没有围墙的大校园，实施素质教育。

D区遴选出市、区属单位及学校的活动场所，组成"LT工程"特色导师团、学师团，将他们的信息纳入资源库中。学生使用课外活动卡，到装有"LT工程"课外活动卡刷卡机的资源单位进行课外活动，刷卡机就会记录学生活动信息并将信息传送到中心管理信息平台。信息化支撑下的"LT工程"评价体系，突出了即时性和自动生成。对学校的评价主要涉及学校组织管理体系、开展活动情况及信息统计，把学校管理结果纳入学校综合评价体系；对资源单位的管理主要是探索合作、协调、共同发展的新模式，将资源单位人气排行榜通过门户网站发布并进行年度优秀资源单位表彰。为鼓励学生参加活动，又不急功近利，加重学生负担，对学生参加课外活动实行"只奖不惩"的评价原则，将学生课外活动积分排行榜展示于门户网站并纳入个人综合素质评价体系，形成每个学生参加课外活动的完整记录。

"LT工程"不仅促进了办学者教育观念的转变，教师们也逐渐形成了一种教学意识和习惯，那就是摒弃过去那种以教师为中心、单纯依靠教材、只注重知识的传授、只注重教学结果的教学模式以及以考试分数、升学率为标准的片面质量评价方式。强调以学生为主体，利用多样化的课程资源，注重教学过程，善于利用社会上丰富的资源，让自己的课堂教学更生动、更直观、更丰富、更具吸引力，让自己的教学更加满足学生的需要，并实行以学生发展为主的多元评价方式。

"LT工程"不是靠政府强制命令资源单位参与提供教育服务，而是搭建了一个平台，利用市场化、社会化、信息化的运作机制，引导学校改变价值观念，走上内涵式的特色化多样发展的道路，从而避免了不必要的重复建设以及学校之间的过度竞争，使得学区内办学是在学区内一种开放、合作、沟通、相融基础上的竞争，是共赢和多赢。

（三）场域中专家科研力量支持特色建设案例

案例一：U-A-S 模式下专家支持学校特色建设案例

2011 年，C 师大与 C 市 E 区教委合作，承担了"绽放计划"学校特色建设科研项目，该项目明确提出要"立足校本，扬长挖潜"、实现"不同起点，自我超越；不同跑道，异步同行"的共同发展格局。C 师大主要与 E 区内 6 所学校合作，致力于帮助这些学校特色建设。

1. 立足校本，全面诊断，发现问题

本案例中政府需要获得专业支援，政府只以牵头和监督等方式低程度介入特色建设场域。专家作为理论研究者以其所拥有的专业知识影响学校特色建设以及学校教育教学等各个方面的提升。

为了在前期初步全面诊断的基础上进一步了解学校发展的实际状况，C 师大多次进行了专题研讨，综合多方意见对于学校特色建设现状进行诊断。C 师大于 2010 年 10 月至 12 月、2011 年 3 月至 5 月对 6 所学校开展了多次调研活动。在调研中，包括校长、副校长、中层干部和教师共访谈 260 人次，访谈后对访谈录音进行了整理分析，共整理录音资料 10 万余字；共发放并回收调查问卷（含教师问卷和管理者问卷）309 份，在问卷回收后进行了数据登录和统计分析。C 师大项目组对访谈资料和问卷数据进行了深入分析，并形成了调研报告，于 2011 年 5 月向学校校长及中层管理者进行了初步反馈，为学校"把脉"，以便在交流的过程中"确诊"，并对症下药。

QY 小学的"特色教育"旨在提高全体学生的全面素质。这一点无论是在学校出台的相关制度文本中还是在访谈中都得到了师生的广泛认可。优美的校园环境，一流的教学设施，精良的教师队伍，领先的教育理念，使 QY 小学逐步成为一所声誉良好、特色显著的学校。但是，在访谈中我们也发现，教师们在谈及 QY 小学的"特色"时却难以给出比较清晰明确的阐释。访谈摘要如下：

H 教师：我觉得我们学校什么都搞得好，但是好像都没有特色，什么叫特色，我也搞不清楚，你们觉得我们学校特色是什么？

I 教师：我们校长老是在描述特色。

J 教师：我还真没考虑过，我觉得我们校长的特色就是什么都是要做好。

在对访谈资料进行文本编码分析时，关于学校特色的词频比较多地集中在："艺术团""全面发展""军事化管理模式（住宿部）""七个一"理念等等，不一而足。所以，当前存在的问题主要是学校管理层及教师对特色的认识仍需统一，并给予特色较为明晰的界定，进一步凝练学校特色，从而深入地推进学校特色建设，实现学校的全方位"绽放"。

——摘自《QY 小学问卷调查反馈报告》

虽然学校自身已经形成了较稳定的学校文化，但很多中层和教师都反映，学校虽然全面发展但感觉校园文化凝练不足，特色不明显。

中层 K：非常希望我们学校能够在，包括历史传承、包括周边环境，包括生源方面，有特别明显的与众不同的这么一个特色。还有其他的中层反映学校的艺术，学校的精神文化等方面都需要提升，特别需要理论上提升，特别是希望能够不落伍的，那种与我们学校针对性特别强的提升。

可以看出，提炼文化积淀，打造更鲜明的学校特色，已经成为学校管理者的迫切需求。诚然，为了使合作项目开展得更有成效，着实需要我们双方研究团队成员认真思考下列问题：特色是不是必须要喊出更响亮，更与众不同的口号来才行？ H 实验小学是一个很优质、很全面的学校，这种优质、全面，这种庞大规模之下严谨求实的气度，已经形成共识，那么由此是否能就此提炼出学校的特色？这需要我们共同探讨研究，进一步推进项目往前发展。

——摘自《H 小学问卷调查反馈报告》

学校国防教育特色有发展。学校充分挖掘校外资源，结合校内军队子弟较多、学生体质不佳的特点，提出形成学校国防教育特色。在名目繁杂的学校特色创建中，"国防教育"特色具有新意。学校开展了军训、爱国教育知识等项目，有所尝试，国防教育受学生欢迎率较高。

中层干部、教师都能认识到学校理念和特色建设的重要性。有教师提出要有意识创造培英小学的整体的文化风格，学生要具有培英小学自己的特点，但学校管理层和教师对于学校特色的内涵和相关问题的认识还不够清晰，尚需统一认识。访谈摘要如下：

L 教师："我校国防教育处于起步阶段，我们也不知道国防教育如何与教学工作联系上。"

——摘自《PY 小学问卷调查反馈报告》

与个体的发展、一切组织的发展历程一样，学校特色发展也必然会面临发展的高原期或者说瓶颈，突破本身具有很大的难度。XX 老师直截了当地表示"我们还能怎么样，已经到达制高点了，也就这样了"。

——摘自《JS 小学问卷调查反馈报告》

通过对教师、中层干部和校长关于"阳光教育"特别是"阳光少年"培养体系阐释的分析，发现大家对此特色的认识并没有形成较为统一的认识，教师和中层干部并不能提供其具体的内涵阐释。访谈摘要如下：

M 老师在访谈中说："我们这个阳光教育主要是：以学生为本，为了学生的发展，我们去做事"。

N 老师认为："阳光学生，就是不管在课上还是课下，还是平时，都给孩子一种阳光，从语调，从行为，从各方面，带给孩子一种阳光，孩子也产生一种阳光"。

O 老师觉得："阳光教育外在可能这些温暖用这些词组堆积起来的。但是我觉得内涵体现的是不一样的，就是让孩子每一天来学校里都特别爱我们的红英，喜欢上这儿上学"。

P 老师却认为："其实我觉得特色这个东西，学校都是一致培养人的，好像有的说他们学校什么乐器，他们学校是跆拳道，其实始终是觉得很模糊。后来觉得特色要结合乡土，比如说你地域是在这里，可能就搞空竹，或者是种点菜什么的。其实这个特色有一段时间是在讨论，非得大家弄点什么特色，其实我们阳光可能是我们学校的特色"。

在访谈过程中，我们发现，教师对"阳光教育"理念的理解仍然缺乏理解，对其内涵阐述莫衷一是，对"阳光密码"评价等具体操作也未能给我们提供一个明确的框架和操作规程。而对学生的访谈中，学生对于"阳光教育"更是知之甚少。

鉴于此，建议进一步凝练"阳光教育"体系，抑或纠正外在的解读，明确自己的特色。因此，当前最重要的工作便是明确学校的办学目标、办学理念、培养体系和学校特色之间的关系，让"阳光教育""养成教育""为孩子的一生打好底色"等在学校教师和管理者口中的话语系统化。以理念的系统化与推广，相关制度的建立完善为抓手，建立具有理论基础、体系建构、制度安排、实践支撑的学校特色。在理念的系统化和推广上，注意扩大参与的群体，鼓励中层干部、学生、教师和家长等群体的加入，通过文本、视频、音频、标语、活动等形式加以宣传推广。在制度建设上，首先重点突出培养体系的完善，特别是培养目标和评价体系的操作化，注意落到实处。

——摘自《HY 小学问卷调查反馈报告》

2. 分类引领，知识输出，扬长挖潜

由于此次参与 E 区"绽放计划"学校特色建设科研项目的学校有优质校、特色示范校，也有相对薄弱的农村校。处于不同发展阶段的学校，对于特色建设的诉求不同。所以，C 师大在引领学校特色建设之时，将学校分类以便针对不同学校给予其所需的资源补给和智力支持。比如 PY 学校、QY 学校和 H 学校，三所学校分别处于学校特色的选择阶段、局部特色形成阶段和优质均衡的阶段。C 师大在与这三所项目校对接时候，以调研结果为依据，对于不同发展阶段的学采取了不同的互动方式，并给出了适合学校发展的不同特色建设建议。

PY 学校国防教育特色有发展。学校充分挖掘校外资源，结合校内军队子弟较多、学生体质不佳的特点，提出形成学校国防教育特色。在名目繁杂的学校特色创建中，"国防教育"特色具有新意。学校开展了军训、爱国教育知识等项目，有所尝试，国防教育受学生欢迎率较高。但学校管理层和教师对于学校特色的内涵和相关问题的认识还不够清晰，对于创造培英小学的整体的文化风格尚需进一步探讨。

主任 Q：在先于"绽放计划"半年，有一个针对六所学校的校长的培训，帮助六个校长成长。那阵就提出要求学校办出特色。那么，大家就坐下来商量，什么能做特色呀。艺术比不过人家，科技最难申报，科技在 H 区整体特别强，所以想争取也不容易。就国防这块比较少，我们有相对比较多的共建资源和社区资源，所以，就确定为国防特色。但是有了"绽放计划"之后，我们又犹豫了，国防能不能涵盖学校所有的特色，能不能涵盖学校教育工作的方方面面。我们觉得不能。

教师 R：我校国防教育处于起步阶段，我们也不知道国防教育如何与教学工作联系上。

副校长 S：专家汇报的调研结果，我认为是学校出现的种种现象，但我需要的是现象背后的问题以及问题的解释。专家就是站得高，特别在理论上。专家就是从理论的高度看待所发生的症结背后的问题。我们自己内部的调研结果已经出来了，但是我先不告诉他们。因为我告诉他，他肯定受我的影响。我们想听专家团队通过对于调研出问题进行追问的结果，然后我们再进行碰撞后的结果才能更加全面。希望可以基于专家的建议，结合我们的经验和对教师的了解，最终拿出药方来。

在 PY 学校中，是大学作为供给者的特色建设场域类型。大学较之学校拥有更多的技术性资源以及资源支配的能力和权力。学校领导层和教师都能认识到学校理念和特色建设的重要性，有建设 PY 学校整体特色的需求和困惑。此时，C 师大就借助自身拥有的支配"优质资源"的能力，针对学校的具体问题，进行"资源"输出。经过诊断，PY 学校处于特色选择阶段，学校管理层和教师对于学校特色的内涵的认识还不够清晰。所以在对本校特色进行定位时存在偏差，导致在具体建设过程中发现之前定位的狭隘无法统辖学校工作的方方面面。所以 C 师大，一方面，就学校特色理论方面，基于进一步的调研对于学校特色建设过程中所遇到的困惑进行解释；另一方面，基于问卷和访谈结果对组织发展中出现的问题进行追问，发现现阶段学校需要立足校本，将学校各个方面的工作做到优秀，立足"本色"建设"特色"。并且建议学校从学校校名和历史着手，去挖掘"培英"二字的内涵，思索究竟学校要培什么样的"英才"，对于"英才"的本土概念是什么等等，对 PY 学校进行引领。

QY 学校充分利用其曾经是海军子弟小学的优势，使学校的舞蹈团成为海军海娃艺术团的分团，全面提升了学校的艺术教育层次。而且在发展历程中充分利用了周边的资源，请军人家长给学校做讲座，海军大院的各种设施的利用等等，都做得很好。课程特色特别是健美操、美术、游泳等为学校争得了诸多荣誉，扩大了学校的社会影响力，提高了学校的社会声誉。例如参加包括中央电视台春节联欢晚会、国际比赛等在内的各种层次的演出、交流活动等等，获得了众多的荣誉。这个过程已经在众多教师，特别是老教师的心目中留下了很深的烙印。因此对于学校特色建设必要性的认识存在高度共识，认为无论是普遍意义上的学校还是小学都应该形成自己的特色。

T 教师：学校安排工作的时候，我们领导也做不了主，因为上面还有很多领导。各个部门都来派工作，导致很多工作同时落在某个或某几个年级。上级领导的观点就是学生进了课堂就能学习，出了课堂就能活动。把学生想象成机器人，调成活动状态就活动，调成学习状态就学习。其实很多学生不是这样的，还沉浸在活动状态，他根本调不过来，导致最后硬任务都完成得好，软任务都受影响。

U 教师：学校德、体、美都有特色，就是特色与教学没有关系。任何事情都有利弊，推行各方面的活动，像我们学校发展如此均衡，老师的工作量和工作压力都大，好多时间都让活动给占了。你干了这样，就干不了那样。活动和教学是"打架"的。

V 教师：数学和语文是发展，唱歌和活动也是发展，但是最终评价学生的还是以分。当学习和活动发生冲突时，老师最累。而孩子也得不停在转化，这个阶段要唱歌，这个阶段要考试。唱歌什么的每天必须得练习，不能等考完试再练习。而主课老师也是真是着急。老师们都是自己在协调。有的孩子适应力强，学习也好、玩得也好。但有些孩子，就一门心思在特长上了，把学习落下了。

W 教师：策划者和执行者是分离的，基本都是上传下达，我们都是执行者。底下和孩子们需要什么，缺少渠道可以和上面沟通和参与决策，希望专家可以和领导交流一下。

QY 学校较之 PY 学校，已经超越了特色选择阶段，然而目前还处于局部特色的阶段。如何进行突破，寻找契机实现学校新的增长点。由此，C 师大对组织发展中出现的"瓶颈"问题进行调研发现，社团活动与日常教学产生矛盾，甚至与为学校取得傲人成绩的轰轰烈烈的社团活动相比，日常教学成为了"软"任务。而且在特色建设过程中，学校教师和领导层缺乏沟通渠道，教师仅是特色建设的执行者，并没有真正参与到特色决策当中，因此存在无法对学校特色达成共识，形成共享的价值观，造成社团教师和主课教师在培养学生时无法形成合力，从而导致业已形成的特色辐射学校整体困难。因此，学校 C 师大建议学校将素质教育的优势推广到学校其他各个方面尤其是教学工作中去。这就需要发挥以校长为首的领导层的领导力和提升团队效能的能力，让教师参与决策，建立团队支持，解决学校特色项目与学校文化建设、教学与课程相结合的问题。这样，社团活动等外显的特色项目，才可以上升到育人为本的学校的核心特色层面。

H 小学建于 1965 年，历经 40 多年的发展，现成为一校三址，共有 106 个教学班，260 余名教师，4500 余名在校学生。学校经过长期的发展积淀，形成了较大的规模以及较深厚的文化底蕴。学校一直非常重视教学质量的保障，领导班子重视抓常规教学，教师们就就业业，学生生源质量也一直较好。总体说来，该校教学质量优秀，学生质量检测的成绩在海淀区处于前列，并且经常有学生参加奥林匹克竞赛获得奖项，学校也因此获得了很多荣誉。在抓教学质量的基础上，学校的艺术教育、体育教育也开展得很好。学校一些中层干部和教师都表示，海淀实验小学"是一个发展比较均衡的学校，它的教学质量，它的教师素质，它的学生的素质都还是不错的。"

H 小学的艺术教育得到了校领导高度重视，并且有一套健全的管理机制。学校无论是学生基础性普及性的艺术课程，还是提高为主、专业性更强的艺术社团，都开展得有声有色。学校有合唱、管乐、舞蹈、戏曲、民乐等各种艺术社团，整体上参与人数很多，覆盖面达到一半以上，另外一些多社团在国际、在海淀区都获得过重要奖项。学校除了抓艺术教育，体育教育这块也不放松。首先，学校有较全面的体育运动场馆设施，如游泳馆、篮球馆、乒乓球馆、体育综合楼等等；其次，学校每个年级都会开展一个体育特色课，如跆拳道、游泳、空竹、篮球等等；再次，组织体育团队，参加比赛并获得奖项。这样，学生可选择的面很大，都能掌握接触各项运动的一些基本的体育技能，也有体育锻炼的场所和条件，有利于保证学生的身体健康。学校还专门设置了美育处，除了管理学校社团以外，美育处一个重要的任务就是校园文化的建设，包括一些墙面的设计等等。总体来说，学校以艺术教育为首推的特色，各项工作都能做到均衡发展，也经过长期积淀形成了严谨、踏实、人性化的学校文化。

X 校长：越是我们这样的学校，越难为专家。真的做出些改变，真的太难了。我们的校园文化、教学、教风和学风已经走到了一定的高度。没有大的方面可供大刀阔斧的改革。但问题也在这里，下一步该怎么做，怎么突破。我们一直想修改学校校训，我们学校的校训、学校办学目标、发展目标、学生培养目标、学校理念等大而全，需要凝练。其实十六个字办学理念里的每个细点，我们都努力再做。但怎么提炼出一句话、平实、好记的办学理念，让老师、家长、孩子都过目不忘。把这个研究透彻了，也就突破学校发展的瓶颈了。希望专家与我们碰撞和对接，将我们的学校精神帮助我们提炼和提升。

H 小学已经形成了较稳定的学校文化，进入优质均衡的状态，相对来说，也进入学校发展的"高原期"。在与 C 师大的合作中，学校对于自身所需要的资源有着清晰的认识，明确地向大学获取有效的资源补给和支持，即如何对于全面优质的学校特色进行凝练。所以，C师大首先打破迷思，改革并非都是大刀阔斧，也可精雕细琢，细处着手，特色建设就是这样的突破口，可以帮助学校打破均衡，进入更高层次的特色选择和特色发展。此时学校需要的是提高学校组织的创新和学习能力，在组织内传递知识并创造出新知识。在学校业已确立的规范框架内革新组织和变革组织文化，需要在合作的基础上适度引入竞争，可以帮助学校引发必要的变革及激发变革的活力，帮助组织成功地实现学校特色建设过程中阶段性的转变。

3. 以行动研究为依托，带动学校持续改进

在专家参与学校特色建设的时候，利用教育研究成果，通过咨询、委托课题、合作等方式，从学理和逻辑角度为学校各个方面的改进引入新的概念和理念，向学校提供知识服务之后，比如创立学校特色方案，制定教学改进计划，鉴别学校需要改进之处并提供专业性技术支持等，在新概念"合法化"的过程中，需要专家具有调节各方与既有"规则"可能存有的冲突的能力。为了使学校认可学校改进的方案并取得学校特色建设实效，下一步，C师大将努力与项目校建立长效对接机制，并且由问卷、访谈等调查研究转向行动研究，并且让更多的管理者和教师参与进来变为行动研究者，增强特色建设的可操作性，使之更贴近现实的需要，帮助学校持续改进并最终办出特色。

案例二：U-A-T-S模式下专家支持学校特色建设案例

D小学位于E市，是由D集团设计兴建、YD区政府投资、区教育局着力打造的一所现代化品牌小学。学校设计规模为三轨。校园占地总面积11500平方米，建筑面积7150平方米。教学大楼呈欧式风格，设计新颖独特。共有33个教室，12个办公室，微机室、电脑总控室、多媒体教室、科学实验室、器材室、舞蹈室、音乐教室、电子阅览室、阶梯教室、身心诊疗室等10个专用教室；有宽敞明亮的餐厅和展厅；有标准的篮球场和绿草如茵的塑胶跑道。学校周边环境优美，校园环境良好，绿化覆盖率高，是一所

有着园林特色的现代化学校。

2010年9月9日，D小学正式开学。建校初，有一、二年级两个教学班，如今已达33个教学班，学生人数1476人。学校教职工平均年龄33岁，均为年富力强的小店区教学业务骨干，学科专业素养较高，市区教学能手占50%，他们满怀教育激情，爱岗敬业、乐于奉献。

办学之初，顺应教育形势的发展，D小学把"情智并重的教育"理念写进了《D小学第一个五年发展规划》当中。并邀请了省教科院带队的省特色学校建设联合体专家团队进校考察论证，自此，拉开了D小学特色学校建设的帷幕。建校五年多来，D小学在上级的大力支持下，全面落实第一个五年规划，着力创建"情智并重"的特色学校，针对"情智教育"理念，我们多次研讨，设计了学校的办学方向和"一训三风"。D小学办学方向为"享小班精品教育，塑情智魅力人生"；校训为"情智并重、知行合一"；校风为"和谐、自律、向上"；教风为"博爱、激情、创造"；学风为"乐学、善思、奋进"。

1.立足校本，全面诊断，发现问题

针对D小学教师队伍年轻化且来自不同学校的实际情况，专家建议学校应该围绕打造既有爱生情怀、又有育人智慧的现代化情智教师展开工作。D小学通过专家引领提升教师做人的品位、沟通的艺术、管理的智慧、教学的能力。建校以来，D小学邀请大学的教授、省教科院的专家等来校给围绕沟通的艺术、管理的智慧、教学的设计等进行专题培训，请知名校长和市十佳班主任讲解班级管理的策略，请省市教科研专家手把手培训辅导，请省特色学校联合体领导专家来学校交流问诊……内容丰富、视野开阔的培训辅导带给教师的是头脑风暴，教书育人的意识和水平实现了从量变到质变的飞跃，初步奠定了情智教师队伍基础。

2.专业引领，知识输出，扬长挖潜

根据专家设计指导，强调D小学的情智管理核心理念是以人为本，情智交融。"以人为本，情智交融"的管理强调"三重"：一重发现，善于发现师生身上蕴藏的潜能；二重关怀，努力营造上下关怀、互相关怀的和谐氛围；三重激励，常用激励鼓舞信心，让每个人的潜能得到最优化的发展。在此基础上，首先，D小学制定并实行了《项目主管负责制》。根据《项目主管负责制》，学校开展的每一项大型活动（运动会、阅读节、艺术节、新年联欢等）都由擅长此项工作的一位老师担任项目主管——由此位老师全权负责到底，从制定方案、开会研讨、布置任务、组织实施到交流展示、总结评比。这种管理模式的优势在于鼓励教职工积极参与学校管理，增强主人翁责任感，满足教师自我实现的需求。一方面，《项目主管负责制》充分调动了教师的工作责任心和积极性，锻炼了管理能力，体验到管理成功所带来的愉悦，获得了领导成就感，从中体验了管理艰辛，品尝到作为管理者的酸、甜、苦、辣，从而对自己进行正确定位。另一方面，《项目主管负责制》使校领导从繁重的日常事务堆中解放出来，有时间、有精力去思考学校办学方向和特色发展，对形成学校的办学风格起到了促进作用。"项目负责制"激活了管理机制，学校的每个人都是管理者与被管理者的统一体，教师真正成为了学校发展的主人，为培养高素质的教师团队夯实了基础。

其次，D小学实行了《教师充电学分制》，即把有所提高教师教学水平的项目都折合为学分，内容包括公开教学、外出学习、撰写论文、课题研究、专题讲座、辅导学生获奖等。每月通报一次，一学年考核一次，以此作为教师评模选优、绩效考核的重要依据，极大地调动了教师专业成长的积极性。

再次，D小学实行了《教学常规五认真》检查。根据《教学常规五认真》制度规定，开学初，业务领导对所有任课教师进行校本教学常规和"教学五认真"培训，结合实际进行细节规范。明确学校"教学设计评价表"、"作业检查登记表""课堂观察评价细则""观课议课、业务学习评价项目"等分项表格的量化项目及规范填写，并对新入职教师进行了教学常规条例解读。加强教学常规检查。每学期进行2-3次教学常规检查。第一次：教学设计重点落实目标制定与教学反思；第二次：教学设计重点落实目标制定与流程设计的对接，提升课堂教学预设的有效性，集体通报与个别交流相结合，及时改进不足之处。《教学常规五认真》还提倡进行教学设计改进。对教学设计框架进行探索性的改革。教学目标采用 ABC 三类板块呈现，对应教学流程的每一个活动设计，旨在确保教学目标的有效落实。

接着，D 小学组织各种团队建设活动，增进团队成员感情。秉持"校和万事兴"的理念，心往一处想，劲往一处使，形成"和谐、自律、向上"的校风。领导、教师、员工之间重情讲义，互相关心、互相体谅、互相帮助，坦诚相待、氛围融洽、关系和谐、自律向上。节日，学校发爱心书籍给教师，内容涉及教育、生活、保健等方面；生日，学校送上蛋糕表达祝福；家人生病做手术，校领导代表全校教职工去探望；假期，组织全体教师外出参加社会活动：如参观平遥国际摄影展，参观省博物馆，去星河湾参加摄影知识讲座，初步形成了情谊浓浓的校园人际氛围。学校还解决吃住，使得教师无后顾之忧。学校每年新分配、新聘用教师都在十几名以上，半数家在外地。为让年轻教师安心工作，学校给大家解决住宿问题，并争取经费、多方协调开起了教工食堂，真正做到了用感情留人。

最后，打造情智团队，增进教师教育和管理智慧。在专家指导下，D 小学参考全国名校文化，设计了本校独有的制度，并将抽象的理念等形象化，如设计了《情智教师共勉十条》《情智教师十二项修炼》《D 小学"情智学生"一日常规三字经》等等，并将之上墙、上柱。为了解决宣传学校办学理念的问题，学校购买相关书籍如《情商智商手拉手》《建构教育新模式》等，让全体教师共读。通过学习学校的各项制度和相关书籍，新教师、新学生进校，学校理念可以很好地转化为全校师生共同的理念和共同认识。学校的具体做法包括大小会不断地宣讲，大小事不断用理念来衡量。把报纸、杂志上的好文章源源不断地印发给教师，学会管理自己的情绪，学会从正面思考问题，学会建设自己的心灵家园……并在教师中开展"我的情智校园"征文活动；全体学生开展《D 小学"情智学生"一日常规三字经》诵读比赛；通过开学初的家长会宣讲等，让理念入心入脑，成为全校师生乃至家长的共同愿景。

3. 以行动研究为依托，带动学校持续改进

D小学把学校特色当课题来做，申报了省教科院的《小学特色学校建设与研究》课题、市教科研中心的《情智并重教育的实践研究》课题、中央教科所的《信息技术支持下的高效语文课堂》课题研究和市信息中心《信息技术支持下的高效课堂》实验研究，作为区课改模式实验点校，全校教师共同参与实验，营造了教学即研究的浓厚教科研氛围的同时，不断探索"情智教育"教育本质及规律。

《情智并重教育的实践研究》课题着重于以及"三风一训"设计与落实策略研究。在家国情怀下的中华文明复兴以及全球视野下的"人类命运共同体"，D小学认为"高质量发展"的"十四五"规划，一定首先发生在"中小学教师的讲台上"。根据时代向教育提出了转型的要求，D小学在专家引领和课题项目的行动研究的之下，对"情智教育"理念文化阐述解读。在充分学习、领会近两年最新教育政策的基础上，D小学对学校特色理念体系的表达，力求着眼当下并朝向未来、与时俱进且内涵丰富。D小学认为"情"与"智"是教育的两个基本元素，是教育需求的两种力量，这种力量来自内部，又依于外部，是一种具有生长性、支撑性和引领性的力量。情智教育理念下的学校，首先关注的是教师的情感、信念、价值观，通过塑造教师共同的信念价值观，让每位教师在组织中实现自我价值，同时为组织创造价值，让有情有智的教师培育"情智共融、情智相升"学生，促进学生情商、智商的持续发展，同时，以师生之间的"情智"交往、互动、对话，实现教学情智相长。党的十八大、十九大都把"立德树人"作为教育的根本任务。D小学认为自己通过培情育智可以完成这项任务。这是D小学对习近平总书记"培养什么人、怎样培养人、为谁培养人"这一根本性问题的校本个性化回答。让老师、学生都怀有强烈的"爱党爱国情"，具备"报效祖国、回报社会的聪明才智"，这就是D小学的教育使命。学校办学目标为"为学生高尚与智慧的人生奠基"。学校育人目标为"人格健全、思维深广"，指向"为

党育人，为国育才"，也与"情智教育"理念一脉相承、遥相呼应。校训为"真情、智慧、品质、新锐"；校风为"自律、和谐、精进、创新"；教风为"博爱、共情、崇学、求实"；学风为"自主、乐群、敏思、力行"。学校还进行了"三风一训"设计与落实策略研究。为了落实"三风一训"，通过行动研究，学校设计了各项活动，包括设计了健体培智活动、情智校园节日活动、社团活动、评比活动、德育活动、家校活动等。①情智活动，健体培智。包括空竹体育特色项目，为强健学生体质，学校全力保证"阳光体育一小时"活动。并根据活动场地实际情况，把"抖空竹"作为全校固定体育活动项目，邀请E市空竹协会来校进行表演、指导，激发学生兴趣，学习空竹技艺。形成了以活动促进健康的体育特色。②学校开展情智校园节日。每学年学校要开展"情智阅读节"和"情智艺术节"两大校园节日活动，活动为期2—3个月。每个节日都召开家长参加的隆重的开幕式，宣布活动方案，认真开展活动，进行评比展示。发掘孩子们艺术天赋，展示个人特长，积淀校园文化。③学校开展丰富的学生社团活动。学校组建了10个社团活动小组。每天下午两节课之后，孩子们兴致勃勃地走进自己喜欢的兴趣组，或学围棋，或练声乐，或踢足球、打篮球……在课本知识之外，孩子们沉浸在体育艺术的海洋里，其乐无比。④评比活动。政教处制定了《D小学学生行为规范》和《D小学升旗礼仪规范》《D小学一日常规要求》。开展《情智班级考核》评比活动。对学生的学习习惯、遵章守纪习惯、文明礼仪习惯、劳动卫生习惯进行训练和教育。充分发挥"红领巾督导岗"的作用，让红领巾监督员对学生仪容仪表、集会、两操、卫生等实行自主管理、评价，并及时反馈，对学生中的好人好事及时表扬，对不良习惯及时提醒。通过对班级纪律、卫生、学习、体艺的考核评比，以四分之一的比例每周评出这四方面的优胜班级，分别荣获"劲竹奖""幽兰奖""青松奖""梅花奖"。学期末对一学期考评进行汇总，前四分之一的班级获得"恒大之星情智班"称号。⑤德育活动。清明节，开展"缅怀革命先烈，争做时代新人"活动——组织学生进行了清明网上祭扫活动；春天，在小区物业的帮助下，组织了"爱我小区"踏青活动，培养孩子们热爱生活、爱护公物、爱护花草的情感，增强了孩子们的公民意识；开展"文明美德伴我成长"读书系列活动。低年级举行"文明美德伴我成长"讲故事比赛，中高年级则开展"文明美德伴我成长"美文诵读比赛和征文比赛；组织学生参加全国青少年"五好小公民"主题教育征文比赛；世界"环境日"那天，邀请区环保局的同志们进校进行宣传，孩子们还自己动手制作了"保护地球，爱我家园"手抄报；开展"感恩教育"系列活动；教师节来临之际，组织开展"感念师恩"教师节感恩活动，表达对老师的感激之情。⑥联手家校，开展活动，情智共育，推广学校特色。每学期对家长进行不少于三次的培训，内容涉及学校教育理念、安全知识、亲子阅读等。更新家庭教育观念。结合学校活动，开展了丰富多彩的家校情智活动，如情智家校运动会、联欢会等。增进了家校感情，促进了学校特色对于社区的影响。

D小学还参与了中央教科所的《信息技术支持下的高效语文课堂》课题研究和市信息中心《信息技术支持下的高效课堂》实验研究，着重于课改模式和教学方法的探索。根据研究结果，探索出了自己的课堂教学模式。第一，国家课程层面，D小学每学期开展为期三个月的"情智课堂实践月"活动，以本校研发的《情智课堂评议表》为依据，以"诊断跟进听课""合作同构研课""经验提升磨课"为三个不同阶段，每个阶段所有教师人人讲课，人人参与研讨，人人反思总结。通过两年的实践，初步营造了情智共育的新型课堂文化，确立了"情智课堂""教"与"学"的四个基本内涵，即教有情趣，学有乐趣；教有激情，学有热情；教重过程，学重方法；教为目标，学为达成。部分学科学段还探索出了自己的教学模式。第二，在校本课程层面，情商训练正式启动。基于学校办学思想和情商在人生发展中的重要意义，D小学组织教师编写了《情商训练》校本课程，通过课堂训练学生学会自我管理"情商"——自我情绪调控、强化个人自信、培养承受能力、缔造亲和的人际关系等。第三，在校本课程层面，绘本阅读启德益智。为加强母语教学，拓展孩子们的阅读面，D小学在各个年级都开设了绘本阅读课。在读图享受中，培养学生的观察能力、想象能力、表达能力，养成学生良好的读书习惯，进而开启智慧，同步提升智商、情商。D 小学通过不断地实践和研究，形成了学校独特的课堂教学模式和评价模式。

通过行动研究和项目的结题，学校管理者的管理能力得以提升，教师的专业能力和教研能力得以提升，学校管理者和教师专业发展会推动学校课程的多样化、特色化，课程的多样化、特色化又有利于个性化教育施行，进而实现"因材施教"，即教学特色化发展，最终，学校特色得以形成并稳定下来。在本案例中，专家参与学校特色建设的时候，通过咨询、培训、行动课题等方式与小学建立合作关系，向学校提供知识服务，比如创立学校特色方案，制定教学改进计划，鉴别学校需要改进之处并提供专业性技术支持等，大学、教科研组织与项目校建立长效对接机制，让更多的管理者和教师参与行动研究中，增强特色建设的可操作性，使之更贴近现实的需要，帮助学校持续改进，学校特色理念和实践都得到持续的提升。

（四）场域中社区力量参与学校特色建设案例

E 中心学校位于 YS 县西南，坐落在美丽的竹梦湖下游 7 公里处，学校紧傍竹梦湖旅游专线，地势开阔，风景秀美。学校有 12 个教学班，在校学生 465 人，其中住校生 319 人，现有专任教师 44 人，其中高级教师 16 人。

学校以农业科技试验和劳动教育培训为其特色，2008 年，在 E 村委的大力支持下，学校创建了"校园产业实验核心基地"。校园产业试验核心区的创建，为学生提供了科学实践劳动基地，为学生的劳动教育搭建了平台，让学生从小就接触科学种植，科学养殖，体验劳动生活，体会和探求科学种植养殖的奥秘。同时，学校开展了"爱护环境、还我绿色"为主题的宣传教育活动，把学生作为家校联系的纽带，从学生入手开展了"小手拉大手"活动，让学生作为科技信息的传递员，家庭种植、养殖的参谋议事员。用小手的拉动，促进农民笨鸡、家猪的养殖，小杂粮的种植，积极攒、沤农家肥，少用化肥或不用化肥，让农民提高食品安全意识，在发展菜篮子工程的同时，注重绿色食品的种植范围。

通过试验基地的蔬菜新品种试验、大棚种植，生猪养殖、沼气的应用等新型项目，学校将实用技术向周边农村辐射，去影响农村产业结构的调整，去引发农民对科学种植，科学养殖的兴趣，提高农民的经济收入，为新农村建设奠定良好的经济基础。校园产业试验核心区的创建也为农民技术培训配套了实地、实物、实景的培训场所，使培训与实验相得益彰，通过培训与传授、动员与发动、宣传与教育、示范与指导，农民的经济得到长足的发展，学校的教育功能得到了价值的升华。学校通过培训基地和实验基地为新农村经济建设服务，逐渐形成了学校自身的特色。

1. 特色选择，树立核心价值观

学校核心价值的载体为学校的办学思想和办学理念。YS 县 E 中心学校作为一所农村学校，学校将办学理念定位于进行多元素质教育，培养出具有专长和特长的高素质人才。而学校办学思想的独特性又主要来源于办学主体对于学校内外部的实际情况的深入分析。通过分析校本实际，根据学校地缘特点，学校以农业科技试验和劳动教育为其特色，培养学生热爱科学，勤于实践，善于思考，敢于创新，真正实现学生全面加特长的发展。

校长 Y:（农村）毕业生就业难，很多人找不到工作，找专业对口的高薪的就更难，这些现象引发了我深深地思考。作为一名校长，我首先考虑的我们的教育是否存在问题，我通过走访与调查了解部分在家闲散没找到工作的大学生，专科生。我得出了一个结论：找不到工作的一个主要原因是我们的学生综合素质低，没专长，没特点，平平淡淡不能适应社会现实的各种挑战。针对这些社会现象，我们应该如何调整我们的管理与教学，为学生的今后的发展服务，是摆在我们面前的一个新的课题。通过对当时学校的管理与教学的审视，我对"素质教育"这四个字又有了一个深层次的理解，对我们的"教书育人"这四个字有了新的看法。就我们学校来说，我就觉得从整体来看"教书有过之而育人有不及"。今后的社会是一个知识的社会、能力的社会，能力就需要多元素质来铺垫，学生只有具备多元化的综合素质，才能适应社会的各种变数，适应各种行业的竞争，而我们小学的教育正是人生的启蒙，习惯养成的关键时期，素质教育的基础。想到这里面，回顾我们的学校管理与教育我出汗了。我国的素质教育喊了很多年了，我们也不例外，也喊素质教育，也认为我们的教育就是素质教育，但今天我去看他怎么也不像。从学校的规章制度看，它的主观导向是维持正常的教学秩序，存在很浓厚的强制性。从学校的教育评价看，它的主体是知识，是教学成绩。从教学的学科编排上，仍然有主副之分。从上到下对学科的认识，仍然是重主轻副。注重安全，而忽视学生的课外文化生活，活动少，养成教育单调而薄弱。课堂教学教师仍然是传统与现代的综合教法。一句话归结起来就是，我们的教育没有真正的定位在学生素质的多元化培养上，仍然在知识的传授上扎猛子。每天也喊素质教育原来只抓了素质教育中的一个大鱼而已。

我任校长后，召开校务会和全体教职员工会，认真地就此问题，展开分析讨论，从学校的方方面面，一一地去审查分析，探讨，过去做得怎样，存在什么问题，今后怎么办，一切都以学生今后的发展需求去想，以学生的可持续发展去做。通过分析、研究讨论我们总结出了我们的教育管理的方案，调整了各部分工作的目标与要求，把各项规章制度的强制性变为服务性，把各项工作的立意放在学生多元素质的提高上。真正体现一个准则"一切为了孩子，为了孩子的一切，为了一切孩子"。让我们的学生有爱心乐于助人，学会包容，真诚待人，有良好的生活学习习惯，爱科学、爱学习，敢于拼搏，敢于创新；人人写一笔漂亮的汉字，人人有一项特殊的技艺，人人掌握一门或几门过硬的知识，真正达到全面发展。

2.局部突破，建构学校场域特色

学校特色建设往往需要一个突破口。本案例中，X省E中心学校是农村校，学校与所在地和周边服务区的各村村委关系融洽，学校高度重视与社区的良性互动，借助村委领导和村里的群众的关心，对学校的工作积极配合，大力支持等得天独厚的条件，建立起与场域中相关主体之间的相互协作的关系系统。政府、社区和家长等利益相关者成为学校特色创建的参与者和维护者，从而为学校特色建设争取到包括经费、智力和政策等方面的支持。

校长 Y：2005 年以来，我校在各级领导的关注与支持下，好事连连，几年来不断的投资近三百余万元，对学校进行了彻底的改扩建，使我校内部硬件设施日趋完善。计算机室、多媒体教室、远程教育接收站、学生多功能餐厅、教师集体备课室、学生实验室、音乐室以及校园网络的建成，使我校初步具备了现代化教育的基本条件。在我们农村小学这么短的时间有如此大的巨变，真是不敢想，在村里老百姓的眼里更是新鲜、稀罕。

为了试验与培训相结合，我们再搞个种植养殖的实体。在得到学校其他领导的支持后，我马上向上级领导汇报，争得支持后，开始积极筹措资金，协商基地，协调方方面面的关系，做方方面面的工作。在 E 村委的大力支持下，在校园南边给我们辟出了 10 亩好地，于 2008 年动工，兴建学校的"校园产业实验核心基地"。共修建了 2 个长 52 米，宽 11 米的日光温室，面积为 1144 平方米的蔬菜大棚，17 间温室猪舍，在猪舍的下边建了容积为 75 立方米的沼气池 5 个，2 亩新品种试验田 6 亩苗木花卉基地。

此外，学校组建了农民网络培训技术传授领导组，在镇政府、各村委的大力支持协助下，对当地农民进行培训。通过学校教育资源向社区全面开放，学校以其地缘特点，服务于新农村经济建设、服务于农民致富。建立起与场域其他行动者长期的不可动摇的精神上的沟通与联系，学校找到特色建设的突破口。

校长 Y：我们是农村校，学校所在地和周边服务区的各村村委，对学校的发展都非常关心，对学校的工作积极配合，大力支持，无论是村委领导还是村里的群众与学校的关系非常融洽。我们学校既有这么得天独厚的条件，为什么不利用起来，服务于新农村经济建设、服务于农民致富呢？这是我们学校教育回馈社会应尽的职责，这是一件大好事。于是我马上召开校务会，在会上我的提议与想法得到大家的充分肯定与支持。我们说干就干，马上组建了农民网络培训技术传授领导组，在镇政府、各村委的大力支持协助下，我们聘请了专业技术人员，制定了培训计划，培训制度，我校的多媒体教室，电脑室也建成了农民培训的主要场所。

我们培训的群体大致分：外出务工人员、种植农民、养殖个体和家庭妇女。培训的内容有：法制、生活常识、科学种植、养殖和工艺品制作等。刚开始培训，农民感到新鲜，三三两两结伴而来，听了我的专业技术人员的精彩讲解，再加上多媒体的直观视觉效果，农民们感到刺激、真实、实用，参训的人越来越多。农民们既接受了专业的培训，也有了难得的聚集交流的机会。男人们在谈论着当年的种植养殖的打算，谈论着往年劳作的成败与优劣。妇女们拿着手工织绣来现场请教，交流与炫耀。在我校的图书室为农民专设了一个农民读物专柜，阅览室也成了农民经常来光顾的场所。

几年来，我们根据适当时期，针对农村外出务工人员多、文化低、技术弱、法制观念淡薄等特点，定期地举办外出打工的前期培训。培训的内容有：《劳动法》《农民工权益保护法》《社会治安管理条例》、安全知识、交通规则、城市生活常识、家政服务常常识和建筑技工常识等。参训农民工1450人，转移劳动力1200人。针对在家的农村妇女，我们定期举办各类讲座和手工制作培训，如《妇女儿童保护法》、卫生常识、家禽养殖、家庭教育、家庭作业的辅导和邻里婆媳关系等讲座。参训人员达978人次。同时针对农村闲散妇女组织传授她们手工艺品的制作，定期现场指导培训，如纳鞋垫、串珠、十字绣、小工艺品的编织。针对种植养殖的农民，举办土壤酸碱度的分析、化肥的合理使用、种子的选配、病虫害的防治和家畜家禽的科学养殖等讲座，参训农民达3685人次。如此红红火火的农民培训，受到了各级领导的高度赞扬与老百姓的一致好评。

看到这些沾着泥土憨厚纯朴的农民来参加培训学习，我很高兴。从他们的眼神里我看到了他们对科学技术的渴求，对家庭致富的渴望，我感动了。我深深体会到我的责任和我工作的意义。

而2008年动工，兴建的"校园产业实验核心基地"，为农民技术培训配套了实地、实物、实景的培训场所，使我们的培训与实验相得益彰。同时以我们试验基地的蔬菜新品种的试验、大棚种植、生猪养殖和沼气的应用等新型项目实用技术成本造价与经济的收入为"模本"向周边农村辐射，去影响农村产业结构的调整，去引发农民对科学种植、科学养殖的兴趣与积极性，提高农民的经济收入，为新农村建设奠定良好的经济基础。

我们学校的实验基地向农民们提供了一个很好的绿色养殖、种植的环保链接。基地的一部分生猪就是用师生大小灶的剩汤剩饭来喂养，出栏周期虽然长了点，但是它肉瘦环保。猪粪全部进入沼气池通过高温发酵灭菌就是实验基地的优质肥料，大棚的蔬菜虽然是反季节的，但它不用化肥，绿色环保，安全健康。随着大众的环保意识的增长，绿色的食品越来越被人们重视与喜爱。我们的实验虽然经济效益不是很高，就是想给农民以榜样，起到抛砖引玉的作用，让绿色种植、绿色养殖遍地开花。

通过我们几年的培训、动员、宣传、示范与指导，目前服务区内农民养笨鸡的多了、优质的小菜园多了、优良的小杂粮多了、大规模的科学种植多了、大规模的科学养殖多了、大批闲散的家庭妇女有事干了。别小看小杂粮、小菜蓝，这可是大市场高价格。农民的经济得到长足的发展，学校的价值和教育功能得到了升华。

如果说学校的培训基地和实验基地算一个特色的话，我觉得它最多能算我们工作中的一个亮点，只是我们为新农村经济建设做了一点应该做的事。真正把这件事做好，很不容易，个中滋味只有体验才能品味。

学校的培训基地和实验基地作为学校特色的突破口，在为新农村经济建设服务的同时，围绕在学校提高学生综合素质的核心育人价值观之下。校园产业试验核心基地的创建，不仅为学生提供了科学实践劳动基地，而且为学生的劳动教育搭建了平台，让学生从小就接触科学种植和养殖，通过体会和探求科学种植养殖的奥秘，引发学生对科学种养殖的兴趣，让科技与实验的意识在小学生身上提早渗透和萌发。作为家校联系的纽带，学生担任科技信息的传递员，家庭种植养殖的参谋议事员，绿色种植养殖的宣传员，这样不仅让"爱护环境、绿色农业"的观念和先进技术知识深入人心并得以广泛传播，而且获得了社区、家长对于学校特色的认可和美誉。

3. 以点带面，形成学校整体特色

为了实现学校的办学理念，学校以已经形成的劳动和科技教育的优势和特色为起点，辐射学校的各个方面，全面提高学校的教育质量，寻求新的生长点。

校长 Y：我召开校务会，召开全体教职员工会，认真展开分析讨论，从学校的方方面面去审查分析，探讨，过去做得怎样，存在什么问题，今后怎么办，一切都以学生今后的发展需求去想，以学生的可持续发展去做。通过分析、研究讨论我们总结出了我们的教育管理的方案，调整了各部分工作的目标与要求，把各项规章制度的强制性变为服务性，把各项工作的立意放在学生多元素质的提高上。真正体现一个准则"一切为了孩子，为了孩子的一切，为了一切孩子"。

学校工作调整主要体现在：

1. 规章制度的建立与调整，由原来的强制性变为需求性、服务性。由原来领导层制定，变为民主决策，由原来维持正常秩序的立意变为师生多元发展的"保护法"。充分体现理性、人文、和谐。

2. 教与学的评价，做出很大的调整与改革，其特点是：由过去的评价侧重学业成绩变为知识、素质、习惯并举。对教师教学的评价，不仅需看最终的学业成绩，更主要的是要看教学过程中的管理与方法、态度与情感、创新与立异、培养学生的点与面。针对学生的评价，我们做了一系列评价调整，从学生的思想品德、生活习惯、学习方法、为人处世等全方位地进行评价，特制了我县独有的"学生成长记录袋"，使学校教学工作的评价与学生管理的评价除它的管理与制约性之外，更具目标性、导向性、人文性、创新性。

3. 在课堂教学上，我们作了具体的指标要求：

（1）要求教师在运用我校自主的研发的"五环节教学模式"的同时，自主创新，目标明确，通权达变。

（2）在语文教学中，课堂呈现除其他要求外，主要体现学生的思维，交流与表达。在作文教学中强化口头作文，学生评析。重在培养学生的感悟与

沟通，重在培养语言表达能力。

（3）在数学课堂中，在思维、交流、表达的过程中，主要看学生的交流效果、课堂表达说算理、说思维过程，重在检测培养学生的逻辑思维和分析问题解决问题的能力。

（4）在社会课的教学中重参观教育、社会调查、社会实践、爱国教育、情感教育。

（5）在科学课中重实验、重动手实践。培养学生科学、严谨、细致的良好习惯。

4. 在体育方面除坚持做好日常的两操一活动之外，我们坚持每年至少要开一次校运会，重在发现人才，发现特长，组队长年培训，为学生创造良好的特长发挥条件，为学生今后的发展奠定良好的基础。

5. 大力推广普通话，要求师生不仅在课堂普通话教与学，尽可能地在平时生活中用普通话对话，形成习惯。为今后的学习与步入社会在语言交流上打下坚实的基础。

6. 狠抓教师基本功训练，大力开展师生书法练习，坚持天天写，有要求有评价。

7. 定期举办，普通话、诗朗诵、口头作文、k歌等丰富多彩，形式多样的课外活动，充实学生校园文化生活，长年组织，文艺队、音乐队、课余时间排练节目、让学生特长得以发挥，让素质教育得到发展。

总之围绕学校办学理念，我们的目标是让学生：人人说一口流利的普通话；人人写一笔漂亮的汉字；人人有一项特殊的技艺；人人掌握一门或几门过硬的知识。让我们的学生、知识过硬，善于交流，能说会道，有爱心乐于助人，学会包容，真诚待人，有良好的生活学习惯，爱科学、爱学习，敢于拼搏，敢于创新。真正达到全面发展可持续的发展。

学校特色发展作为薄弱校改造、城乡义务教育一体化发展、乡村振兴的内生路径，能够引领教育观念与制度革新。E中心学校培育了农业科技试验和劳动教育培训的学校特色，通过培训基地和实验基地的建设，不仅为新农村经济建设服务，而且在与社区联动过程中，通过激活学校内生能力，振兴了乡村教育，并重建了乡村人文。

三、小结

根据三大战略对不同层次特色建构发挥的作用及其相互关系，本章建构了学校特色建设战略组合的模型同前文学校特色内涵相呼应。学校特色建设策略既有稳定性又有可变性的特征，本章选取案例进一步讨论在特色建设过程中的策略。

场域中学校自主力量主导特色建设策略由内而外的战略组合系统，包括三大战略类型，即文化战略、CI战略和整合传播战略。第一，文化战略。即是学校特色战略的源泉和灵魂。文化战略的关键是凝聚共同的假设、信念和价值观。实施文化战略就是不断优化组织共享的心智模式。第二，CI战略。CI战略包括三个系统：理念识别系统（MI）、行为识别系统（BI）和视觉识别系统（VI）。第三，学校特色的整合传播战略。学校特色的整合传播先要从内部做起。学校优质的服务和良好的组织氛围是赢得公众信任和美誉的基础，也是对外推广学校特色一系列活动的基础。此外，学校形象的塑造与整合，对外的公关也必不可少。学校需要注重与家庭教育和社会教育的一致性。文化战略处于核心地位，只有学校形成从内向外辐射的文化场，学校核心特色才能对内形成共识，对外获得美誉度和社会认可。CI战略处于中间层，一方面，CI战略帮助核心特色通过学校制度、行为与环境等诸多方面外显出来；另一方面，只有扎根于文化战略，CI战略才能浸润人心，帮助外显特色向更高层次的核心特色转化。最外层的是整合传播战略，直接面向社会公众，使得公众和各个利益相关者更加了解和支持学校，从而使学校特色得到社会更多的美誉和认可。在学校特色建设过程中，管理者可以根据自己学校的具体情况，自由选择特色建设的战略组合。

场域中政府行政力量推动的特色建设策略，包括转变政府职能，创新管理体制，推进区域优质教育资源的科学配置；名校示范辐射，带动薄弱，推进区域学校特色发展；实现跨越合作、互补共生，推进区域教育多样发展。

场域中专家科研力量支持特色建设策略有：第一，立足校本，全面诊断，发现问题。专家作为理论研究者以其所拥有的专业知识，影响学校特色建设以及学校教育教学等各个方面的提升。政府需要获得专业支援，政府只以牵头和监督等方式，低程度介入特色建设场域。大学需要以调研结果为依据，对于不同发展阶段的学校采取不同的互动方式，并给出了适合学校发展的不同特色建设的建议。第二，分类引领，知识输出，扬长挖潜。在大学作为专业知识供给者的特色建设场域类型中，大学较之中小学校拥有更多的技术性资源，以及资源支配能力和权力。大学就借助自身拥有的支配"优质资源"的能力，针对学校的具体问题，进行"资源"输出。经过诊断，一方面，就学校特色理论方面，基于进一步的调研对于学校特色建设过程中所遇到的困惑进行解释；另一方面，基于问卷和访谈结果对组织发展中出现的问题进行追问，立足"本色"建设"特色"。此外，在与大学的合作中，中小学校也需要对于自身所需资源有着清晰的认识，明确地向大学获取有效的资源补给和支持。第三，以校本研究为依托，带动学校持续改进。对于进入学校发展的"高原期"的学校，特色建设就是学校瓶颈期的突破口，可以帮助学校打破均衡，进入更高层次的特色选择和特色发展。此时学校需要的是提高学校组织的创新和学习能力，在组织内传递知识并创造出新知识，在学校业已确立的规范框架内革新组织和变革组织文化，需要在学校适度引入课题研究和行动研究，帮助学校引发必要的变革及激发变革的活力，帮助组织成功地实现学校特色建设过程中阶段性的转变。

场域中社区力量参与学校特色建设策略有：第一，特色选择，树立核心价值观。由于每所学校都面临不同的外部环境和内部环境。学校特色发展之"特色"，来源于学校所处的独特的外部环境和内部环境，学校特色发展方向、育人目标、教育哲学、特色课程等方面的确定都是基于对学校及其所处社区实际情况的分析。第二，局部突破，建构学校场域特色。学校特色建设往往需要一个突破口，建立起与场域中相关主体之间的相互协作的关系，政府、社区和家长等利益相关者成为学校特色创建的参与者和维护者，从而为学校特色建设争取到包括经费、智力和政策等方面的支持。此外，通过学校教育资源向社区全面开放，学校以其地缘特点，服务于新农村经济建设、服务于农民致富。第三，以点带面，形成学校整体特色。从组织成长的角度来看，学校内外部合作是学校成功的必要条件。在全球范围内，都在强调学校与社区、家长的合作关系。学校需要在内、外环境的互动中培植学校特色为起点，辐射学校的各个方面，全面提高学校的教育质量，寻求新的生长点。

第七章 挑战与研究展望

　　本书通过研究得到的主要是普通中小学的学校特色建设的一般的和普遍的规律。进入新时期，随着我国社会高速的发展，学校特色建设及其研究也遇到了新的挑战。为了应对这些挑战，对于新时期城乡义务教育一体化背景下农村学校特色建设；初中具有职业教育属性的活动安排与制度设计，发挥初中进行生活和职业预备的育人功能；高中教育体系多样化发展规律的探索等，都成为未来学校特色实践的发展方向和未来学校特色建设研究的生长点。

一、目前中小学发展面临的挑战

（一）城镇发展与乡村振兴

　　伴随着城市化进程，农村人口大量涌向城镇，社会经济发展主要通过影响学龄人口的变动而影响基础教育资源的配置的不均衡。一方面，随着城镇化进程的加快，人口大量从边远地区开始向中心集镇聚集，对教育的需求持续增加。另一方面，在农村人口出生率下降的情况下，农村教育生源锐减，这样，办学条件差的农村学校，更加吸引不到生源，造成了县域内广泛存在的"麻雀学校"。由于这些地区县域的财政支付能力较为薄弱，过度分散的学校布局和超小规模学校的大量存在，造成提高办学条件成本之高，教育资源使用效率之低，县域内均衡地进行资源投入和师资调配之难的现状，这成为制约教育均衡发展的瓶颈。

从 2001 年 5 月国务院出台《关于基础教育改革与发展的决定》，要求各省市、地区"制宜调整农村义务教育学校布局，按照小学就近入学、初中相对集中、优化教育资源配置的原则，合理规划和调整学校布局"，《国家中长期教育改革和发展规划纲要（2010-2020 年）》（以下简称《规划纲要》）提出，要"率先在县（区）域内实现城乡均衡发展，逐步在更大范围内推进"。县域城乡义务教育资源配置失衡是制约我国义务教育均衡发展的主要因素之一。县域义务教育存在教师冗废与短缺同在、资源过剩与资源短缺并存、城镇大规模学校与农村微型学校（教学点）的广泛存在等由于教育资源配置不均衡导致的资源利用率低、资源浪费等现象。《规划纲要》提出"建立健全义务教育均衡发展保障机制，均衡配置各项资源"，党的十八大再次提出要"合理配置教育资源"。由此可见，教育资源配置是当前义务教育均衡发展面临的核心问题，因此，建构县域内义务教育资源整合指标体系，对城乡义务教育资源进行整合和优化配置，从而缩小城乡教育发展的差距，是目前国情和政策的迫切需求，对科学地推进义务教育均衡发展具有重要的实践价值。2016 年国务院通过了《关于统筹推进城乡义务教育一体化改革发展的若干意见》，要求"对城乡义务教育学校布局要合理规划，采取切实有效措施，缩小城乡差距，实现城乡教育资源统筹配置，推进县域内城乡义务教育一体化发展"。尽管我国城乡义务教育一体化发展得到前所未有地推进，但是乡村衰败尤其是乡村文化失落却是不争的事实。从 2018 年 1 月起，我国正式开始实施"乡村振兴计划"，并提出创新乡村治理体系，传承发展提升农耕文明，走乡村文化兴盛之路。重建乡村人文，振兴乡村教育和文化城乡义务教育一体化是当前我国教育改革和发展的战略性任务。农村学校特色建设应如何进行，这对中小学办学和特色建设提出了挑战。

（二）高中学校趋同发展与高中阶段教育招生制度的改革

在高考图腾之下，社会、家长及学生观念趋同，高中教育表现得尤为突出。受政府管理与市场经济调节的双重作用，学校之间必然存在竞争。社会将升学率作为评估学校优劣的标杆，学校为了生存发展也不得不将升学率看作为发展目标。普通高中的发展进入了应试教育的漩涡，使得同质化问题成为制约普通高中活力发展的瓶颈。应试教育的惯性力量使得普通高中对这已选择的路径进行自我强化，这种按分数评判的标准使得学校和教师都难从应试教育培养方式下跳脱出来，反而越来越强化了应试教育。具体表现在，首先，在课程设置上单一，普通高中开设课程主要集中于文理科的主要学科上，国家规定的选修课开设很少考虑学生个人兴趣，其课程内容也绝大部分是为了高考服务。此外，普通高中的校本课程也比较薄弱，有些学校甚至没有校本课程。其次，教师队伍同质化较为严重，教师成为高考技术拆解的匠人，"教研"也沦为"考研"。教师的个性发展和专业发展双双被压制。初、高中的教师本就是同质化教育的产物，其教学方式、教学理念都更加传统，缺乏创新。再次，在僵化的学校管理体制下，学校评价机制、激励机制趋同，评价标准更多注重成绩而忽视个人能力，习惯用升学率作为评价学校办学和教师教学效果的评判标准。若改变传统的教学模式，会使学校和教师已投入的时间、金钱等成为巨大的沉没成本，同时还可能要承担改革所带来的风险，这种风险甚至会危及到学校的存在与否。也正是这些因素导致的路径依赖，使得普通高中教育方式越来越僵化，同质化问题越来越严重，学生难得到全面发展，社会难补充多样创新人才。针对此，2010 年，中共中央、国务院颁布了《国家中长期教育改革和发展规划纲要（2010-2020 年）》（以下简称《规划纲要》）提出，"推动普通高中多样化发展。促进办学体制多样化，扩大优质资源。推进培养模式多样化，满足不同潜质学生的发展需要。探索发现和培养创新人才的途径。鼓励普通高中办出特色。"其明确了普通高中发展方向。高中教育质量从片面追求升学率向学生全面发展转变，满足社会对多样化人才需要，这对高中特色建设和多样化发展提出了挑战。

除此之外，初中属于义务教育阶段，虽不像高中教育进行教育体制和学校类型多样化发展，但是，长期受到"高考"指挥棒和应试文化的影响，初中亟待特色多样化发展。加上几千年来形成的知识等级观念深深烙刻在人们的职业认知之中，初中的任务更多被定位于升学准备、充实普通知识以提升国民素质两方面，忽视了初中进行生活和职业预备的育人功能。2016年，教育部出台的《关于进一步推进高中阶段学校考试招生制度改革的指导意见》（简称《指导意见》）明确提出"合理分流"。所谓合理分流，就是坚持普职并重，统筹普通高中和中等职业学校考试招生，为学生提供多样选择机会，促进普职协调发展，适应经济社会发展对各级各类人才培养的需要。之后，上海、天津、广东、上东、浙江等地纷纷出台相关政策，进一步当地的推进高中阶段学校考试招生制度改革实施。这对初中办学和特色建设提出了挑战的同时，也为初中学校特色建设提供了新的思路。

（三）现代社会的进一步发展

随着信息技术变革和时代发展，可以预见的是，未来的教育教学活动与先进技术的结合必然会越来越紧密。进入21世纪以来，随着大数据、人工智能、物联网等技术的发展完善，教育的主体和时空维度及教育领域长期存在的资源短缺和割裂等问题都将有望得到有效改善。我们已经看到，原来决定我们学校形态和教育形态的技术条件正悄然发生变化，构成现有的教育、学校制度的基础在未来将发生革命性改变。党的十九大报告指出："建设教育强国是中华民族伟大复兴的基础工程，必须把教育事业放在优先位置，加快教育现代化。"党的十九大提出了我国未来的发展战略目标，即2035年基本实现现代化，2050年全面建成社会主义现代化强国。社会主义现代化的本质是人的现代化。人的现代化又需要教育现代化。现代化的教育必然通过办可选择的教育来实现个性化教育，从而满足社会对多样化、个性化人才的需求。科学和技术革新对于教学改革实际发挥了引领的作用，具有技术主义的学生在线学习方式和新型的课堂教学的模式成为教育、教学改革的关键，尽管如此，学校教育的人文底蕴和人本关怀逐渐消退。这是一个值得思考的问题，我们需要立足教育的立场，寻找学校育人的人文精神和学校文化特色，来面对信息社会对教育的冲击。

二、中小学学校特色建设展望

（一）新时期城乡义务教育一体化背景下农村学校特色建设研究展望

学校特色发展作为城乡义务教育一体化的内生路径，能够引领教育观念与制度革新，突破城乡教育一体化发展瓶颈；激活学校内生能力，促进优质资源创生与优质均衡。[①] 我国城乡义务教育一体化发展充分注重自上而下的外部资源配置，但对自下而上以学校为单位的优质资源内生能力，以及对乡村文化传承等内涵发展元素有所忽视，城乡义务教育一体化的内涵和功能被窄化。学校特色发展的最终目的在于促进学生的个性发展和学校效能提升，乡村振兴战略是党的农村政策的历史继承和最新体现，乡村文化建设能够有效推动乡村振兴战略的有效落实。乡镇学校，特别是乡村学校的特色发展，对学校参与乡镇和乡村文化建设，丰富乡镇和乡村文化生活，活跃乡镇和乡村文化气氛，密切学校与乡镇和乡村文化关系有重要意义。进而有利于新乡贤文化的重塑，有利于当代乡村治理。

学校特色发展作为学校内涵发展和学校改进的重要路径，其促进教育公平和质量提升的双重功能早已在世界范围内达成共识，尤其是英国、美国等教育发达国家自 20 世纪 80 年代以来通过特色发展激活优质教育资源，迅速实现了公平和质量的双重跨越。但在我国学校特色发展却没有得到足够重

---

① 范涌峰，张辉蓉. 学校特色发展：新时期城乡义务教育一体化的内生路径与发展策略 [J]. 教育研究与实验，2019(05)：70-75.

视，更鲜有提出以学校特色发展推动城乡义务教育一体化者。厘清以学校特色发展破解城乡义务教育一体化难题，因其对于推动城乡义务教育一体化具有重要的现实意义和理论价值，必将成为未来学校特色研究的重点和方向。此外，随着乡村振兴战略和城乡教育均衡发展战略的强力推进，农村学校办学条件得到明显改善，素质教育不断落实，许多学校形成了鲜明的学校文化和发展特色。研究农村学校特色建设的规律，尤其是乡镇和乡村学校的发展规律对于进一步实现乡村振兴也具有特别重要的意义。

（二）初中学校特色建设和高中学校系统多样化研究展望

自《规划纲要》颁布以来，各地区都相继开展了普通高中多样化发展的实践活动和相关研究。北京市对普通高中学校进行分层定位、分类规划，从办学形式多样化、课程设置多样化、校园文化多样化、考试评价多样化四个维度设计了七个类型的实验和发展结构，建构了高中学校多样化人才培养实验体系。上海市长宁区以学校特色建设和"主题轴"综合课程设计为核心，通过重构课堂秩序使区域内 8 所公办普通高中改变了"千校一面，万人同语"的窘境，8 所学校各具特色，各成体系。如延安中学的"数学与科技"、市三女中的"女生教育"、复旦中学的"博雅文化"、天山中学的"生涯规划"、华政附中的"明德尚法"、仙霞高中的"信息素养"、西郊学校"科学健身"等。有学者认为在高中阶段需要建构多样、开放、灵活的普通高中教育体系，即明确高中学校分类，把普通高中由按分数纵向分等转变为按特色横向分类；促进普职两类高中共享教育教学资源，促进普职融通；实行高一分流、学工交替等方法增加高中教育的活力；在学校之间，可以创办学科特色高中如人文高中、技术高中、艺术高中、国际高中，综合高中等。有学者提出了建立新型普通高中系统的设想：高中以"分科选科"为主要特征，注重普通教育同时兼顾职业教育，同时提供多样化的终结性职业课程和预备性升学课程，以区域为单位，各校只需专注一种或两种职业课程的建设，在区域范围内发展出特色各异的职业课程体系。①

　　尽管已有不少学者投入到其中，但纵观其成果，大都停留在对已有的普通高中学校多样化、特色化发展的经验总结，缺乏相应的理论建构，尤其对于区域性普通高中多样化发展的理论研究较少。高中阶段教育要提供个性化、多样化的教育产品，学生应被赋予教育产品的选择权已经成为学术界的共识。高中阶段教育提供个性化、多样化的教育产品的前提是普通高中多样化的发展，推动普通高中多样化发展的研究。由此，高中教育系统多样化发展以及多样化的高中教育系统的建构成为我国学者未来重要研究主题之一。

　　除此之外，初中属于义务教育阶段，虽不像高中教育进行教育体制和学校类型多样化发展，但是，长期受到"高考"指挥棒和应试文化的影响，初中亟待特色多样化发展。加上几千年来形成的知识等级观念深深烙刻在人们的职业认知之中，初中的任务更多被定位于升学准备、充实普通知识以提升国民素质两方面，忽视了初中进行生活和职业预备的育人功能。2016 年，教育部出台的《关于进一步推进高中阶段学校考试招生制度改革的指导意见》（简称《指导意见》）明确提出"合理分流"。所谓合理分流，就是坚持普职并重，统筹普通高中和中等职业学校考试招生，为学生提供多样选择机会，促进普职协调发展，适应经济社会发展对各级各类人才培养的需要。之后，上海、天津、广东、上东、浙江等地纷纷出台相关政策，进一步当地的推进高中阶段学校考试招生制度改革实施。因此，如何通过初中学校课程和活动设置，通过学校教育和教育管理体制创新，充分释放每所学校的办学活力，在学校类型选择有限的情况下，提供可供选择的具有职业教育属性的活动安排与制度设计，促进因材施教，满足学生个性和兴趣发展的要求，也将成为未来学校特色建设研究的方向。

---

① 闻待.论高中教育的多样化发展［D］.华东师范大学，2010.

（三）新技术革命背景下学校特色建设研究展望

新技术总是令人心动的。比如疫情防控期间，将线上和线下教育紧密融合实现"停课不停学"使我们看到和切实感受到科技对于传统学校、课堂和班级的悄然地改变，以及科技带来的便利。当然线上和线下融合只是未来学校变革的冰山一角。我们应对在教育之中引入新科技的力量持开放的态度。走近一线教师和学校管理者，我们就会知道如果有一种技术可以让管理者和教师比较准确地把握学生的学习状态，那将极大地提升教学的效率及保证良好的办学效果。伴随着信息时代的来临，现代教育处于急剧的变革之中，现代化教育应该是全面提升全民素质、充分发展学生个性的有特色的教育。但是，对技术的非理性价值观以技术为推手的大量"抄近道"的"快餐式"的学校教育和评价新形式，会引发教育的异化。警惕过度依赖信息技术，在信息时代对学校特色建设始终保持人文价值，从而消解技术发展带来的一系列负面效应，这对推进整个教育系统持续优化具有重大意义。在信息技术时代，中小学必将涵盖多个特色领域，呈现出"百花齐放"的发展格局，从而整体提升中小学的教育质量。探索信息时代具有人文价值的学校特色建设，为学校特色发展的理论体系和实践样本贡献"中国智慧"的同时，也将是学校特色未来研究的方向。

结　语

　　在对我国每个历史时期学校特色化和多样化发展的进程进行考察的基础上，本书将我国学校特色建设的需求产生与教育转型、乃至社会转型等宏观背景相联系。学校是复杂系统自组织的演化过程，学校发展也经历了由同质到多样，由简单到复杂的进化过程。通过对学校特色的分层理论、制度社会学的相关理论分析了造成学校趋同的深层次原因。从哲学的高度对学校特色的要素和结构进行考察，以此为基础奠定本书哲学层次的理论基础。我们把学校特色界定为：学校独特的教育思维和教育思维指导下的教育实践行为及其产物的整体，即学校特色是教育思想和理论支持下的知行合一。根据该概念，学校特色的要素包括学校教育观、学校教育操作思路、学校教育实践行为和学校特色物质载体，并且学校特色的结构表现为四个要素的联系方式。判断一所学校是否具有特色，其依据是四个要素不可偏废且内在逻辑存在一致性。

　　以复杂性科学视野，动态地考察了构成中小学学校特色建设的场域要素，包括不同层面建设主体、不同特色建设主体的能力以及资源等。在对各个要素之间的互动关系进行系统分析的基础上，认为处于不同发展阶段的学校，可以依据其自身所处特色场域，充分调动行动者积极性，提升自身的潜能，利用和开发制度和技术资源，进行学校特色建设。学校特色建设场域中，最大的问题和困境在于学校特色建设的"说做两张皮"。造成学校特色建设中无法做到说做合一的原因，是由于缺乏学校特色建设场域要素导致缺失学校特色建设的主体和资源，从而使得学校建设思行链条断裂所致。我们可以将学校归纳为三种情况，即无思维无行为类型学校的"逻辑不自洽"，有思维无行为类型学校的"概念不操作"，无思维有行为类型学校的"挖掘不深入"。为此，本书提出了系统重构、思维重构、行为重构等学校特色建设知行重构的三条路径。不同场域中，学校特色的建设由不同行动者主导，由此对其他行动者施加的影响以及场域资源的配置方式也不同。对应不同行动者为主导的学校特色建设场域，包括学校自主力量主导特色建设场域、政府行政力量推动的特色建设场域、专家科研力量支持特色建设场域、社区力量参与学校特色建设场域，选取典型案例进行研究，从"实然"的角度分析了近年来在特色建设中取得实效的成功经验和管理策略。

学校特色建设无异于进行教育变革和学校改进，必然会涉及教育组织系统不同层面复杂相连的诸多因素。正如开放系统理论所言，组织不是运行在真空中自在的主体，它必是嵌入一定的环境当中，并同周围的环境之间存在着动态互动，由此不断地同外界进行物质和能量的交换。在写作过程中，笔者一直在思考如何建构一个组织与环境互动的模型，以完善学校特色理论，从而更好地为不同学校提供特色建设和学校改进的思路和策略。

首先，在为组织与环境互动的模型建构寻找理论支持的过程中，社会学的新制度主义进入了我的视野。社会学的新制度主义兴起于在20世纪70年代，同开放系统理论一致，也认为环境对组织起着制约、塑造、渗透和革新的作用。但是比起开放理论对技术环境的强调，包括资源、知识、目标、信息等，制度主义开始认识到制度环境对组织的影响。将场域作为分析的对象，组织社会学新制度主义的视角引导我从"场域"和"制度"的角度去解释处在相同环境中的学校个体，采取不同策略行为的深层原因。不同于经济学和理性选择理论均采用的个人主义的方法论，社会学认为行动者并非只受内在理性引导的个体，行动者行为的动机和对行动的理解还源于社会制度建构，而且包括其对目标和利益的感知和评价也是受制约它们的社会结构和制度环境的影响所建构的。因而笔者将对于学校特色建设的理解，嵌入组织所的场域当中，以避免抽离组织运行的环境进行分析，从而更好地考察学校组织运行的逻辑，揭示我国学校组织趋同、学校文化特性失落，而学校变革又浮于表面，改革措施在实际的操作中与原初的目的背道而驰等等的深层次原因以及学校多样发展的制度性困境。

其次，为更好地阐释组织与环境之间的交换与互动，笔者将学校"场域"特色引入学校特色的认识当中，在特色分层理论的框架之下，对学校办学特色的概念进行进一步的界定。除了强调核心特色和外显特色，笔者提出学校特色建设必然需要学校建立与场域中相关主体之间的相互协作关系才能实现。学校场域特色塑造的过程，实际上也是建立学校特色与公众关系，以及处理好学校和利益相关者之间的关系的过程。

再次，为了达到"双目视物"，摒弃在简单封闭的系统内研究学校特色培植过程的思维，笔者进入具体的学校组织场域中，动态地考察特色建设场域中宏观和微观层次复杂相连的要素，即不同层面特色建设的行动者、不同特色建设主体的能力以及特色建设资源等要素。如上所述，制度与个体行动者的中间环节是场域，以场域为分析单位行动者的能动性，指的是特色建设的行动者通过改变规则，改变关系连带或者资源分配，去积极主动地去建构和改变那个决定他们的情境。也就是说，特色建设场域中宏观和微观各个要素之间存在复杂的互动关系，行动者通过习惯的认知建构的反复的实践，不断对场域发挥着能动作用。笔者在复杂性视野下对这种学校特色建设场域中复杂相连的宏观层次的结构与微观层次要素及其互动进行研究，建构了系统模型。通过这个模型，处在不同发展阶段的学校进行特色建设不再是一个统一或既定的模式，实现了由"刻板化"向"权变化"理论转变。

最后，学校组织顺应社会系统规范，将组织调整到和社会认可的价值一致，并非仅仅是强制的结果，主要还是依靠文化—认知性的要素。正是通过文化对认知的建构力量，制度才能够形塑场域及在其间活动的组织。也就是说，具有合法化作用的"说明"或"脚本"，贮存在文化中，作为行动的认知导向系统。场域正是通过制度的文化—认知因素而建构的社会结构和社会实在，并对社会结构发挥着能动作用。所以，促进学校从同质走向多样，解决学校特色建设过程中遭遇到的问题，从而帮助学校走出制度性困境，需要校外的"变革能动者"和学校自身的内外因相结合，从认知深处建构，才最终有可能改变"结构规则"。通过文化的认知建构作用消解高考对学校教育质量、对地方教育发展质量目标的单一控制力量的先决条件。特色建设在帮助学校从同质走向多样的学校内涵式发展道路的同时，建立起了一种改进了的价值和意义系统，以及学校声誉的评价系统。当整个基础教育生态系统呈现多样繁荣之时，教育可以满足培养多样化和个性化人才的需求，实现高质量的和多元动态的均衡。由此而生的学校声誉制度，因而具有更优的合法性。

由此，本书的创新点可以概括为：

1. 思维创新。本书在哲学层次考察学校特色的结构和要素，解决学校特色判别问题。将学校"场域"特色引入学校特色的认识当中，建构了特色分层理论的整体性概念框架。

2. 方法论创新。在一般科学方法论层次，采用了系统论的方法论思想和以系统科学为代表的现代横向科学所提供的系统分析方法，对中小学特色建设场域进行了分析。以复杂性科学为视角，在批判将学校办学特色的构成要素仅限于封闭的系统内进行考察的基础上，将宏观层面要素和微观层面要素相结合，建构学校特色建设的系统性的理论分析框架。

3. 方法创新。在具体研究层面，采用了科学实证方法对选取的四类有典型意义的案例进行分析，提出相应的战略组合。

参考文献

英文文献：

[1] Adam Gamoran.Do Magnet School Boost Achievement ［ J ］. Educational Leadership,1996,54(2): 42-46.

[2] Anne Turnbaugh Lockwood. The Charter Schools Decade ［ M ］. MD: Scarecrow Education, 2004, 63.

[3] Britain's National Education Standards Board. Specialist Schools: An evaluation of progress ［ R ］. A report from the Office of Her Majesty's Chief Inspector of Schools, 2001.

[4] Brundrett M., Burton N. The Beacon School Experience: case studies in excellence ［ M ］. King's Lynn: Peter Francis Publishers,2000.

[5] Burton N. Beacon School Leadership: nurturing success? ［ J ］. Management in Education,2000,14(5): 25-26.

[6] Burton N., Brundrett M. The first year of Beacon School status: maintaining excellence and sharing success ［ J ］. School Leadership and Management,2000, 20(4): 489-498.

[7] Chubb J. E., Moe T. M. Politics, Markets and America's Schools ［ M ］. Washington, DC: Brookings Institution Press,1990.

[8] Cookson, Peter W. J., Schneider, Transforming Schools ［ M ］. New York: Garland Publishing. Inc., 1995.

[9] Cooper, Bruce S. Fusarelli, Lance D., Vance E. Randall. Better Policies, Better Schools: Theories and Applications ［ M ］. New York: Pearson College

Division, 2004.

［10］Cordelia Douzenis. Evaluation of Magnet Schools: Methodological issues and concerns ［J］. The Clearing House: A Journal of Educational Strategies, Issues and Ideas,1994,68(1):15-18.

［11］Downe J., Rashman L., Hartley J. Evaluating the extent of inter organizational learning and change in local authorities through the English Beacon Council Scheme ［J］. Public Management Review, 2004,6(4):531-553.

［12］Downe J., Rashman L., Hartley J. Monitoring and evaluation of the Beacon Council Scheme: Why local authorities do or do not apply to become Bencon Councils ［R］. London: ODPM/IdeA, 2002.

［13］Diane Ravitch, Joseph P. Viteritti. New Schools for New a Century: The Redesign of Urban Education ［M］. New Haven: Yale University Press, 1997.

［14］Entwistle T., Downe J. Picking Winners to Define and Disseminate Best Practice ［J］. Public Policy and Administration, 2005,(20):25-37.

［15］Fitz J., Halpin D., Power S. Grant-maintained schools: Education in the Market Place ［M］. London: Kogan Page, 1993.

［16］Gersti Pepin Cynthia. Magnet Schools:A Retrospective Case Study of Segregation ［J］. The High school Journal,2002, 85(3):47-52.

［17］Halpin D., Power S., Fitz J. Grant-maintained schools: making a difference without being really different ［J］. British Journal of Educational Studies,1991, 39(4):409-424.

［18］Halpin D., Power S., Fitz J. Opting into state control? Headteachers and the paradoxes of grant-maintained status ［J］. International Studies in Sociology of Education, 1993, 3(1):3-23.

［19］Hartley J., Rashman L., Downe J., and Storbeck, J. Monitoring and

Evaluation of the Beacon Council Scheme: Final Process Outcomes Report ［R］. London: ODPM/IDeA. 2002.

［20］Higharm Jeremy, Sharp Paul, Priestley Mark. Developing Diversity Through Specialisation in Secondary Education: Comparing Approaches in New Zealand and England ［J］. Compare: A Journal of Comparative Education,2000, 2 (30):145-162.

［21］Hill P. T., Lake R. J., Celio, Mary Beth. Charter Schools and Accountability in Public Education ［M］. Washington D. C.: Brookings Institution Press, 2004.

［22］Jonathan Schorr. Hard Lessons: The Promise of an Inner City Charter School ［M］. New York: Ballantine Books, 2002.

［23］Kate Bell, Anne West. Specialist Schools: an exploration of competition and co-operation ［J］. Educational Studies, 2003, 29(2-3):273-289.

［24］Nelson C., Hollenbeck K. "Does Charter School Attendence Improve Tests Scores?": Comments and Reactions on the Arizona Achievement Study［R］. Upjohn Institute Working Paper, 2001, 6.

［25］Maranto R. Lobbying in Disguise: the American Federation of Teachers "studies" charter schools.(Check the Facts)［J］. Education Next, 2003, 3(1): 79-85.

［26］Mark Buechler, Charter Schools So Far ［J］. Educational Digest, 1997, 63(1): 60.

［27］Richardson J. Sixties Legacy: A History of the Public Alternative Schools Movement 1967-2001 ［J］. Teachers College Record, 2005, 107(7): 1547-1551.

［28］ Noelle Griffin, Priscilla Wohlstetter, Building a Plane While Flying It: Early lessons from Developing Charter Schools ［J］. Teachers College Record, 2001, 103(2): 336-365.

［29］N. Smith. The New Central office: How Charter Districts Serve Schools and the Public Interest. The Nuts & Bolts of Charter Districts［J］. 2003.

［30］Rashman L., Downe J., Hartley J. Knowledge Creation and Transfer in the Beacon Scheme: Improving Services through Sharing Good Practice［J］. Local Government Studies, 2005, 31(5): 683-700.

［31］Rashman L., Downe J., Hartley J. Leading and Learning? Knowledge Transfer in the Beacon Council Scheme［J］. Public Administration, 2002, 80(3): 523-542.

［32］Rashman L., Hartley J. Long-term evaluation of the Beacon Council Scheme: Survey of local authorities 2nd draft report［J］. Coventry: University of Warwick, 2004.

［33］Rolf K Blank, Douglas A. Archbald. Magnet Schools and Issues of Education Quality［J］. The Clearing House, 1992, 66(11/12): 81-86.

［34］Rudd P., Dartnall L., Holland M., Paxman J., Sanders D., Long-term external evaluation of the Beacon Schools initiative 2002-2003［R］. Slough: National Foundation for Educational Research, 2003.

［35］Rudd P., Holland M., Sanders D., Massey A., White G. Evaluation of the Beacon Schools Initiative: Final Report［R］. Slough: NFER, 2004.

［36］Rudd P., Dartnall L., Holland M., Paxman J., Sanders D. Long-term external evaluation of the Beacon Schools initiative 2002-2003［R］. Slough: National Foundation for Educational Research, 2003.

［37］Rudd P., Holland M., Sanders D., Massey A., White G. Evaluation of the Beacon Schools Initiative: Final Report［R］. Slough: NFER, 2004.

［38］Sally Tomlinson. Education in a post-welfare society［M］. McGraw-Hill Education (UK), 2005.

［39］Seymour B. Samson, Charter Schools: Another Flawed Educational Reform?［M］. New York and London: Teachers College Press, Columbia

University,1998.

[40] Steel L., Levine R. Educational Innovation in Multiracial Contexts: The Growth of Magnet Schools in American Education [M]. Palo Alto, CA: Prepared for the U.S, Department of Education, 1994.

[41] Stephen Gorard, Chris Taylor. The Composition of Specialist Schools in England: track record and future prospect [J]. School Leadership &Management, 2001, 4(21): 365-381.

[42] Straus, R. M. Social construction and the demise of desegregation [M]. University of California, Irvine, 2005.

[43] Nelson B., Berman P., Ericson J., et al. The State of Charter Schools, 2000. National Study of Charter Schools. Fourth-Year Report [M]. U.S. Government Printing Office, Superintendent of Documents, 2000.

[44] Weil, Danny. Charter Schools: A Reference Handbook [M]. California: ABC & CLIO, 2000.

[45] Whitty G., Edwards T., Gewirtz S., Specialisation and Choice in Urban Education: the City Technology College Experiment [M]. London: Routledge, 1993.

[46] Whitty G., Power S., Halpin D. Devolution and Choice in Education: The School, the State and the Market [M]. London: Open University Press, 1998.

中文文献:

[1] [美] Ronald E. Koetzsch 著. 学习自由的国度——另类理念学校在美国的实践 [M]. 薛晓华译. 北京: 教育科学出版社, 2007.

[2] 薄官昌. 特色文化建设: 提升学校办学境界的关键 [J]. 中国教育学刊, 2011(S2): 40-42.

[3] 曹大辉, 周谊. 英美两国特色学校初探 [J]. 基础教育参考, 2006(04):

　　　　21-23.

[4] 曹才力. 在社会调查与社会研究的实践中深化对晏阳初教育思想的认识
　　　　[J]. 湖南省社会主义学院学报，2001(01)：62-64.

[5] 曹良成. 创建学校特色是深化素质教育的有效途径[J] 徐州教育学院学报，
　　　　2001(03)：77-78.

[6] 蔡芳. 民办学校特色管理模式探索——麓山成功管理模式的个案研究[D].
　　　　湖南师范大学，2002.

[7] 蔡星. 论外语特色学校的建设 [D]. 湖南师范大学，2004.

[8] 长沙市芙蓉区教育局. 长沙市芙蓉区教育迈向均衡发展之路的实践探索
　　　　[J]. 当代教育论坛，2004(04)：128-130.

[9] 陈红云. 论中小学学校特色的创建 [D]. 湖南师范大学，2003.

[10] 陈光亮. 校长个性与学校特色 [D]. 南京师范大学，2006.

[11] 陈建华. 论学校特色的内涵及其创建原则 [J]. 教育科学研究，
　　　　2006(08)：15-17+21.

[12] 陈进兴. 校长要有特色办学思想 [J]. 人民教育，2004(09)：16.

[13] 陈瑞生. 学校精神的研究 [D]. 华东师范大学，2010.

[14] 陈润祥. 立足素质教育办出学校特色 [J]. 教育导刊，1994(12)：36-38.

[15] 陈云龙，卞艺杰，王红. 校本管理的实践与探索 [J]. 教育学术月刊，
　　　　2009(07)：80-81.

[16] 程方平，刘民. 国外民办（私立）学校的特点及管理问题[J]. 教育研究，
　　　　1999(05)：75-80.

[17] 程禹文. 阮元的办学特色 [J]. 教育评论，1986(06)：58-59.

[18] 程振响. 特色学校创建的理论与实践 [M]. 高等教育出版社，2012.

[19] 重庆市渝中区第一实验小学. "和谐、活泼"教育的研究与实践 [J].
　　　　中国教育学刊，1998(05)：24-26.

[20] 储建明. 论学校教育科研文化建设 [J]. 教育探索，2004(03)：54-56.

[21] 崔相录编著. 中小学多样化·特色化大趋势教育科学出版社 [M]. 北京：

教育科学出版社，1998.

［22］崔相录编著.特色学校 100 例中学卷［M］.北京：教育科学出版社，
1998.

［23］董辉.对中小学特色学校及其课程建设的观察与思考[J].全球教育展望，
2014，43(06)：11-25.

［24］董怡.中小学学校特色建设的经验、问题与对策研究［D］.浙江大学，
2017.

［25］段猛，钱珊.促进特色学校建设的服务策略［J］.人民教育，2009(Z1)：
39-40.

［26］段林云，朱君义.特色学校：学校发展的新路向［J］.甘肃农业，
2004(12)：91-92.

［27］范俊明.关于中小学校特色课程建设的几点思考［J］.基础教育课程，
2018(13)：24-29.

［28］范涌峰，张辉蓉.学校特色发展：新时期城乡义务教育一体化的内生路
径与发展策略［J］.教育研究与实验，2019(05)：70-75.

［29］范涌峰，戴德桥.从校本课程到特色学校：可能与方法——基于一所农
村小学的行动研究［J］.教育科学研究，2019(05)：66-71.

［30］范涌峰.校本课程与特色学校关系的断裂与重构［J］.中国教育学刊，
2018(05)：63-67.

［31］范涌峰，宋乃庆.学校特色发展：内涵、价值及观测要点［J］.教育研
究与实验，2017(02)：44-48.

［32］方铭琳.区域教育和学校发展的特色策划［M］.北京师范大学出版社，
2011.

［33］付光槐，任一明.学校特色建设的现实审视及其路径重构［J］.当代教
育科学，2016(02)：56-59.

［34］付光槐.建构中小学特色学校的保障机制："一领三维两要素一合作"[J].
教育理论与实践，2012，32(32)：21-23.

［35］傅国亮.每一所学校都是潜在的特色学校——关于特色学校的七点认识
［J］.人民教育，2009(Z1)：20-22.

［36］徐立红，高源.美国博物馆学校案例解析及运行特点初探［J］.教育与
教学研究，2010，24(06)：38-40+78.

［37］高洪源.如何创办特色学校 (下)［J］.中小学管理，2000(05)：27-28.

［38］龚春燕，张可，胡方.政策驱动 学术引领 学校主动发展——重庆特色
学校发展模式［J］.人民教育，2013(Z2)：65-66.

［39］龚春燕，熊德雅，胡方.中小学特色学校评价的思考［J］.人民教育，
2009(Z1)：32-36.

［40］顾峰.教育内涵发展的三个向度——上海市青浦区的实践与思考［J］.
教育发展研究，2010，30(06)：77-79.

［41］顾明远.也谈特色学校［J］.人民教育，2003(09)：15-16.

［42］郭翠菊.特色学校创建的多维路径［J］.教学与管理，2009(09)：16-17.

［43］葛路谊.我国中小学特色发展战略研究［D］.华中师范大学，2008.

［44］龚明斌.民办学校办学特色的创建模式［J］.当代教育论坛（校长教育
研究），2008(09)：39-40.

［45］广东、广西、湖南、河南辞源修订组.辞源［S］.北京：商务印书馆，
1983.

［46］广州市培英中学.育人为本建构素质教育模式［J］.教育导刊，1997(11)：
38-40.

［47］国家教育发展与政策研究中心.发达国家教育改革的动向和趋势（第一
集）［M］.北京：人民教育出版社，1986.

［48］郭继东.学校特色与特色学校的辨析——学校创建特色研究中概念界定
的再思考［J］.中小学管理，2000(11)：6-9.

［49］郭乐静.基于特色学校建设的校本课程开发［J］.教育理论与实践，
2018，38(35)：41-42.

［50］郭乐静.山西省小学特色学校建设的实践与思考［J］.教育理论与实践，

2013，33(23)：56-58.

［51］郭元祥.学校的细节［J］.教书育人，2006(15)：2.

［52］辜伟杰.特色学校与校长个性［M］.南京：南京师范大学出版社，
2004.

［53］郝琦蕾，魏冬.学校特色发展研究述评［J］.当代教育与文化，2020，
12(03)：21-27.

［54］郝文武.在特色发展中彰显农村学校文化和活力［J］.教育科学，
2020，36(03)：34-39.

［55］郝琦蕾，常梦.学校特色发展：问题、原因及路径［J］.当代教育科学，
2020(03)：54-59.

［56］何国明.试述校长素质与特色学校建设［J］.教学与管理，1998(06)：6-8.

［57］贺武华，李承先.美国"磁石学校"的特色创新及其成效分析［J］.比
较教育研究，2009，31(06)：57-61.

［58］何宗科.建设多彩的学校文化［J］.人民教育，2010(23)：54-56.

［59］侯金林.福建华侨办学特色谈［J］.教育评论，1994(05)：33-35.

［60］侯玉兰.创办特色学校的思考［J］.中国教育学刊，1995(04)：62-63.

［61］胡方，龚春燕，薄晓丽.特色学校建设：价值选择与实践创新——
"第九届全国中小学特色学校发展论坛"综述［J］.中小学管理，
2017(02)：44-46.

［62］胡方，龚春燕.特色学校发展战略论［M］.重庆：重庆出版社，2008.

［63］胡方，龚春燕.做好特色学校发展规划［J］.人民教育，2009(Z1)：30-
32.

［64］胡海建.基础教育特色均衡发展论［J］.教育探索，2013(07)：29-30.

［65］胡丽芳.校本课程开发的理论与实践探索［D］.江西师范大学，2003.

［66］胡云.基于现代学校制度下的特色学校创建研究［D］.湖南大学，
2017.

［67］黄达成.特色形成与师生发展——校本课程开发范式的个案研究［J］.

教育探索，2004(12)：21-22.

［68］黄康容.家长视角下的中小学特色建设研究［D］.华东师范大学，2019.

［69］黄书文.关于创办特色学校的几点思考［J］.中国教育学刊，1994(01)：22-23.

［70］贾象铠.全面实施素质教育 培养全面发展的跨世纪人才［J］.山东教育科研，1998(05)：16+56.

［71］贾晓静.我国基础教育均衡发展研究综述［J］.教育导刊，2007(02)：19-21+49.

［72］江新华，张昌英.特色学校顶层设计策略初探［J］.教学与管理，2014(07)：23-25.

［73］金薇薇.关于创建特色学校的思考［J］.教学与管理，2002(01)：15-18.

［74］孔陶，朱从卫.关于"特色学校"的实话实说——"特色学校与学校特色"讨论纪要［J］.江苏教育，2004(13)：17-20.

［75］李永生.论学校特色建设［J］.基础教育参考，2008(05)：53-58.

［76］劳凯声.公立学校200年：问题与变革［J］.北京大学教育评论，2009，7(04)：78-105+189-190.

［77］赖新元主编.发达国家教育特色与先进教育思想借鉴（全八册）［M］.北京：中国戏剧出版社，2009.

［78］李保强.试论特色学校建设［J］.教育研究，2001(04)：70-72.

［79］李保强.学校特色建设的理论思考［J］.中国教育学刊，1996(05)：52-54.

［80］李帆.文化的力量——浙江省台州市路桥区整体推进学校文化建设纪实［J］.人民教育，2009(12)：5-10.

［81］李宏伟.培育主题文化 建构学校特质［J］.江苏教育研究，2010(05)：4-8.

［82］李洪修.学校课程实施地组织社会学分析［D］.东北师范大学，2010.

［83］李剑.论普通中学特色学校建设［D］.江西师范大学，2004.

［84］李莉．对特色学校建设的反思与建议［J］．教学与管理，2017(10)：18-20.

［85］李禄军，曾德慧．物种多样性与生态系统功能的关系研究进展［J］．生态学杂志，2008(11)：2010-2017.

［86］李清季．论特色学校的创建［J］．当代教育科学，2010(12)：13-15.

［87］李强．美国成功学校特色的研究及启示［J］．天津市教科院学报，2004(06)：41-45.

［88］李秋健．特色学校创建的实践研究［D］．东北师范大学，2008.

［89］李淑珍．论特色学校的创建［D］．华东师范大学，2003.

［90］李松林．学校特色营建实践模式分析［J］．中国教育学刊，2009(12)：37-39.

［91］李广，姜英杰，高山达雄．学校适应学生：对日本一所个性化学校的个案研究［J］．外国中小学教育，2008(02)：47-50.

［92］栗山．校园文化——特色学校之魂［J］．当代教育论坛，2005(18)：37.

［93］李醒东．从"办出特色"到"特色学校"：问题及视角［J］．教育科学研究，2009(05)：14-17+50.

［94］李醒东．对特色学校建设实践的审视［J］．教育发展研究，2009(18)：74-76.

［95］李醒东．解读特色学校——对特色学校概念及创建问题的理解［J］．中小学管理，2004(05)：30-31.

［96］李醒东．浅谈"特色学校"研究的必要路径［J］．教育科学研究，2004(03)：18-19.

［97］李旭，王强．论学校特色要素及其判断标准［J］．教育发展研究，2019，39(06)：79-84.

［98］李鹰．中小学特色办学：内涵、误区与路径［J］．山东师范大学学报（人文社会科学版），2017，62(04)：133-138.

［99］连伟锋．教育均衡发展视野下中小学特色发展研究［D］．西南大学，

2012.

［100］梁正雄.传统文化引领下从建构学校特色到特色学校建设的实践研究
［J］.中国教育学刊，2020(S1)：1-2+9.

［101］梁志大.关于学校特色和特色学校的思考［J］.天津教育，1996(05)：
16-18.

［102］林卉，苏艳芳.从学校内涵发展的视角看办学特色及形成策略［J］.
江西教育，2007(05)：29-30.

［103］林玲.历史课程在特色学校的地位研究［D］.云南师范大学，2008.

［104］刘桂秋."以家塾组织，参书院精神"——梅园豁然洞读书处办学特
色初探［J］.南京晓庄学院学报，2007(04)：119-124.

［105］刘静.乡村教育的文化使命——梁漱溟和他的乡村学校［J］.南京晓
庄学院学报，2004(02)：109-115.

［106］刘开文.区域性推进特色学校建设的研究与实践［J］.教育理论与实践，
2011，31(32)：23-25.

［107］刘卫华.注重校本管理 创建特色学校［J］.人民教育，2002(11)：29-
30.

［108］刘文静.学校特色发展：探索与超越［D］.杭州师范大学，2011.

［109］刘耀明.超大型城市民办中小学特色发展的三个问题——以上海为例
［J］.上海教育科研，2018(04)：36-38+18.

［110］刘正伟，仇建辉.校本课程开发与特色学校建设——以宁波市江东区
为中心的考察［J］.教育发展研究，2007(10)：77-79.

［111］刘向林.新城区校本管理的探索与实践［D］.内蒙古师范大学，2007.

［112］柳清秀，付光槐.中小学特色学校的保障机制探讨［J］.教学与管理，
2012(07)：18-21.

［113］吕贵珍.对民办学校办学特色的思考［J］.教育探索，2008(06)：81-
83.

［114］马翠微.中小学创建特色学校实践历程探析［J］.中小学校长，

2009(04)：38-41.

［115］马佳，包忠容．我们是如何找到学校发展特色的［J］.人民教育，
2009(Z1)：73-35.

［116］马金祥．稷下学宫办学特色探析［J］.潍坊教育学院学报，1996(04)：
24-25.

［117］马希良，李玉花．特色学校建设中学校特色的认定与推广［J］.教学
与管理，2011(10)：16-17.

［118］马颖英．试论特色学校建设中要处理好的三个基本关系［J］.教育科学，
2015，31(06)：19-22.

［119］马玉玺．提高认识 注重实践 加强协调 努力创建特色学校［J］.教育理
论与实践，2010，30(20)：4-6.

［120］马治国．略论万木草堂的办学特色［J］.东北师大学报，2000(01)：
91-95.

［121］毛丽雅．宁波民办中小学学校特色建设的困境和出路［D］.宁波大学，
2011.

［122］梅汝莉．我国近代私立学校评议［J］.教育科学研究，1994(02)：8-15.

［123］莫保文．在"实"字上狠下功夫——常州西藏民族中学的办学特色［J］.
中国民族教育，1995(Z1)：33-34.

［124］区梅清．开发校本课程 凸显办学特色［J］.基础教育研究，2004(05)：
19-20.

［125］欧群慧．云南省黎明市孟波镇中学多元文化教师民族志研究［D］.中
央民族大学，2009.

［126］潘懋元．高等教育的生态可持续发展之路——《高等教育生态论》序[J］.
高教论坛，2006(01)：4-5.

［127］庞非．创建特色学校的路径与方法［J］.中国教育学刊，2013(08)：
32-34.

［128］彭智勇．城乡统筹背景下的特色学校建设［J］.人民教育，2009(Z1)：

23-25.

［129］钱源伟.略论二、三十年代中国著名中小学的办学特色［J］.上海师范大学学报（哲学社会科学版），1991(02)：149-152.

［130］秦方红.科技教育特色学校的文化建设策略研究［J］.基础教育课程，2018(11)：28-32.

［131］邱书军."山海"特色校园文化建设的实践研究［D］.华中师范大学，2008.

［132］曲天立，梁惠娟.学校特色建设相关问题的思考［J］.教学与管理，2014(13)：17-19.

［133］曲铁华.论中国近代民办普通中小学的办学特色及启示［J］.湖南师范大学教育科学学报，2006(01)：74-78.

［134］邵锡昌.学校管理创新与现代教育发展［J］.教书育人，2010(20)：14-15.

［135］单华杰.义务教育均衡发展背景下特色学校建设研究［D］.哈尔滨师范大学，2016.

［136］沈海驯.区域教育变迁的范式、动因与逻辑［J］.中国教育学刊，2009(02)：32-34.

［137］石芳."湖南长沙同升湖国际实验学校"特色研究［D］.湖南师范大学，2003.

［138］史军绒.民办中小学特色建设研究［D］.陕西理工大学，2017.

［139］宋勇.对学校特色建设的思考［J］.中国教育学刊，2012(S2)：137-138.

［140］孙孔懿.学校特色论［M］.北京：人民教育出版社，1998.

［141］孙孔懿.学校特色论［M］.北京：人民教育出版社，2007.

［142］孙孔懿.学校特色的内涵和本源［J］.教育导刊，1997(Z1)：46-49.

［143］孙孔懿.学校特色形成的社会条件［J］.教育导刊，1997(04)：17-19+48.

［144］孙孔懿.学校特色形成的内部根据［J］.教育导刊，1997(07)：12-15.

［145］孙孔懿.学校特色形成的过程与模式［J］.教育导刊，1997(Z2)：18-21.

［146］孙婷婷，张家军.论特色学校的内涵、特征与创建[J].新课程(综合版)，2009(09)：4-6.

［147］石中英.知识转型与基础教育改革［N］.中国教育报，2001-10-06(004).

［148］唐锡海.校本课程中的学校特色研究［D］.广西师范大学，2003.

［149］万华.促进学校特色发展的地方教育政策反思——以广东省G市为例［J］.教育研究与实验，2015(03)：68-72.

［150］万明春.多元文化背景下的特色学校建设［J］.人民教育，2009(Z1)：29.

［151］温婷.教育现代化背景下的办学特色研究——以深圳南山区为例［D］.广州师范大学，2003.

［152］王春东.特色学校建设刍议［J］.校长阅刊，2007(05)：48+85.

［153］王錞.特色教育探索［M］.上海交通大学出版社，2004.

［154］王会军.浅论特色学校的内涵及创建［J］.继续教育，2009，23(04)：49-51.

［155］王建华.学校特色建设的思考与探索［D］.湖南师范大学，2003.

［156］王建庆.文化视角下我区中小学办学特色的创建路径研究［D］.苏州大学，2009.

［157］王厥轩，谢诒范，金志明.一片生机勃勃的素质教育园地——上海闵行区素质教育区域性整体推进的报告之三［J］.上海教育科研，1999(03)：35-37.

［158］王厥轩，谢诒范，金志明.一片生机勃勃的素质教育园地——上海闵行区素质教育区域性整体推进的报告之二［J］.上海教育科研，1999(02)：31-34+43.

［159］王厥轩，谢诒范，金志明.一片生机勃勃的素质教育园地——上海闵行区素质教育区域性整体推进的报告之一［J］.上海教育科研，1999(01)：10-15.

［160］王珺.学校特色发展的现状、困境与出路［J］.教学与管理，2016(16)：19-22.

［161］王娜，齐元军.从"特色学校文化"到"学校文化特色"——基础教育学校文化特色建设的再思考［J］.教学与管理，2019(28)：8-10.

［162］王荣德.创建特色学校：学校管理的新追求［J］.教育理论与实践，2008，28(35)：28-29.

［163］王帅.学校特色发展：误区、追因与路径［J］.基础教育课程，2020(18)：27-34.

［164］王双熹.农村薄弱学校创建校园文化特色的实践策略［J］.当代教育论坛（校长教育研究），2007(01)：112-113.

［165］王铁军.学校特色和校本发展策略［J］.江苏教育学院学报(社会科学版)，2002(01)：1-5.

［166］王文秀.小学办学特色重构研究［D］.华中师范大学，2014.

［167］王修娥.英国：以特色学校助推中学教育改革［J］.上海教育，2003(05)：56-57.

［168］王瑄.英国特色学校政策研究［D］.首都师范大学，2004.

［169］王永明.特色学校建设莫走入误区［J］.基础教育课程，2006(10)：23.

［170］王宗敏.对办学特色几个基本问题的理论思考［J］.中国教育学刊，1995(01)：21-24.

［171］吴甸起.论学校特色与特色学校［J］.青年教师，2006(08)：6-10.

［172］吴举宏.基础教育中特色学校建设之悖论［J］.当代教育科学，2016(01)：36-38.

［173］武汉市第四十五中学.跨世纪素质教育课程体系的新探索[J].教育改革，1996(03)：40-47.

［174］吴秀娟.关于学校"各自办出特色的思考"的哲学思考［J］,教育导刊,
1997(Z2)：21-23.

［175］吴秀娟,郭继东,阎德明.学校创建特色研究［M］.长春：辽宁人民
出版社,1996.

［176］吴禹春.大力推进素质教育创建"一体两翼"特色学校［J］.教育探索,
1999(04)：27-28.

［177］吴志勇,孙传贵,赵娟.课程文化：学校特色的内核——以湖南省长
沙市南雅中学为例［J］.现代教育科学,2010(12)：72-74.

［178］武秀霞.制度创新与学校特色发展［J］.教育学术月刊,2018(07)：
63-69.

［179］夏书芳.特色学校"特"在哪［J］.教书育人,2005(05)：16-17.

［180］谢定来.校长在特色学校创建中的"思"与"做"［J］.中国教育学刊,
2009(02)：46-48.

［181］邢真.学校特色建设理论的探讨［J］.中国教育学刊,1995(05)：31-
34.

［182］邢伟荣,任顺元.特色学校建设：文化自觉的视角［J］.教育发展研究,
2008(20)：51-53.

［183］熊德雅,向帮华,贾毅.特色学校发展的要素关系及策略思维［J］.
教育科学研究,2012(11)：38-43.

［184］徐敦忠.文翁石室的办学特色及其对后世的影响［J］.教育研究,
1995(09)：74-80.

［185］徐正烈.扎根厚重地域文化 营建新学校办学特色［J］.中小学管理,
2021(02)：41-43.

［186］许建国.教育均衡发展背景下特色学校建设的思考［J］.教育发展研究,
2010,30(12)：57-60.

［187］许秀峰.学校办学特色的形成与创建［J］.当代教育科学,2009(10)：
46-47.

［188］薛二勇，刘淼，栾少波.新形势下中小学学校文化建设的新路径［J］. 中国教育学刊，2018(07)：37-42.

［189］闫德明.试析创建学校特色的主要条件［J］.现代中小学教育， 1996(01)：5-8.

［190］闫青.树立办特色学校的意识［J］.丝路学刊，1997(S2)：26-28.

［191］杨连明.创建特色学校的基本策略［J］.上海教育，2007(10)：58.

［192］杨宇海.打造学校特色研究［D］.华东师范大学，2013.

［193］杨志行，纪文郁，李信.严修教育思想与南开早期特色［J］.天津教育， 1990(10)：17-18+23.

［194］叶辉.体艺双馨——建设体艺特色学校的探索［J］.人民教育， 2009(03)：78-79.

［195］于珍.近代上海同乡组织与移民教育研究（1843-1949）［D］.华东师 范大学，2008.

［196］喻小琴.关于学校特色创建的思考——基于江苏省S市部分中小学的 调研［J］.教育发展研究，2011，31(Z2)：54-58.

［197］张丙玉.普通中学创建学科特色的策略分析［D］.上海师范大学， 2005.

［198］张波.新课程背景下农村学校校本课程开发及特色学校创建［D］.山 东师范大学，2005.

［199］张东娇.论我国学校特色形成的可能性、困难性和现实性［J］.北京 师范大学学报（社会科学版），2013(04)：15-20.

［200］张东娇.最后的图腾：中国高中教育价值取向与学校特色发展研究［M］. 北京：教育科学出版社，2005.

［201］张亮，张振鸿.学校"增值"评价的内涵与实施原则［J］.当代教育科学， 2010(10)：7-8.

［202］张民生.学校创建特色研究［M］.长春：辽宁人民出版社，1997.

［203］张谦.国外教育实验研究动态考察——国外特色实验学校钩玄［J］.

外国中小学教育，2001(03)：1-5.

[204] 张琴，王天平，罗世强 . "生本"视角下特色学校建设的问题与路径探析［J］. 教学与管理，2015(28)：17-20.

[205] 张志敏 . 提升"格致文化"品质 创新现代学校文化［J］. 中国教育学刊，2008(02)：21-24.

[206] 张熙 . 对学校发展的理解与个案研究［J］. 中小学管理，2004(08)：35-38.

[207] 赵刚 . 中小学特色学校建设问题研究［D］. 辽宁师范大学，2014.

[208] 赵翰忠 . 美国中小学办学特色及其借鉴［J］. 江苏教育学院学报（社会科学版），2000(01)：44-46.

[209] 赵丽敏 . 区域性办学特色多样化的理论与实践研究报告［J］. 天津市教科院学报，2005(03)：15-18.

[210] 赵志国 . 我国小学学校特色教育建设模式的思考［D］. 山东师范大学，2008.

[211] 赵元政 . 区域推进特色学校建设的系统思考［J］. 人民教育，2009, (Z1)：36-39.

[212] 郑金洲 . "办学特色"之文化阐释［J］. 中国教育学刊，1995(05)：35-37.

[213] 郑金洲 . 特色强校：学校变革的新取向［J］. 人民教育，2009Z1：26-28.

[214] 《中国教育年鉴》编辑部 . 中国教育年鉴2001［Z］. 北京：人民教育出版社，2001.

[215] 中国社会科学院语言研究所词典编辑室编 . 现代汉语词典［S］. 北京：商务印书馆，1996.

[216] 钟燕 . 均衡视野下的特色学校建设研究——兼论重庆市特色学校发展战略［J］. 人民教育，2008(01)：57-59.

[217] 周定珍 . 也论办学特色［J］. 江西教育科研，1988(05)：6-9.

[218] 周峰, 贾汇亮. 英、美优质学校创建的基本趋势及启示[J]. 中国教育学刊,
　　　2009(03): 51-54.

[219] 周明珠. 系统加强能力建设 全面推进学校发展[J]. 理论前沿,
　　　2005(07): 48-49.

[220] 周咏清. 特色学校创建需要什么[J]. 湖北教育（综合资讯）,
　　　2010(06): 44.

[221] 周祖华. 叶圣陶教育思想与学校特色建设研究[D]. 辽宁师范大学,
　　　2012.

[222] 朱丽. 特色普通高中建设中的道、势、术融合——基于上海市特色普
　　　通高中创建实践的分析[J]. 中国教育学刊, 2020(10): 41-46.

[223] 朱敬华, 朱红奕. 关于特色学校和教育品牌的若干思考[J]. 基础教
　　　育参考, 2006(02): 39-40.

[224] 朱文存, 李希芹. 特色学校建设的再探索[J]. 天津市教科院学报,
　　　2004(01): 49-50+96.

[225] 朱正义, 张士华. 中小学特色化·多样化的理论与操作[M]. 济南: 山
　　　东教育出版社, 2001.

[226] 朱宁. 校本课程开发的实践与思考——以宁波市爱菊艺术学校为例[J].
　　　宁波教育学院学报, 2010, 12(03): 104-106.

[227] 左慧. 学校特色建设研究述评[J]. 教育科学研究, 2011(07): 10-13.

后 记

　　博士的学习，对我来说仿佛暗夜里走迷宫，无数先哲帮我照亮了部分迷宫的框架，我在他们所覆盖的疆界中找寻散落的线索。随着我的脚步，光明的种子也不断撒到路上，走得越多，闯得越广，视野也就越开阔。在求索的途中，我不断期许或许那天所有道路自然会豁然开朗，将那星星点点的萤火之光，连缀成一幅绚烂的画面。

　　沿着先贤的足迹，不断体悟这一条条有时交汇到一起、有时又相反的道路，是从哪里来，想去到哪里。有时还不得不绕回头去，找那些当时忽略的线索，欣然发现那在灯火阑珊处的路径。但又常常会不知道自己走到了哪，勇闯时，有时还会碰了壁。幸运的是，能从师于我的恩师孟繁华教授。往往他的一个建议、甚至一句话就让我有拨开云雾、醍醐灌顶之感，给我自由发展空间的同时让我少走了很多弯路。所以，我要首先诚挚地感谢我的恩师孟繁华教授。从硕士开始一直到现在，我的成长，凝聚了导师的大量心血。尤其伴随着博士论文工作的展开，从选题、写文献综述、开题到论文框架的搭建，都倾注着他的智慧和心血。他身肩重任、公务繁忙，然而每当我充满困惑而向他求助之时，他总是放下手头的事情，为我解惑排忧。他对我的鼓励和赏识，一直是我不断努力和进步的原动力。他严谨的治学态度、高屋建瓴的学术视野、独特而敏锐的思维品质令我钦佩；而其正直、深邃、宽容、高尚的品格亦让我敬仰。无论在为人还是为学方面，他都是我的示范，值得我一生学习和践行。

　　我还要感谢褚宏启教授，他睿智和谦和的学者风度，以及对学生的关爱令我为之感动，他勤勉严谨的治学态度和高尚的人格魅力更是感染着我、温暖着我、指引着我。在开题时，褚宏启教授提出的中肯的意见和建议，为论文打开了新的思路和更为广阔的视野；他还提供给了我参加"校长专业发展与学校特色建设"的课题的机会，这个课题让我获取重要资料和数据的同时，丰富了我对于学校特色建设的实践经验和感性认识……这些都对我博士论文的理论框架的搭建弥足珍贵。还记得在开题会上，褚宏启教授说的"小叩小鸣，大叩大鸣"，感激之情凝聚于心，希望用自己的努力回报褚老师对我成长的付出的关心和对我无私的帮助。感谢毛亚庆教授，他的博学拓宽了我的学术视野，而他的教育政策基础理论课程，让我与很多政治哲学大家"相识"，给了我对基础教育领域诸多现实问题的进行审视的"另一只眼"，更是给我的学习带来很多灵感。还要感谢高鸿源教授和程凤春教授，开题时为我提出了很多宝贵意见，他们犀利、批判、深邃的学术眼光，以及"友善"的批判，使我受益匪浅。感谢北师大教育管理学院的全体老师们，他们从不同的方面给予了帮助。

我还要特别感谢山西大学的侯怀银教授，感谢他对我本科期间的严格训练，并给我参与其课题的机会，他的指导和关怀，为我的学术研究和论文写作打下了扎实的基础，他对我为人和治学方面的教诲，以及知遇之恩，我永远铭记。感谢太原师范学院的褚卫中副教授，早在论文开题前夕，就给了我很多建设性意见，让我记忆犹新，而且没有他的帮助，我无法顺利完成重要数据的收集。我们之间亦师亦友亦兄妹的感情，对我弥足珍贵。

还有我师门的兄弟姐妹们，对我的帮助也很大，尤其是张爽、杨宏博师姐和王恒、王天晓师兄，他们总是那么无私、亲切、热心而富有智慧，多少次我在困扰时，他们耐心地倾听、温和地解释、倾尽所能帮我答疑解惑。还有春梅姐、陈丹、天然、王楠，与她们共同交流和学习使我获益良多。还有感谢"褚门"的各位师兄弟姐妹们，范魁元师兄、王晓玲师姐、孙金鑫、卢伟、冯晋婧、杨家福对我的帮助。还我亲爱的朋友们，高潇潇、车凤姐、卫喆姐、佟婧、杜云英、尤莉、陈朋、孙珂、于海军、杨晓敏、黄学军、姜朝晖、王善峰、赵章靖、刘琛、李欢、钟晓玲、黄华、康绍芳等等，他们不同的研究背景扩展了我的研究视野，他们对我成长的帮助我也终生难忘，他们是挚友、也是老师。

还有我挂职单位北京市东城区区委组织部的部长吴松元、副部长吴志辉、干部教育培训组组长陈波、组员王永轶、金燕、田波、王森，以及东城区委党校徐建秋博士，对我挂职期间的关心和帮助，使我在挂职期间学习到了很多东西，丰富了人生经验，并为我提供了相关珍贵的案例资料。还要感谢我所调研的山西省各个区县的中小学的领导和老师，有了他们大力的帮助和配合，我才得以顺利完成论文。

最后，我要感谢我的家人，我的父母是我最坚固的后盾，他们总是不求回报地全力以赴地支持我，让我一直向前飞。家人的爱是最温暖的，有了他们对我的爱和悉心教导，才有了今天充满着爱的力量的我。感谢家的温暖，给予我不断前进的力量。感谢爱人王强，多年来他陪伴和支持我，有了他的督促和帮助，我才顺利走过论文写作那段最为焦虑、无助、自我质疑的阶段。

在人生的新起点上，奋斗没有终点。拥有了这么多美好的感情和回忆，怀着一颗感恩的心，一颗进取的心，对于未来，我更有力量！所有关心我、爱护我、支持我、鼓励我和帮助过我的亲人、老师、同学，谢谢你们用爱为我指引那一片可以自由飞翔的蓝天！在以后的工作和学习中，我将更加努力，以实际行动回报关爱和帮助过我的人。

2012 年 5 月于北师大